贵州农村扶贫
开发报告

(2016~2017)

ANNUAL REPORT ON RURAL POVERTY ALLEVIATION AND DEVELOPMENT OF GUIZHOU (2016-2017)

主　编 / 王朝新　宋　明

副主编 / 黄　勇　吴　杰　陈康海

社会科学文献出版社
SOCIAL SCIENCES ACADEMIC PRESS (CHINA)

《贵州农村扶贫开发报告》
编 委 会

《贵州农村扶贫开发报告（2016 ~ 2017）》
编　辑　部

主　编　王朝新　宋　明

副主编　黄　勇　陈康海　吴　杰

编　辑　叶　青　蒋莉莉　魏　霞　陈绍宥　王　彬
　　　　　蔡　伟　朱　薇　王　前　罗以洪　王国丽
　　　　　王炳南　翟　宇

主要编著者简介

宋　明　贵州省社会科学院党委常委、副院长，研究员。贵州省省管专家，贵州省宣传文化系统首批“四个一批”人才。主要研究方向：发展经济学、区域经济学、文化产业。主要著作：《少数民族贫困地区综合扶贫开发》（第一作者）、《提高农产品竞争力研究》（第二作者）、《经营城市的策略：对中国城市经营学的探讨》（第一作者）、《在中国—东盟自由贸易区条件下的贵州与东盟经济合作研究》（第一作者）、《制度统筹贫困地区城乡发展研究》（第一作者），主编出版2007年度、2009年度、2010年度《贵州文化产业发展报告》。先后在《光明日报》《中国农村经济》《生态经济》《开发研究》《贵州社会科学》《贵州日报》等报刊上发表学术论文、调研报告200余篇。主要社会兼职：贵州省未来研究会副会长，贵州省经济学会副会长，中共贵州省委政策研究室经济咨询专家，瓮安县委、县政府经济发展顾问，龙里县委、县政府经济发展顾问。

黄　勇　贵州省社会科学院研究员，区域经济研究所所长，贵州省省管专家，省宣传文化系统“四个一批”人才。中国社会科学院研究生院经济学博士研究生。主要研究方向为区域经济、产业经济、投资经济、发展经济学。2007年至2008年在国家发展和改革委员会宏观经济研究院做“西部之光”访问学者，2015年至2016年为荷兰乌特勒支大学（Utrecht University）访问学者。至2016年，先后主持国家社科基金项目1项、省级项目10项、其他类项目20余项，参与各级各类课题60余项，独立、合作出版专著10部，公开发表论文40余篇。

吴　杰　贵州省社会科学院副研究员，主持完成国家社科基金课题“贫困地区发挥新农村建设中农民的主体作用研究——主体自我认同、微观制度保障与作用发挥”（2012年9月结项）、科技厅软科学课题和省领导圈示课题“新时期贵州连片特困地区扶贫开发与美丽乡村建设研究”（2013年12月结项）、省领导圈示课题“健全贵州财政扶贫资金瞄准机制研究”（2014年12月结项），主持和参与完成其他各类课题10余项，在省级及以上期刊发表论文10余篇，2013年获评为贵州省“甲秀人才”。

陈康海　贵州省社会科学院研究员，农村发展研究所所长。研究方向：区域经济、产业经济、农村经济、经济社会发展战略等。完成著作《开发畜牧业资源与南贵昆经济区城乡经济协调发展研究》（合著）、《贵州省国民经济运行分析与预测》（2009～2010）（副主编）等5部；发表论文30余篇，主持国家社科基金课题“开发畜牧业资源与统筹南贵昆经济区城乡经济协调发展研究”，省社科规划课题“贵州全方位对外开放问题研究”等10余项。

摘 要

《贵州农村扶贫开发报告（2016～2017）》由总报告、专题篇、研究篇、案例篇、监测篇、大事记等部分组成。该年度发展报告的研究主题是“十三五”决战脱贫攻坚、全面建成小康社会。本书对习近平扶贫思想进行了初步探析，对社会扶贫、对口帮扶、乡村旅游扶贫、贫困与生态环境、阻断贫困代际传递的路径、贫困地区距离与农地流转契约选择、全国各省份精准扶贫政策措施、黔茶产业扶贫、基于“多规合一”的脱贫攻坚、贵州农村定点包干脱贫攻坚路径等进行了研究，对贵州连片特困地区、民族贫困地区的发展进行了跟踪监测。

Abstract

Annual Report on Rural Poverty Alleviation and Development of Guizhou (*2016 – 2017*) consists of parts of general report, special reports, study reports, case reports, monitoring reports, and memorabilia. Its research theme is to implement poverty alleviation and build an all-round moderately prosperous society in "Thirteenth Five-Year Plan" period. The book analyzes Xi Jinping's idea of poverty alleviation preliminarily, and makes monographic study for social poverty alleviation, counterpart assistance, poverty alleviation through rural tourism, poverty and ecological environment, interdicting the intergenerational transmission of poverty, distance between poor areas and choice of farmland circulation contracts, targeted poverty alleviation policy around the country, poverty alleviation through Qian Tea industry, poverty alleviation based on the "integrated projects into one" and combining with the strategy of trial in Guizhou rural with full responsibility. In addition, it carries out tracking monitoring for the development of Guizhou's contiguous poverty-stricken areas and ethnical poor area.

目录

Ⅰ 总报告

Ⅱ 专题篇

Ⅲ 研究篇

Ⅳ　案例篇

Ⅴ　监测篇

Ⅵ　大事记

CONTENTS

I General Report

II Special Reports

III Study Reports

Ⅳ Case Reports

Ⅴ Monitoring Reports

Ⅵ Memorabilia

总 报 告

General Report

“十三五”决战脱贫攻坚思考

黄 勇 吴 杰 邓小海 张琳杰*

摘 要： 2011年以来，贵州省农村贫困人口数量不断下降，农村生产生活条件有较大改善，产业扶贫项目加快推进，贫困人口能力不断提升，易地扶贫搬迁取得重大突破，精准扶贫工作机制不断完善。但贵州贫困发生率仍然高于全国水平，贫困农户投入能力仍然较低。深入推进脱贫攻坚战，要坚持精准扶贫、精准脱贫基本方略，围绕现行标准下的贫困人口脱贫、贫困县摘帽、解决区域性整体贫困问题三大任务，以集中攻坚、稳定脱贫为工作重点，以“六个精准”为切入点，全面深化以产业扶贫为重点的扶贫领域供给侧

---

* 黄勇，贵州省社会科学院区域经济研究所研究员，中国社会科学院研究生院经济学博士，研究方向为区域和产业经济、投资经济、发展经济学；吴杰，贵州省社会科学院区域经济研究所副研究员，研究方向为区域经济、农村经济；邓小海，贵州省社会科学院农村发展研究所副研究员、博士，研究方向为农村经济；张琳杰，贵州省社会科学院对外经济研究所助理研究员、博士，研究方向为产业经济。

结构性改革，加大易地扶贫搬迁力度，因地制宜推进产业扶贫，抓好生态、教育医疗和社会保障兜底扶贫，加大各界帮扶力度，进一步完善政策，激发贫困群众内生动力，以实现精准脱贫。

关键词： 精准扶贫　精准脱贫　产业扶贫　贵州

一　近年来扶贫开发的基本成效

（一）农村贫困发生率不断下降

2011年底，国家把贫困线提高到人均年纯收入2300元。按照这个新的贫困标准，贵州农村贫困人口总数为1149万人，农村贫困发生率为33.4%。2012年，贵州农村贫困人口下降到923万人，贫困发生率下降到26.8%。2013年，贵州农村贫困人口下降到745万人，贫困发生率下降到21.3%。2014年，贵州农村贫困人口下降到623万人，贫困发生率下降到18%。2015年，全省农村贫困人口下降到493万人，贫困发生率下降到14%（见图1）。

2016年，全省深入贯彻习近平总书记关于扶贫开发战略的精神，突出精准扶贫、精准脱贫基本方略，大力实施“大扶贫战略行动”，减少贫困人口120.8万人，农村建档立卡贫困人口下降到372.2万人，贫困发生率降低到10.6%。66个贫困县农村建档立卡贫困人口减少到345.96万人，贫困发生率下降到12.42%；50个重点县农村建档立卡贫困人口减少到301.72万人，贫困发生率下降到14.07%；46个少数民族自治县农村建档立卡贫困人口减少到207.97万人，贫困发生率下降到13.41%。三大连片特困地区中，武陵山片区农村建档立卡贫困人口减少到54.57万人，贫困发生率下降到9.37%；乌蒙山片区农村建档立卡贫困人口减少到95.55万人，贫困发生率下降到 11.85%；滇桂黔石漠化片区农村建档立卡贫困人口减少到 183.8 万人，贫困发生率下降到 14.25%。

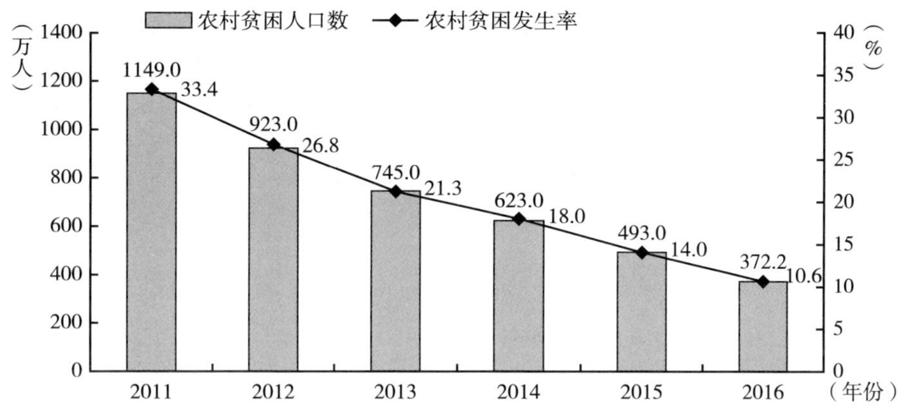

图 1　贵州省农村贫困人口与贫困发生率变化情况

（二）农村生产生活条件有较大改善

为切实改善贫困地区生产生活条件，贵州省坚持以国家扶贫开发工作重点县为重点，加强贫困地区基础设施建设，改善贫困人口生产生活条件。2012 年全省建成通乡（镇）道路 18455 公里，通村公路 115267 公里，通汽车的村数达到 17717 个，占全省行政村的 97.9%；自来水受益村达到 14443 个，占 79.8%；有电话的村数 17066 个，占 94.3%；通有线广播的村 7713 个，占 42.6%；完成农村危房改造 43.95 万户。2013 年，实施了国省干线及农村公路建设工程、通村沥青（水泥）路工程、集中连片特困地区县乡道改造项目、国有林场通沥青（水泥）路项目等农村交通工程，全省贫困人口路、水、房等基础设施进一步改善，建制村通畅率达到 50% 以上[①]；通过实施水利工程，增加有效灌溉面积 75 万亩，全年新增解决 333

① 贵州交通宣传教育中心：《2013 年攻坚突破夯实交通基础设施建设　助推贵州新跨越》，http：//www.qjt.gov.cn，2013 年 12 月。

万农村人口及学校师生饮水安全问题；改造农村危房40.1万户，竣工扶贫生态移民房3.6万套①。2014年，全省“四在农家·美丽乡村”基础设施建设六项行动计划共完成投资408.1亿元，实现1.4万公里通村路硬化、油化，解决300多万农民饮水安全问题，完成1.4万个村35.6万户农户危房改造。2015年六项行动计划完成投资404.1亿元，解决316.8万人的农村饮水安全问题，发展耕地灌溉面积137万亩，农户危房改造竣工36.1万户，完成“三改三治”及庭院硬化工程49万户，完成垃圾收集处理项目415个。

2016年，全省按照“五个一批”脱贫路径的要求，全力推进“六大脱贫攻坚战”。在基础设施建设方面，投入445亿元继续实施“四在农家·美丽乡村”基础设施建设六项行动计划，有效解决一批贫困乡村尤其是少数民族特困乡村的水、电、路、信等发展瓶颈制约问题。围绕脱贫攻坚基础设施“最后一公里”，建成通村通组路1万公里，全省通汽车的村占比从2011年的98.6%上升到2016年的99.12%。建设了一批水利供水工程，新增解决249万人的农村饮水安全问题，全省自来水受益村占比从2011年的79.18%上升到92.47%。通电话的村占比从95.68%上升到95.77%，通有线广播的村占比从38.05%上升到54.82%。自2008年在全国率先开展农村危房改造工作以来，贵州省累计完成农村危房改造292.48万户，超额完成中央下达工作目标任务80.71万户。农村生产生活条件得到极大改善。

表1　贵州农村基础设施变化情况

指标＼年份	2011	2012	2013	2014	2015	2016
村委会个数（个）	17583	18099	16859	16747	16612	14619
自来水受益村（个）	13922	14443	13997	14153	14358	13518
自来水受益村占比（%）	79.18	79.80	83.02	84.51	86.43	92.47

① 贵州省人民政府：《2014年政府工作报告》。

续表

指标 \ 年份	2011	2012	2013	2014	2015	2016
通汽车的村数(个)	17336	17717	16766	16507	16461	14490
通汽车的村占比(%)	98.60	97.89	99.45	98.57	99.09	99.12
通电话的村数(个)	16823	17066	16191	15980	15918	14001
通电话的村占比(%)	95.68	94.29	96.04	95.42	95.82	95.77
通有线广播的村(个)	6690	7713	7336	7722	7995	8014
通有线广播的村占比(%)	38.05	42.62	43.51	46.11	48.13	54.82

资料来源：历年贵州省统计局、国家统计局贵州调查总队编《贵州统计年鉴》，中国统计出版社。

（三）产业扶贫项目加快推进

自2011年贵州确立“核桃、草地生态畜牧业、精品水果、蔬菜、油茶、中药材、茶叶、特种养殖、脱毒马铃薯和乡村旅游业”十大扶贫产业和“东油西薯、南药北茶、中部蔬菜、面上牛羊和核桃”产业布局以来，产业扶贫建设的步伐不断加快。2016年，全省实施产业扶贫项目约2万个，拓宽了贫困人口的增收门路，提高了增收水平，74.2万贫困人口从中受益、成功脱贫。其中，建成贫困村乡村旅游景点231个；在1300个贫困村设立电商网点，农村电商交易额增长27.1%，被列为全国首批网络扶贫试点省。一些产业逐步在全国占据了一定优势地位，如茶叶、辣椒、火龙果、刺梨、薏仁种植面积已经居全国第一位，马铃薯、中药材种植面积居第三位，蓝莓种植面积居第四位，大鲵存池量居第四位。培育打造了湄潭茶叶、遵义辣椒、威宁马铃薯、施秉太子参、赫章核桃、玉屏油茶、罗甸火龙果、水城和修文猕猴桃、晴隆肉羊等一批专业县、主产县。

（四）贫困人口能力不断提升

开展农民培训和农村实用人才培养，提高农民综合素质是脱贫致富、促进农业经济增长的重要途径，而开展农民教育培训，是提高农民综合素质的根本手段。近年来，为提高贫困群众素质，贵州省实施了“三个百万工程”（百万贫困创业就业工程、百万青年创业就业工程、百万妇女创业就业工程）、“双十万培训工程”和“9＋3”教育工程、“雨露计划”、“阳光工程”，资助农村贫困户子女接受高、中等学历教育等，不断提高贫困劳动力创业就业能力。另外，还实施了“雁归兴贵”行动计划，全力推进全省农民工返乡创业就业。2014～2016年，全省农民工返乡创业就业人数分别达到62万人、81万人、90.65万人，成为推动全省跨越发展、后发赶超、同步小康的重要生力军，实现了由“外出一人致富一家”向“创业一人致富一方”的转变。2015年以来，贵州省累计精准帮扶留守儿童、困境儿童家庭劳动力返乡创业就业12.8万人，有效缓解了农民工长期背井离乡带来的留守儿童、空巢老人等社会问题。2016年，贵州省压缩党政机关行政经费6%用于教育精准扶贫，对31.7万建档立卡贫困学生免（补）学杂费，让16.89万贫困人口学龄前儿童吃上营养午餐；完成贫困地区44万农村青壮年劳动力规范化技能培训；73.8万贫困人口享受到“三重医疗保障”；将270多万农村低保对象纳入农村精准扶贫建档立卡信息系统，并对158万“两无”人员实行政策性兜底保障。

（五）易地扶贫搬迁促进精准脱贫

为从根本上解决居住在生态环境脆弱、生态区位重要、自然条件恶劣地区的农村群众的发展问题，贵州省于2012年上半年启动实施扶贫生态移民工程，计划在2012年至2020年的9年时间内，将居住在深山区、石山区、集中连片贫困地区的47.7万户、204.3万农村贫困人口搬迁出来。扶贫生态移民工程启动以来，2012年至2015年，全省建成安置点663个，安置房13.2万套，搬出了世居在深山区、石山区、高寒山区等生态环境脆弱、贫困程度深、脱贫难度大地区的农村人口56.57万。“十二五”期间，全省共易地扶贫搬迁66万人。

2016年8月22～23日，国务院在贵州成功召开全国易地扶贫搬迁现场会。2016年，易地扶贫搬迁取得重大突破，全省开工易地扶贫搬迁安置点项目555个，建成搬迁房9.7万套，全年分两批搬迁45.8万人，其中建档立卡贫困人口36.2万人，实现每户搬迁家庭就业1.5人。

（六）精准扶贫工作机制改革创新

2016年6月，贵州与京东集团建立的全国首个省级扶贫馆——"中国特产·贵州扶贫馆"正式上线，电子商务+扶贫，开拓出了一条电商助力脱贫攻坚的新路子。2016年8月，全省按照"五个一批"脱贫路径的要求，全力推进"六大脱贫攻坚战"。2016年9月，根据贫困发生率、人均可支配收入、贫困人口规模和发展环境等情况，贵州对全省66个贫困县、934个贫困乡（镇）的贫困程度进行评估，最后选出了14个深度贫困县、20个极贫乡（镇）。为确保极贫乡镇如期脱贫、与全省全国同步全面建成小康社会，省委书记、省长等20名省级领导挂帅成立20个指挥部，对20个极贫乡（镇）开展定点扶贫。2016年10月，总规模3000亿元的贵州脱贫攻坚投资基金有限公司揭牌成立，标志着国家批复的全国首只省级脱贫攻坚投资基金正式启动，脱贫攻坚投资基金投向交通、农村环境整治、极贫乡镇等8个方面，着力解决脱贫攻坚中面临的投资规模大、资金回收周期较长、项目涉及面广、地方财力较弱等实际问题，吸引社会资金投入，扩大建设资金来源，有效突破全省扶贫投入总量不足、融资难融资贵的瓶颈。

二　主要问题

（一）贫困发生率仍然高于全国水平

贵州一直是我国贫困人口最多、贫困面积最大、贫困程度最深的省份。按照人均年纯收入2300元的扶贫标准，2011年，贵州农村贫困人口总数1149万人，农村贫困发生率33.4%，占全国农村贫困人口12238万人的9.39%，贫困人口数量为全国最多。2012年，全省农村贫困人口总数下降到923万人，农村贫困发生率26.8%，占全国农村贫困人口的比例也下降到9.32%。2013年，全省农村贫困人口总数进一步下降到745万人，占全国农村贫困人口8249万的9.03%。2014年全省农村贫困人口623万人，占全国农村贫困人口7017万人的8.9%，农村贫困发生率18%。2015年全省农村贫困人口493万人，占全国农村贫困人口的8.84%，农村贫困发生率14%。2016年，尽管贵州农村建档立卡贫困人口下降到372.2万人，贫困发生率降低到10.6%，但贵州农村贫困发生率仍然远高于全国水平，农村人口占全国农村贫困人口的比例仍高达8.59%，并且，全省农村贫困人口仍集中在50个重点贫困县，集中在乌蒙山、滇桂黔石漠化片区等区域，这些地方的贫困发生率仍高于全省、全国水平。

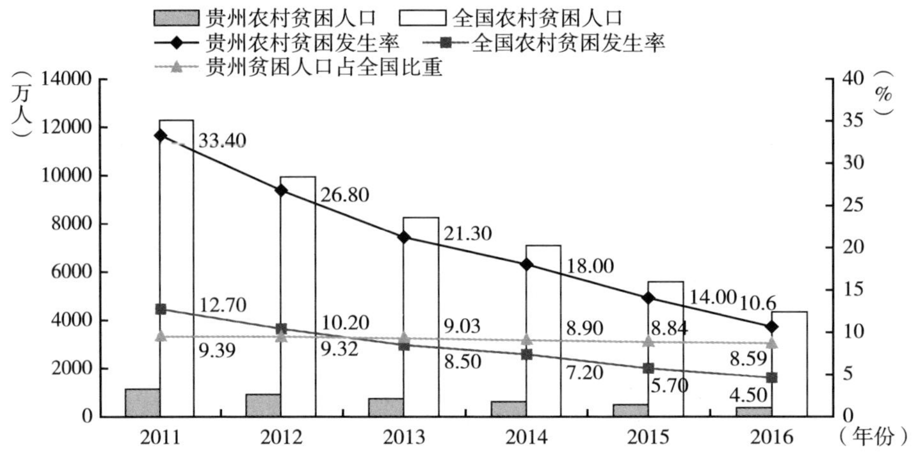

图2　2011～2016年贵州省与全国农村贫困人口与贫困发生率变化情况

（二）贫困农户投入能力仍然较低

从全省农村居民家庭人均年总收入和人均年总支出情况来看，尽管贵州农村居民家庭人均年总收入不断增长，但其人均年总支出水平增长更快，其收入甚至不足以保持收支平衡，积累少，难以满足扩大生产的需求，从2012年到2016年，农村居民家庭人均年总收入和人均年总支出的差额从73.65元扩大到了-2416.51元。

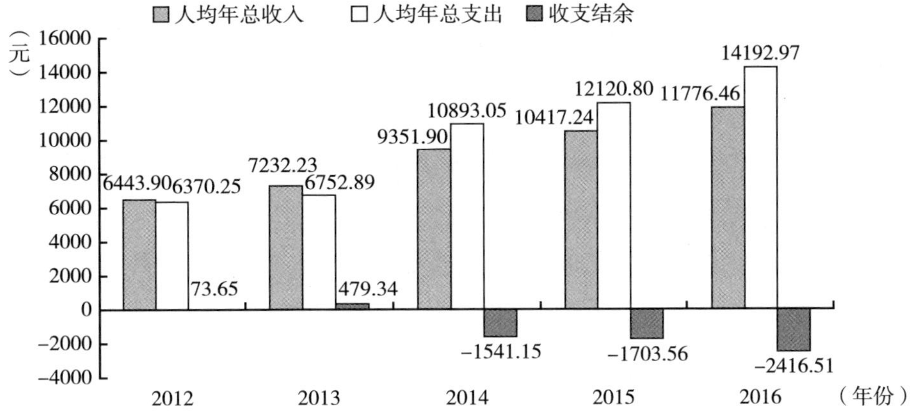

图 3　2012～2016 年贵州省农户家庭人均年总收入与人均年总支出情况

三　深入推进精准扶贫精准脱贫的思路与对策

深入推进脱贫攻坚战，要坚持精准扶贫精准脱贫基本方略，围绕现行标准下的贫困人口脱贫、贫困县摘帽、解决区域性整体贫困问题三大任务，以集中攻坚稳定脱贫为工作重点，以“六个精准”为切入点，全面深化以产业扶贫为重点的扶贫领域供给侧结构性改革，集中力量狠抓脱贫攻坚重点区域、重点群体、重点任务，进一步完善政策，激发贫困群众内生动力，以实现精准脱贫。

（一）加大易地扶贫搬迁力度

易地扶贫搬迁是功在当代、利在千秋的惠民工程，坚持了以人民为中心的发展思想，突出了“挪穷窝、拔穷根”的问题导向。要坚持以城镇化集中安置为主，用好“扶贫云”和“国土资源云”精准扶贫作战图，积极推进跨县、跨市州安置。坚持以产定搬、以岗定搬，完善促进搬迁户就业创业政策，确保搬迁群众能够在迁入地找到就业和增收途径，确保搬迁家庭每户稳定就业 1 人以上。

（二）因地制宜推进产业扶贫

更加注重造血式扶贫，注重项目的可持续性，让贫困户有能力进行扩大再生产，只有推动经济发展才能实现真正的脱贫，精准扶贫措施要更加注重发展产业和增加就业扶贫。用好脱贫攻坚产业扶贫基金，重点支持农业产业化龙头企业和新型农业经营主体带动贫困农户发展，深入实施贫困村“一村一品”产业推进行动，实施产业扶贫项目，带动贫困群众脱贫。要以劳动密集型服务产业为重点，大力发展有市场、能直接让老百姓得实惠的茶叶、食用菌、特色果业等山地高效农业和山地旅游、休闲康养、特色美食、民俗文化等现代服务业，挖掘“一地一品”的特色历史文化、红色文化、民俗文化等特色优势产业，推进脱贫攻坚劳动密集型产业向纵深发展，为搬迁群众提供充足的就业岗位、可持续发展的产业。积极实施和推进全域乡村旅游扶贫、水电矿产资源开发资产收益扶贫改革试点。为10万就地脱贫人口每人整治1亩高标准农田。继续将财政扶贫发展资金的60%作为建档立卡贫困户资金，集中用于支持扶贫企业、农民专业合作社、种植养殖大户、村集体发展，投资收益折股量化到户。推进龙头企业带动扶贫，推进产业扶贫项目建设，积极探索资产收益扶贫。依托资源优势和特色产业，实施“龙头企业+贫困户”“园区（基地）+贫困户”“专业合作社+贫困户”“产业大户+贫困户”等多种产业扶贫模式，完善利益联结机制，带动贫困户发展产业或就地务工实现脱贫，打造“龙头引领、农户参与、抱团取暖、共同发展”的产业扶贫模式。全面实施“百区千村万户”乡村旅游扶贫工程，打造一批乡村旅游示范点。对于一些产业扶贫项目，可采取先建（借）后补的方式，增强贫困农户责任心、参与产业扶贫的积极性，激发农户脱贫内生动力。

（三）抓好生态、教育医疗和社会保障兜底扶贫

社会保障兜底扶贫是打赢脱贫攻坚战、建成全面小康社会的关键。加大贫困地区坡耕地退耕还林力度，坚持和完善选聘建档立卡贫困人口为生态护

林员制度。开展碳汇精准扶贫试点。实施健康扶贫工程，完善医疗救助保障政策，对建档立卡贫困户中的农村低保、特困供养对象、重点优抚对象按照全额或定额标准资助其参加城乡居民基本医疗保险，继续开展医疗救助，推进“一站式”结算管理模式，建立重特大疾病医疗救助基金，开展农村贫困人口大病专项救治试点，推动援黔医疗卫生实现对口帮扶全省 66 个贫困县县医院全覆盖。实施扶贫专项培训工程，开展职业教育脱贫富民计划，对农村青壮年劳动力进行规范化技能培训，向对口帮扶城市有组织输出护工、家政等紧缺劳务人员 1 万名。有序推进农村低保与扶贫开发两项制度逐步衔接，全面落实医疗救助、临时救助等政策，进一步完善农村低保保障标准与物价上涨挂钩联动机制，确保困难群众不因物价上涨影响基本生活。加大临时救助帮扶力度，衔接使用好相关救助资源，最大限度地为困难群众解决实际问题。

（四）整合资源力量，加大各界帮扶力度

加强与定点帮扶单位、挂职蹲点干部的联系，加强与定点扶贫部门的衔接，主动对接，做好协调服务。进一步简化对接协调工作，实施 54 个东部经济县与贵州省 66 个贫困县“携手奔小康”行动，打造区域合作和产业承接发展平台，通过典型引领，引导发达地区劳动密集型产业优先向贫困地区转移，加快打造一批对口支援产业示范园区和面向对口帮扶城市的农特产品供应基地。加强“集团帮扶”工作，纵深推进民营企业“千企帮千村”精准扶贫行动和东部 7 个帮扶城市对口帮扶工作，完善中直机关、省直单位帮扶机制，实现驻黔央企、省属国有企业、高等院校对口帮扶贫困县全覆盖。推动全省“保险助推脱贫攻坚”示范区和政策性金融扶贫示范区加快建设，引导金融机构推广“特惠贷”“贵扶贷”等精准扶贫信贷产品。深入推进 50 个国家扶贫开发重点县财政涉农资金统筹整合使用试点。加强省内定点扶贫，扎实推进省领导定点包干 20 个极贫乡镇脱贫攻坚工作。

参考文献

贵州省发展和改革委员会、贵州省扶贫开发办公室：《贵州省“十三五”脱贫攻坚专项规划》，2017。

贵州省发展和改革委员会：《贵州省国民经济和社会发展第十三个五年规划纲要》，2016。

专 题 篇

Special Reports

贵州社会扶贫发展报告

曾 亮*

摘 要： 社会扶贫作为贵州大扶贫战略的重要组成部分，对推进贵州实现同步小康具有不可替代的作用。本文从贵州社会扶贫工作开展现状以及所取得的成效入手，系统地归纳和总结了贵州社会扶贫工作的经验，分析了贵州社会扶贫工作存在的问题，在此基础上提出了对策建议。

关键词： 社会扶贫 扶贫管理 贵州

社会扶贫工作是扶贫开发的重要组成部分，贵州省始终坚持把社会扶贫作为扶贫开发中的一项重要工作，着力搭建培育多元社会扶贫主体的工作平台，不断探索社会扶贫的参与方式，不断创新完善人人可参与、

* 曾亮，贵州省社会科学院图书信息中心助理馆员。

愿参与、能参与的社会大扶贫参与机制，逐步构建起政府、社会、市场“三位一体”扶贫开发大格局，推动贵州省社会经济发展和贫困人口脱贫致富。

一 2015年贵州社会扶贫工作取得的成效

（一）出台工作意见，推进社会扶贫工作

按照省政府的安排部署，起草了《关于进一步动员社会各方面力量参与扶贫开发的实施意见》，并印发施行《中共贵州省委办公厅 贵州省人民政府办公厅印发〈关于进一步动员社会各方面力量参与扶贫开发的实施意见〉的通知》（黔委厅字〔2015〕33号）。

（二）开展“扶贫日”系列活动，创新社会扶贫

1. 制定《贵州省公募扶贫款物管理暂行办法》

为进一步引导社会力量积极参与扶贫开发，加强对“扶贫日”活动所募集到物款的管理，充分发挥其使用效益，起草了《贵州省公募扶贫款物管理暂行办法》，并以《省人民政府办公厅关于印发〈贵州省公募扶贫款物管理暂行办法〉的通知》（黔府办函〔2015〕45号）之名印发施行。

2. 开展全省“五个一”系列活动

2015年10月17日，在我国第二个扶贫日到来之际，贵州省组织开展了以“扶贫济困，你我同行”为主题的一系列活动，主要活动包括：发出一份扶贫倡议书，举办一次全省扶贫开发成就展，组织一次“扶贫日”公募活动，召开一次全省扶贫开发大会，开展一次社会扶贫评选表彰“五个一”系列活动。随着省级层面活动的开展，各州（市）乃至部分县（市区）都积极响应，纷纷效仿上级做法，精心组织、策划和开展了形式多样、内容丰富的系列活动。据不完全统计，全省在“扶贫日”期间，募集到捐款和捐物折款共计15.03亿元。

3. 搭建社会扶贫网络建设平台

为了实现社会帮扶需求和供给的信息共享，实现供求信息实时更新，贵州省努力搭建社会扶贫网络平台，按照“扶贫济困、供需互动、信息公开、精准帮扶”的原则，委托贵州省扶贫基金会，在贵州省扶贫开发信息发布网站上以专栏的形式开辟扶贫济困“直通车”，促进了扶贫济困供需信息对接，实现求助人与援助人点对点精准帮扶。目前，贵州省正按照国务院扶贫办国际扶贫中心的要求安排，进一步完善“直通车”平台建设系统。

4. 开展2014年度省级公募资金实施项目的申报、审批工作

按照《贵州省公募扶贫款物管理暂行办法》的规定要求，经书面请示后，用 2014 年度省级公募账户留存的公募资金，在全省范围内实施了 100 个左右扶贫济困项目，项目资金主要用于解决贫困群众的实际困难，重点支持教育、医疗及政府暂时没有政策支持，但又确实非常贫困、非常需要救助，以及受助后会取得较大社会反响的其他类型的扶贫济困项目。为此，贵州启动了扶贫济困项目的申报工作，下发通知让 9 个市（州）上报了 450 个项目备选，本着突出重点、统筹兼顾的原则，进行了认真审查，从中遴选出 100 个项目（教育扶贫项目 40 个，医疗扶贫项目 51 个，其他扶贫济困项目 9 个），受资助人合计 1183 人，项目总投资 1071. 74 万元。其中，自筹 595. 07 万元，申请公募资金资助 476. 67 万元。组织民政厅、教育厅、卫计委、省扶贫基金会、省红十字会相关专家对拟安排的 100 个项目进行专题咨询，报请审批同意，通过贵州省扶贫开发信息网向社会进行公示，对项目和资金安排无异议后，办理资金的拨付手续。

（三）定点帮扶与同步小康驻村工作

1. 中央单位定点扶贫方面

在 2015 年中央定点单位的调整中，在现有 31 个中央单位在贵州省 50 个重点县开展定点扶贫全覆盖工作的基础上，争取到新增中央组织部等 11 家实力较强的中央单位（调走水利部、国家旅游局、华夏银行等 3 个单位）

到贵州省开展定点扶贫工作，实现了39个中央单位对贵州省50个扶贫开发工作重点县的全覆盖。认真做好联系、协调、服务工作。一方面，大力督促各市（州）、县加强与中央单位的沟通联系和交流对接，争取对方的大力支持；另一方面，主动与中直单位联系、联络，热情接待中直机关来黔人员，做好各项服务和协调工作。2015年，中央定点帮扶单位直接投入帮扶资金4777.5万元，并发挥其桥梁作用，帮助受帮扶县引进各类资金56.88亿元，实施了93个经济合作项目。

2. 全省同步小康干部驻村工作方面

2015年，全省选派5.7万余人、组建1.1万余个同步小康工作组，再次实现对贫困村干部驻村全覆盖。配合省委组织部、省直机关工委相关处室完成了2015年同步小康驻村工作队的组队、培训、下派工作，下发《关于做好2015年度党建扶贫项目申报和资金管理的通知》（黔扶通〔2015〕38号），做好了18支省直驻村工作队党建扶贫专项扶贫项目资金的安排，指导项目的申报。按照省委组织部和省委党建办的安排，抽派人员组成驻村帮扶第九督查组，赴黔西南州贞丰、兴仁两县的11个乡镇的20个贫困村开展了驻村工作督查检查。按照省委组织部和省委党建办的安排，抽派人员组成第七督查暗访组，赴黔西南州就第一书记和驻村干部到岗到位情况开展督查暗访。2015年，广大驻村干部和驻村干部派出单位积极筹措帮扶资金和物资折款9.77亿元（含无偿和有偿资金），帮助引进各类资金34.24亿元，认真组织实施了13960个各类项目。

3. 开展国有企业结对帮扶贫困县整县脱贫行动

在总结借鉴万达集团帮扶丹寨模式的基础上，贵州省积极为国有企业参与扶贫开发搭建新型平台。按照企业资产总额、利润两项指标排序，按照“一对一”结对帮扶的模式，选择12家实力较强的国有企业与12个扶贫开发重点县形成结对帮扶关系。根据贵州省委、省政府的要求，起草了开展工作的指导意见，并在2015年6月15日以《省委办公厅、省政府办公厅印发〈关于动员国有企业结对帮扶贫困县推进整县脱贫的指导意见〉的通知》（黔委厅字〔2015〕46号）之名印发施行，开展国有企业结对帮扶整县脱贫行动。充分发挥国有大中型企业在扶贫开发中人才、资金、技术、管理等方面的优势，采取挂县联乡帮村的形式，大力开展帮扶工作，开创全方位、宽领域、多层次的帮扶工作新格局。

4. 开展万达集团对口帮扶丹寨县整县脱贫行动

2015 年 3 月 10 日，与省政府办公厅七处牵头筹备，在北京贵州大厦举行了“贵州省政府与万达集团战略合作协议签字仪式”。根据协议，万达集团拟投入 10 亿元专项资金帮助丹寨县，力争用 5 年时间，使丹寨人均收入翻番、整县脱贫。同时，以万达集团在丹寨县开展整县脱贫行动为契机，进一步拓展民营企业参与扶贫开发的形式与内容，深化与万达集团全方位的经济技术合作。万达集团计划在贵州省建设 10 个以上万达广场和一个万达文化旅游项目，总投资 600 亿元。

5. 开展恒大集团结对帮扶大方县精准扶贫精准脱贫行动

从搞好协调、加强宣传、做好服务等方面入手，积极配合恒大集团做好帮扶大方县精准脱贫工作。从 2015 年至 2018 年，恒大集团计划投入扶贫资金 30 亿元，通过易地扶贫搬迁、发展产业、发展教育、吸纳就业和保障扶贫特殊困难群体生活等一揽子综合措施，大力助推毕节市大方县实现到 2018 年贫困人口全部稳定脱贫。

6. 开启省直单位和贵阳市经济强区结对帮扶贫困县工作

制定工作方案，以黔扶领〔2015〕12 号印发，对没有省领导帮扶的 12 个贫困县安排 12 个省直单位与贵阳市的六区（云岩、南明、花溪、乌当、白云、观山湖）、三平台（高新区、经开区、双龙航空港经济区）开展结对帮扶。

7. 开启民营企业“千企帮千村”精准扶贫行动

配合省委统战部、省工商联开启民营企业“千企帮千村”精准扶贫行动。动员全省 1000 家以上民营企业结对帮扶 1000 个以上贫困村，通过综合运用商贸扶贫、产业扶贫、就业扶贫、捐赠扶贫、智力扶贫等多种方式，积极推动将民营企业技术、人才、资本等优势与贫困地区土地、生态、劳动力等特色资源有机结合起来，使贫困村基础设施明显改善、特色产业形成规模、社会事业不断发展、组织能力得到提升、农民收入大幅增加，实现整村脱贫。

（四）抓好集团帮扶工作，加强工作指导

1. 完成2015年集团帮扶项目资金计划安排

完成2015年集团帮扶项目资金计划安排2亿元。项目资金安排基于《关于下达2015年第二批中央财政扶贫资金（发展资金）的通知》（黔财农〔2015〕8号）下达。

2. 做好对2015年集团帮扶工作的指导

起草并下发《关于做好2015年集团帮扶工作的通知》（黔扶领办通〔2015〕2号），指导各地认真开展好2015年的集团帮扶工作。同时，组织省内相关专家对当年的集团帮扶项目实施的可行性进行了专题咨询，督促各项目县对项目进行了修改、完善，报省领导批示后实施。此外，还组织处室人员赴各项目县调研指导集团帮扶开展情况。

3. 开展集团帮扶项目备案和电子政务平台录入工作

按照目标要求，催促各项目县完成项目审批备案工作，督促各县抓好项目实施。

4. 做好省领导扶贫联系点的调整工作

为充分发挥省领导率先示范的作用，集中人力、物力、财力，重点突破、攻坚克难，切实打好扶贫攻坚战，遵照省委、省政府主要领导的指示，根据贫困县的贫困程度排位，按照省领导的排序，本着难易区别对待原则，拟定了40位省领导扶贫联系点调整和充实建议方案，对省领导扶贫联系点作出调整和充实，报省委、省政府审核批准后，以黔委厅字〔2015〕82号通知下达。

（五）开展包干扶贫工作，实现社会力量帮扶对贫困村全覆盖

根据省委、省政府的部署安排，起草了《关于进一步动员社会力量对贫困村实行包干扶贫的实施方案》，以黔党办〔2015〕40号文件印发全省施行。明确各帮扶单位包干帮扶贫困村责任，并按照要求严格确定包干贫困村

和贫困人口数量，开展包干扶贫工作，实现社会力量对 9000 个贫困村包干扶贫的全覆盖。目前，正在与省直各有关部门认真梳理社会帮扶资源，与全省 9000 个贫困村结成“一对一”帮扶对子。

（六）参与遍访扶贫策划，组织省领导赴“五县八村”开展遍访

参与领导干部遍访贫困村贫困户工作的策划组织，并策划、组织了由 5 位省领导带队，挂帮联系县的 5 个省直单位牵头，省直相关单位及相关市（州）、县负责人参加的 5 个遍访工作组，对《国内动态清样》提及的 5 个贫困县的 8 个贫困村开展了遍访工作。

（七）抓好社会扶贫试点，推动工作创新

1. 支持发展壮大村级集体经济试点

为贯彻落实《关于培育发展壮大村级集体经济若干政策措施的意见》（黔府发〔2014〕30 号）精神，联合贵州省委组织部，从 2015 年 1000 个“百乡千村推进计划”贫困村中，选择 200 个村，并按照每个村安排 50 万～100 万元财政扶贫资金（项目资金安排已以黔财农〔2015〕8 号和黔财农〔2015〕238 号下达），开展“支持发展壮大村级集体经济百村试点工作”。为此，制定了《2015 年支持发展壮大村级集体经济百村试点工作方案》，与省委组织部联合下发了《关于印发〈2015 年支持发展壮大村级集体经济百村试点工作方案〉的通知》（黔扶通〔2015〕29 号），指导各地开展试点工作。

2. 光伏扶贫试点

按照《国家能源局国务院扶贫办关于印发实施光伏扶贫工程工作方案的通知》（国能新能〔2014〕447 号），起草了《贵州省光伏扶贫试点工程工作实施方案》，配合省能源局编制了《贵州省光伏扶贫规划（2015－2020）》，启动了贵州省农户安装最集中、规模最大的光伏发电项目（当时的盘县岩脚村光伏发电项目），项目计划投资 200 万元，拟安装于 78 栋民房，惠及村民 102 户，项目建成并网后预计年度总发电量可达 50 万千瓦·时。

（八）加强对社团组织的管理

加强对贵州省扶贫开发办公室主管的省扶贫基金会、省扶贫开发协会开展工作的指导，为它们开展工作做好协调和服务。

（九）其他社会扶贫工作

认真抓好其他相关工作。一是配合人事处抓好贵州省扶贫开发办公室在江口县开展的同步小康驻村工作，二是积极争取中国扶贫基金会、中国扶贫开发协会等国家级慈善组织开展的项目在贵州省实施，三是认真配合中央网信办在贵州省的精准扶贫“9 +1”试点工作。

二　贵州社会扶贫的主要经验

（一）强化社会扶贫组织动员

贵州省各级党委、政府高度重视组织动员社会力量参与扶贫，出台了《关于进一步动员社会各方面力量参与扶贫开发的实施意见》，并将加强组织领导、完善社会力量参与扶贫工作体系落到实处，建立健全了社会参与帮扶工作机制，逐级严格落实各部门工作责任。各级扶贫开发领导小组强化责任、认真履职，加强对社会扶贫工作的指导，统筹协调各方资源，努力发挥组织协调作用。各级部门密切加强合作和协调动员，积极努力按照职能分工扎实落实社会扶贫相关政策规定，大力推进社会力量参与扶贫工作。如人力资源和社会保障部门按照相关规定积极落实各种类型定点帮扶责任人（干部）的有关待遇，包括挂职扶贫、专业技术和驻村帮扶等人员待遇。财政、税务、金融等各部门积极落实财政、税收和金融对社会力量参与扶贫的支持政策措施。民政部门通过将扶贫济困列入慈善事业的重点领域，大力支持社会组织提高参与社会扶贫的程度以及管理和服务水平。工会、工商联、妇联、残联、共青团、省中华职业教育社积极发挥自身优势，最大限度地参与到扶贫开发工作中来。

（二）建立社会扶贫激励机制

贵州省严格按照国家有关法律法规，全面落实法律法规对扶贫公益事业的扶贫税收减免和捐赠税前扣除等税收优惠政策，积极引导和鼓励各类市场主体投资贫困地区。大力简化企业投资登记程序，降低从事扶贫工作的社会组织注册门槛。对积极参与扶贫开发、带动贫困群众脱贫致富并满足信贷条件的各类企业给予相应的信贷支持，同时加大对上述企业财政贴息等扶持力度。同时，贵州省扶贫开发领导小组还定期组织开展对参与扶贫工作并取得成绩的个人和集体进行表彰（2014 年“扶贫日”期间，基于由省内主流媒体主导、发动社会各界广泛参与的开放式创新模式，从贵州省评选出 50 个社会扶贫先进集体和 50 名先进个人作为表彰对象，并在“扶贫日”当天，对这 100 个社会扶贫先进个人和集体进行表彰），从而能够让积极参与社会扶贫工作的各类主体在政治上获得与其付出相一致的荣誉。

（三）加强社会扶贫宣传发动

在开展社会扶贫工作过程中，贵州省通过积极组织各种类型的扶贫宣传活动，大力弘扬中华民族乐善好施、扶贫济困的传统美德。同时，努力创新宣传形式，积极利用传统媒介与新兴媒体进行舆论引导，如加强对微博、微信等移动媒体和自媒体的积极宣传引导，积极推进社会扶贫宣传报道工作，不断推出各种扶贫公益广告。通过宣传最具代表性的最美扶贫人物，努力倡导社会扶贫理念，营造浓厚的社会扶贫氛围。

（四）改进社会扶贫管理服务

围绕社会扶贫目标，根据社会扶贫体制机制创新需要，政府各部门通过搭建社会参与平台，不断强化服务意识，努力提升政府对社会扶贫管理服务的能力。通过努力筹集社会扶贫资源、规范配置和使用管理，提高社会扶贫公信力和影响力。努力加强贫困地区基层组织建设，积极开发贫困地区人力资源，努力提升带头人和贫困人口就业创业能力。尊重贫困人口的主体地位和首创精神，把贫困地区的内生动力提升和外部帮扶有机结合，通过外部帮扶使贫困地区和贫困人口的自身发展能力不断提升。

三　贵州社会扶贫存在的主要问题与困难

经过多年的努力，在社会各界的共同参与下，贵州社会扶贫成就显著，在长期的实践中积累了大量的宝贵经验，然而在新的扶贫要求和形势下，贵州社会扶贫依然存在一些亟须解决的问题，依然有待进一步优化。一是贵州省还存在着政策支持不足、组织动员不够、机制体制不完善等方面的问题。二是贫困农民主体作用发挥不够。一些地方和部门依然注重向定点扶贫单位、帮扶城市争取支持，但不太注重发挥贫困农民的主体作用，忽视贫困群众在扶贫工作中的积极性、主动性的发挥。三是帮扶资金投入力度还不够。相较西藏、新疆和四川地震灾区重建而言，对贵州的帮扶资金投入还较少。四是产业帮扶、经济协作工作依然有待加强，产业帮扶合作的成功案例不多。按照“优势互补、互惠互利、长期合作、共同发展”的要求，在将贫困地区的资源优势、劳动力优势与发达地区的资金优势、人才优势、技术优势对接，不断拓展领域、创新机制、扩大规模方面，尚待深入研究。五是对社会帮扶项目、资金的管理不够严格，没有严格项目质量管理、将资金与完成质量情况相统筹；没有充分实现整合资源、最大限度地发挥资源的使用效益、集中有限资源办大事。六是对社会扶贫的宣传力度还不够，社会对社会扶贫的知晓率不高。

四　贵州社会扶贫的对策建议

（一）加大各界帮扶力度

加强与中直定点帮扶单位、挂职蹲点干部的联系，加强与定点扶贫部门的衔接，主动对接，做好协调服务。

加强省内定点扶贫。一是配合省委组织部、省直机关工委继续做好2016年同步小康工作队和“第一书记”的下派工作，二是为全省52支省直同步小康工作队安排党建扶贫项目专项资金（每队50万元），用于实施党建扶贫项目。同时，配合做好改革扶贫项目管理，实行驻村工作队“四个全程”工作。即在坚持规划引领和发挥贫困群众主体作用的前提下，通过村民自治和“一事一议”等方式，实行驻村工作队“全程参与项目申报、全程指导项目实施、全程加强项目监管、全程督促项目评估”等扶贫项目资金“四个全程”管理，增强驻村工作队的履职能力。

加强“集团帮扶”工作。根据省领导扶贫联系点的调整，在省领导定点扶贫的重点县中尚未安排集团帮扶资金的定点扶贫乡镇安排财政扶贫资金、实施“集团帮扶”项目。做好集团帮扶领导驻点、项目备案和项目实施过程中的督促检查工作。

认真筹备开展“扶贫日”各项活动，使用2015年度省级公募账户募集的公募资金，在全省实施扶贫济困项目。联合省委组织部指导开展好包干扶贫工作，联合省国资委、省经信委深入开展国有企业结对帮扶贫困县整县脱贫行动，联合省能源局做好光伏扶贫试点工作，配合省工商联开展好动员民营企业参与扶贫开发工作，配合省残联开展好残疾人扶贫工作，配合省民政厅开展好留守儿童困境儿童关爱救助工作，积极配合万达集团和恒大集团做好对口帮扶丹寨县和大方县整县脱贫。争取中国扶贫基金会、中国扶贫开发协会等国家级慈善组织的扶贫项目在贵州省落地实施，加强对贵州省扶贫开发办公室主管的省扶贫基金会和省扶贫开发协会开展工作的指导。

（二）进一步完善体制机制建设，加强业务指导

建议从国家层面进一步完善全社会参与扶贫的约束和激励机制，针对社会扶贫参与对象和内容出台相应的配套政策，以最大限度地鼓励和引导社会各界参与扶贫开发，发挥社会力量的扶贫开发作用。建议由国务院扶贫办牵头制定统一的帮扶城市、中央单位下派干部挂职制度，原则上明确挂职人数、年限、激励政策等，并有针对性地开展培训。建议从财政扶贫资金中安

排专项资金，用作各单位来源稳定的到县帮扶资金，并以此资金为“黏合剂”，吸引各单位的直接投入资金和引进的各类资金到帮扶县实施帮扶项目，放大帮扶效应。完善对社会扶贫的考核，在继续开展两年一次的社会扶贫表彰工作的基础上，建议把对单位的考核与挂职干部的考核结合起来，建立起量化的考核指标，进一步督促各单位更好地开展社会扶贫工作。

（三）加强相互间的学习交流

建议国务院扶贫办通过召开各类培训会和业务观摩会，让各帮扶城市、定点扶贫单位和挂职干部深入认识和了解扶贫工作，提高开展扶贫工作的本领和技能。组织、引导开展单位之间、省际的社会扶贫交流活动，使其互相交流学习，取长补短，促进工作的开展。

对口帮扶贵州实施情况报告*

李晓红　彭锦斌　李　瑶**

摘　要： 对口帮扶贵州的工作自1996年启动以来，可以划分为起步实施、覆盖拓展和攻坚帮扶三个阶段。2013年进入攻坚帮扶阶段后，对口帮扶贵州工作的重点是深入推进扶贫开发攻坚、增强基本公共服务能力、深化经济技术交流合作、加强干部和人才培养交流。帮扶结对关系调整为上海－遵义、大连－六盘水、苏州－铜仁、杭州－黔东南、宁波－黔西南、青岛－安顺、广州－黔南和深圳－毕节。在帮扶工作中，结对关系进一步细化到区县、部门和乡镇层面。"十三五"期间，继续做好对口帮扶贵州工作，需要进一步简化对接协调工作、处理好对口帮扶与其他扶贫工作的关系、明确三类帮扶工作重点、注重项目的可持续性、高度重视教育合作交流和科学评估减贫效应。

关键词： 对口帮扶　贵州　结对帮扶

---

* 本研究报告为"对口帮扶贵州工作总体规划（2016－2020年）"项目基金的前期研究成果。

** 李晓红，贵州大学管理学院教授、硕士生导师，贵州大学喀斯特地区发展战略研究中心研究员，研究方向为贫困与发展、产权理论、社会资本与信用等；彭锦斌，贵州省扶贫办对口帮扶处处长；李瑶，贵州大学管理学院农业经济管理2015级硕士研究生，本文通讯作者，研究方向为农业经济理论与政策。

前 言

在“两个大局”战略思想的指导下①，1996 年我国启动东西扶贫协作工作，“东西扶贫协作”又被称为“对口帮扶”，为简洁起见，同时为与当前的官方文件保持一致，本文统一用“对口帮扶”的表述。自该项工作启动以来，对口帮扶西部省份的东部省份已经由最初的 13 个增加到目前的 18 个，覆盖面不断扩大，呈现结对帮扶关系多元化、结对帮扶工作普遍化、企业协作和政府援助逐渐加强、人才交流工作趋于弱化等趋势。

贵州是贫困面最大、贫困程度最深的省份，其对口帮扶工作历来深受国家重视。2013 年，为了加大对贵州的对口帮扶力度，国务院办公厅专门印发《关于开展对口帮扶贵州工作指导意见》（国办发〔2013〕11 号）（后文简称“国办发〔2013〕11 号”文件），就对口帮扶贵州工作做了总体部署和具体安排。

2015 年是“十二五”收官之年，亦是“十三五”规划开局之年。根据国办发〔2013〕11 号文件的要求，对口帮扶贵州工作需要制定“十三五”规划。为了更科学合理地制定《对口帮扶贵州工作“十三五”规划》，规划组②对 2013～2015 年对口帮扶贵州工作进行了总结分析，并提出推进该项工作的相关思考和建议。

① 邓小平在 1988 年提出了“两个大局”的思想。所谓“两个大局”，一个大局就是东部沿海地区加快对外开放，先发展起来，中西部地区要顾全这个大局；另一个大局就是当发展到一定时期，比如 20 世纪末全国达到小康水平时，就要拿出更多力量帮助中西部地区加快发展，东部沿海地区也要服从这个大局。

② 规划组成员包括贵州省人大侨务委员会时任主任王礼全研究员、贵州省农委原专职副书记李昌来研究员、贵州财经大学贫困与发展研究院王永平教授、贵州省政府研究室农经处罗志琴副处长等，以及本研究报告执笔人李晓红、彭锦斌、李瑶。

一　对口帮扶贵州工作的阶段划分

在我国政府主导的反贫困进程中，对口帮扶（东西扶贫协作）思路，是“先富带动后富”“两个大局”思想在扶贫领域的具体化。早在1994年4月15日，国务院颁发的《国家八七扶贫攻坚计划（1994－2000年）》中，就首次明确提出“北京、天津、上海等大城市，广东、江苏、浙江、山东、辽宁、福建等沿海较为发达的省，都要对口帮助西部的一两个贫困省、区发展经济”；到1995年9月，中共十四届五中全会通过的《中共中央关于制定国民经济和社会发展“九五”计划和2010年远景目标纲要》中，建议东部沿海发达地区同西部贫困地区开展扶贫协作，从而实现区域协同发展的目标；1996年5月，国务院扶贫开发领导小组召开全国扶贫会议，对东西扶贫协作的具体工作做了相关的部署和安排；1996年10月，在《中共中央、国务院关于尽快解决农村贫困人口温饱问题的决定》中，明确提出“对口帮扶的范围要落实到县，协作领域要落实到企业和项目。积极帮助富裕县和贫困县组成帮扶对子，进行经济协作，开展干部人才交流。动员富裕县的企业发展到西部贫困县去，充分利用富裕县在人、财、物等方面的优势，在互惠互利的基础上与贫困县共同开发本地潜在资源。省一级的对口帮扶的双方，要认真做好协调组织工作”。由此，我国扶贫领域的对口帮扶工作正式启动，之后随着减贫形势的变化而做出相应调整。

就对口帮扶贵州的减贫工作而言，大致可以分为三个阶段。

第一阶段：起步实施阶段，时间为1996～2007年。大连、青岛、深圳和宁波四市安排53个区（县、市）和市直部门，采用“一帮一”或“二帮一”的方式，结对帮扶贵州39个贫困县。

第二阶段：覆盖拓展阶段。时间为2008～2012年。这一阶段又包括两个时间节点：一是2009年以前，四市安排53个区（县、市）和市直部门，采用“一帮一”或“一加一帮一”的方式，结对帮扶41个贫困县；二是从2010年开始，四市安排55个区（县、市）和市直部门，与贵州省44个扶贫开发工作重点县结成帮扶“对子”，进一步扩大对口帮扶覆盖面。

第三阶段：攻坚帮扶新阶段。2013年是对口帮扶贵州工作的新起点。2013年2月5日，因国务院《关于进一步促进贵州经济社会又好又快发展的若干意见》（国发【2012】2号文件）的颁发，国务院办公厅出台了“国办发〔2013〕11号”，标志着对口帮扶贵州工作进入新的阶段。在国办发〔2013〕11号文件中，明确在原帮扶城市的基础上，增加上海、广州、杭州、苏州，实现8个东部发达城市“一对一”帮扶贵州8个市（州），并明确要求先期开展2013～2015年帮扶工作，而后以5年为期编制规划并实施。国办发〔2013〕11号文件的出台，标志着以“脱贫攻坚”“同步小康”为目标的对口帮扶贵州工作，在更大范围、以更大力度实施和推进。

二　2013～2015年对口帮扶贵州工作的主要内容

（一）对口帮扶的主要内容

对口帮扶的工作内容也随着减贫进程的推进而在不断变化。一般而言，在刚启动时，主要内容包括东部地区为西部贫困地区提供物资捐助、项目、协议投资、人员等，之后逐渐拓展到人员培训、教育支援、干部交流、建设基本农田、修建公路、解决人畜饮水困难等领域。

就对口帮扶贵州的工作内容而言，在2013年以前，与全国其他地区是同样的要求；但在国办发〔2013〕11号文件出台以后，工作内容中有了更为明确的要求。根据国办发〔2013〕11号文件，对口帮扶贵州的重点工作有四项。

一是深入推进扶贫开发攻坚。重点加大对8市（州）处于武陵山片区、乌蒙山片区、滇桂黔石漠化片区内有关县（市、区）的帮扶力度。支持受帮扶地区整合资源、创新体制机制，集中人力、财力、物力，开展扶贫攻坚会战。大力发展县域经济，推进农业结构调整，支持发展产业化经营，着力提高农业产业化水平，积极拓宽农民增收渠道。

二是增强基本公共服务能力。支持受帮扶地区加快健全基本公共服务体系，加强教育、卫生、文化、就业、社会保障、基层组织等领域的公益性服务设施建设，重点推进农村饮水、道路、供电、水利等基础设施建设，不断提升服务质量和水平，努力与全国人民同步实现基本公共服务均等化。

三是深化经济技术交流合作。发挥市场机制的作用，以产业为纽带，加大对口帮扶双方在能源、矿产资源及精深加工、农产品加工、民族制药、特色轻工、新型建材、装备制造、旅游文化等领域的合作力度，推进受帮扶地区有序承接产业转移。鼓励帮扶方在受帮扶地区共建开发区、产业园区和外贸基地，共同招商引资，共同经营管理；对共建的园区，可比照国家级经济技术开发区予以指导和服务。对口帮扶期间，对园区内入驻的企业加大财税支持力度。鼓励通过技术培训、合作入股等方式在受帮扶地区推广新工艺及适用技术、新管理模式，提高产业技术含量和发展水平。

四是加强干部和人才培养交流。鼓励帮扶方与受帮扶地区开展干部双向挂职交流工作，加大基层干部培养力度。依托国家重大人才工程和“西部之光”、博士服务团等人才工作项目，组织实施“贵州专门人才培训工程”、“院士专家援黔行动计划”、领导干部培训计划，支持贵州各类人才队伍建设，重点支持培养急需紧缺专业人才。根据帮扶方吸纳劳动力的能力，组织受帮扶地区富余劳动力到帮扶方培训、就业。推进实施教育扶贫工程，每年选送一批贫困家庭学生赴帮扶方接受免费职业教育。支持建设遵义干部学院。

（二）结对关系

根据国办发〔2013〕11 号文件，市州结对关系为上海 - 遵义、大连 -

六盘水、苏州－铜仁、杭州－黔东南、宁波－黔西南、青岛－安顺、广州－黔南和深圳－毕节。

为了深入推进对口帮扶贵州工作，在市州结对关系的基础上，各方进一步将结对关系细化到区县层面，具体见表1。从表1的结对关系可以看到，在国办发〔2013〕11号文件出台后，东部8市对贵州的帮扶覆盖面、覆盖深度都在拓展。从覆盖面来看，不仅全部覆盖国家级扶贫开发重点县，而且覆盖了贵州三大片区的县（市、区），同时开展了政府部门之间的结对帮扶，比如宁波市旅游局－黔西南州旅游局、宁波市卫生局－黔西南州卫生局结对；从覆盖深度来看，之前是市州结对，现在深入区县结对；在实地调研中，我们了解到，个别县甚至将结对关系进一步细化到乡镇结对。

因此，仅从结对关系来看，在国办发〔2013〕11号文件出台后，对口帮扶贵州工作明显加大了力度。

表1　对口帮扶区县结对名单

结对市(州)	帮扶方	被帮扶方	帮扶方	被帮扶方	帮扶方	被帮扶方
上海－遵义	杨浦区	正安县	奉贤区	务川县	普陀区	习水县
		道真县		余庆县		桐梓县
		湄潭县		凤冈县		赤水市
大连－六盘水	西岗区	钟山区	旅顺口区	水城县	甘井子区	六枝特区
	金州新区	盘县				
苏州－铜仁	张家港市	沿河县	常熟市	思南县	太仓市	玉屏县
	昆山市	碧江区	吴江区	印江县	吴中区	德江县
	相城区	石阡县	姑苏区	江口县	苏州工业园区	松桃县
	苏州高新区	万山区				
杭州－黔东南	萧山区	从江县	余杭区	台江县 天柱县	上城区	雷山县
	西湖区	镇远县	下城区	黎平县	富阳市	锦屏县
	杭州市	凯里市	拱墅区	黄平县	江干区	三穗县
	临安市	施秉县	桐庐县	榕江县	滨江区	麻江县 丹寨县
	建德市	岑巩县	淳安县	剑河县		

续表

<table>
<tr><th>结对市(州)</th><th>帮扶方</th><th>被帮扶方</th><th>帮扶方</th><th>被帮扶方</th><th>帮扶方</th><th>被帮扶方</th></tr>
<tr><td rowspan="11">宁波
|
黔西南</td><td>鄞州区</td><td rowspan="2">兴义市</td><td>北仑区</td><td rowspan="2">兴仁县</td><td>慈溪市</td><td rowspan="2">安龙县</td></tr>
<tr><td>市委农办</td><td>市外经贸局</td><td>市贸易局</td></tr>
<tr><td>海曙区</td><td rowspan="3">贞丰县</td><td>镇海区</td><td rowspan="3">普安县</td><td>宁海县</td><td rowspan="3">晴隆县</td></tr>
<tr><td rowspan="2">宁波银行协会</td><td>市住建委</td><td>市交通委</td></tr>
<tr><td>市工商局</td><td></td></tr>
<tr><td>江北区</td><td rowspan="3">册亨县</td><td>余姚市</td><td rowspan="3">望谟县</td><td>象山县</td><td rowspan="3">义龙新区</td></tr>
<tr><td>市发改委</td><td rowspan="2">市财政局</td><td rowspan="2">市经信委</td></tr>
<tr><td>市教育局</td></tr>
<tr><td>江东区</td><td rowspan="2">兴贞新区</td><td>奉化市</td><td rowspan="3">蔗香临港经济开发试验区</td><td rowspan="3">宁波市卫生局</td><td rowspan="3">黔西南州卫生局</td></tr>
<tr><td>市委宣传部</td><td>宁波港集团</td></tr>
<tr><td>宁波市旅游局</td><td>黔西南州旅游局</td><td></td></tr>
<tr><td rowspan="4">青岛
|
安顺</td><td rowspan="2">市南区</td><td rowspan="2">平坝县</td><td>市北区</td><td rowspan="2">西秀区</td><td rowspan="2">胶州市</td><td rowspan="2">镇宁县</td></tr>
<tr><td>莱西市</td></tr>
<tr><td>即墨市</td><td rowspan="2">紫云县</td><td rowspan="2">城阳区</td><td rowspan="2">关岭县</td><td rowspan="2">崂山区</td><td rowspan="2">普定县</td></tr>
<tr><td>黄岛区</td></tr>
<tr><td rowspan="4">广州
|
黔南</td><td>天河区</td><td>罗甸县</td><td>越秀区</td><td>平塘县</td><td>萝岗区</td><td>都匀市</td></tr>
<tr><td>黄埔区</td><td>龙里县</td><td>番禺区</td><td>独山县</td><td>荔湾区</td><td>福泉市</td></tr>
<tr><td>白云区</td><td>荔波县</td><td>花都区</td><td>瓮安县</td><td>海珠区</td><td>三都县</td></tr>
<tr><td>南沙区</td><td>长顺县</td><td>增城市</td><td>贵定县</td><td>从化市</td><td>惠水县</td></tr>
<tr><td rowspan="3">深圳
|
毕节</td><td>宝安区</td><td>纳雍县</td><td>南山区</td><td>威宁县</td><td rowspan="3">光明新区</td><td rowspan="3">黔西县</td></tr>
<tr><td>福田区</td><td>赫章县</td><td>罗湖区</td><td>七星关区</td></tr>
<tr><td>盐田区</td><td>织金县</td><td>龙岗区</td><td>大方县</td></tr>
</table>

资料来源:《对口帮扶贵州工作总体计划(2013－2015)》。

(三)对口帮扶总体思路

根据国办发〔2013〕11 号文件的要求，结合贵州减贫工作的实际需要，在《对口帮扶贵州工作总体计划（2013－2015）》中，将2013～2015年对口帮扶贵州的工作总体思路确定为：

> 帮扶资金有统有分，按照“集中使用、重点突破”的统一使用原则，每年集中1/3左右的帮扶资金，投向1～2个重点项目，以项目成效见帮扶效应；按照“统筹计划，扩大覆盖”的分散使用原则，每年将2/3左右的帮扶资金，投向国办发〔2013〕11号文件确定的四大主要任务领域，扩大帮扶覆盖面；按市场化运作方式撬动社会资金，重点支持各市州建设示范性产业园区，全面深化经济合作；鼓励结对双方寻找具有共同关注点和利益点的特色帮扶项目，拓宽帮扶合作领域，培育互利共赢的帮扶合作关系。

可以看到，2013～2015年的工作思路体现了三个特征：一是帮扶有重点，主要表现为将帮扶资金的约1/3用在重点项目上；二是强调帮扶资金对社会资金的调动效应，突出帮扶资金的引导作用；三是重视民间合作，突出通过政府间的交流，发现多赢的市场合作点。

三　2013～2015年对口帮扶的实施评价

（一）财政帮扶

2013～2015年，8个帮扶城市共向贵州省投入各种帮扶资金10.32亿元，超过计划的8.28亿元，实际帮扶资金为计划帮扶资金的125%。其中，由8个帮扶城市市、区两级政府提供的财政援助资金8.87亿元，占总额的85.9%。

分年度看，2013年，帮扶城市共向贵州投入帮扶资金3.35亿元，其中财政资金3.16亿元，占年度帮扶资金总额的94.3%。

2014年，帮扶资金总额为3.56亿元，比2013年增长6.3%；其中财政资金 3.22 亿元，比上年增长 1.9%；财政资金占帮扶资金总额的 90.4%，比 2013 年略有下降。

2015 年，帮扶资金总额 3.41 亿元，比 2013 年增长 1.8%，是 2014 年的 95.8%；其中财政援助资金 2.49 亿元，占总额的 73%，比前两年有大幅下降。

可见，从帮扶资金来看，2013 ~ 2015 年，帮扶资金总量超过计划数；从年度实施来看，2014 年是帮扶资金投入最多的年度；从财政资金占比来看，2015 年大幅下降，这一方面可能是因为帮扶计划资金已经到位，所以财政资金投入会相应减少，另一方面，也可能是前两年的政府帮扶资金投入发挥了比较明显的引导作用，撬动了帮扶城市社会资金对贵州各市州的帮扶资金投入。

从资金的投向来看，财政帮扶资金主要投向基础设施建设、产业开发、文化教育投入、医疗卫生等领域。如表 2 所示，投向基础设施建设的资金占比稳定在 40% 以上；然后是文化教育投资，占比在 26% ~ 33%；排在第三的是产业开发投资，但是总体上看，这部分投资并不算高，原因是产业投资主要是企业投资行为，因此财政资金投入较少；医疗卫生投入占比在 2015 年有较大幅度提升。表 2 中的“其他”项，主要是实际发生但是没有统计到前述各项中的项目。“其他”项的存在，一方面表明项目的针对性有所提高，帮扶方会根据受扶方的需求，及时调整和追加帮扶资金；另一方面，也表明我们的统计口径不统一或者包容性不够，以至于有一些项目难以归类。从调研的情况来看，比如帮助少数民族修建鼓楼，有些投资达到200 万 ~ 300 万元，但是在表 2 中，难以对号入座填数据，所以被归为“其他”。同时，有些地方将类似的帮扶项目归到“基础设施建设”大类下，因此，产生了这一个条目下的“其他”；而有的地方没有将之归到“基础设施建设”项，因此产生了总的“其他”项。这在 2015 年表现得非常明显：在“基础设施建设”项中，有“其他”投资；但是由于各地都将不好归类的投资归到“基础设施建设”中的“其他”，因此，总的“其他”项投资金额为 0。

表 2　2013～2015 年政府帮扶资金使用情况

指标	计量单位	2013 年	2014 年	2015 年
财政资金总额	万元	31632	32179	24905
基础设施建设	万元	14146	14590	12302
道路	万元	7236.06	7042.74	6852.9
饮水工程	万元	1367.1	731.13	540.37
居民住房	万元	1822	2329.31	3065.4
其他	万元	3720.84	4486.82	1843.33
受益农户	户	34859	153374	201700
基础设施建设占比	%	44.7	45.3	49.4
产业开发	万元	6168.7	3440	3040
产业开发投入占比	%	19.5	10.7	12.2
文化教育投入	万元	8342.7	10476	7633
学校	所	37	55	21
资助贫困生	人次	769	1614	428
文化教育投入占比	%	26.4	32.6	30.6
医疗卫生投入	万元	749	940	1930
卫生院、养老院	所	9	7	6
医疗卫生投入占比	%	2.4	2.9	7.8
其他	万元	2225.6	2733	0
其他投入占比	%	7.0	8.5	0

数据来源：贵州省扶贫办。

就基础设施建设的投资来看，2013～2015 年，比例逐年上升；不过，就绝对额来看，2015 年要低于前两年。从基础设施领域的投入结构来看，如表 3 所示，用于修建道路的资金比重最高，除了 2014 年低于 50% 以外，2013 年和 2015 年均高于 50%；用于改善居民住房的比重较大，三年中比重不断增加；其他项虽然占比较高，但是因为统计口径有差异，因此缺乏可比性；比较而言，可以看到用于饮水工程的帮扶资金比重逐年稳步下降，表明饮水安全的刚性需求逐步得到满足。从表 3 可以看出，除了其他项外，如果不考虑资金投入绝对额的差异，换言之，在投入资金总额的约束下，需求最大的仍然是道路，其余依次为居民住房、饮水工程。这表明对于当前贵州的贫困人口而言，最困难、最需要改善的仍然是出行和居住条件。这与我们调研了解到的情况一致。迄今为止，在多种扶贫开发渠道的支持下，贫困地区的人畜饮水问题已经得到比较全面的解决。但是随着农民收入的提高，以及信息化的影响，农民对生活有了更高的追求期待。因此，在基础设施的其他项中，根据调研，我们了解到，农民对一些文化、休闲类的公共设施需求较大，比如少数民族地区修建了公共活动场所——鼓楼；再比如在对环保设施的认知和需求方面，有些发展乡村旅游的贫困乡镇，希望帮扶方能够帮助设计、建设排污系统和垃圾处理系统。

表 3　基础设施投资各项占比

单位：%

指标＼年份	2013	2014	2015
基础设施建设	100	100	100
道路	51.2	48.3	55.7
饮水工程	9.7	5.0	4.4
居民住房	12.9	16.0	24.9
其他	26.3	30.8	15.0

数据来源：贵州省扶贫办。

在产业开发领域，从表 2 可以看到，投入比例总体呈下降趋势，尤其是看绝对额，这一趋势更加明显。这并不表明帮扶双方不重视产业扶贫，而是在这一领域，主要是企业投入，政府投入的主要是引导性资金。加之贵州致力于通过发展“核桃、生态畜牧、中药材、蔬菜、茶叶、精品水果、马铃薯、油茶、乡村旅游、特色养殖”十大扶贫特色产业，实现产业脱贫，已经形成成熟的投入发展机制，各方面投入资金比较充足，因此帮扶资金投入产业发展领域的相对较少。

从文化教育投入来看，根据表 2，可以看到，虽然 2015 年投入绝对额有较大幅度的回落，但是从相对占比来看，依然保持在 30% 以上。2013 ~ 2015 年，文化教育领域的投入主要包括：改扩建农村寄宿制小学、改扩建中职学校；加大在实训基地建设、就业见习基地建设、教师和学生交流等领域的帮扶和合作力度；帮助解决职业学校师资问题和选派职业学校的校长；帮助加强公共文化基础设施建设，为历史文物、文化名镇名村、非物质文化遗产和自然遗产的保护传承提供技术指导；支持新闻媒体、文化站建设；帮助完善新型科技服务体系，加大科技攻关和科技成果转化力度，加快科技扶贫示范村、示范户建设；帮助发展民族特色体育，加强城乡体育健身场地和设施建设，支持开发具有地方民族特色的体育健身项目，举办区域性全民体育活动，选拔体育人才等。

在医疗卫生建设方面，无论是投入的绝对额还是相对比例，增幅都非常明显。根据表2，从绝对额看，从2013年的749万元增加到2015年的1930万元，增加了1.58倍；从相对比例来看，从2013年的2.4%增加到2015年的7.8%，增加了5.4个百分点。该领域的项目主要包括：援建示范性标准化农村卫生室、改善基础医疗设施、建设公共卫生技术人才队伍等。

（二）企业协作

企业协作主要是以招商引资为重点，大力开展经济技术合作。按照“优势互补、互惠互利、长期合作、公共发展”的原则，帮扶城市与贵州省开展了形式多样、内容丰富的经济技术合作，并取得了积极进展。如表4所示，2013～2015年共达成协议合作项目352个，实施合作项目114个；协议合作共投资2597.38亿元，实际投资169.63亿元，协议资金实际完成率为6.5%；项目涵盖工业、农业、商贸、旅游、文卫等诸多领域。

表4　2013～2015年东西部企业协作情况

指标　　单位　　年份	计量单位	2013	2014	2015
协作企业	个	32	42	88
新增企业	个	13	17	
协议合作项目	个	175	116	61
实施合作项目	个	27	37	50
协议合作投资	亿元	1619.81	636.57	341
实际投资	亿元	44.04	48.11	77.48
协议资金实际完成率	%	2.7	7.6	22.7
实现就业	人	4920	3776	9800
实现税收	万元	5148	578.82	8600

资料来源：贵州省扶贫办。

分年度看，2013 年协作企业 32 个，达成协议合作项目 175 个，实施合作项目 27 个，协议合作共投资 1619.81 亿元，实际投资 44.04 亿元，协议合作资金实际完成率很低，仅为 2.72%，为三年中最低；实现就业 4920 人。

2014 年协作企业 42 个，达成协议合作项目 116 个，实施合作项目 37 个；协议合作共投资 636.57 亿元，实际投资 48.11 亿元，协议合作资金实际完成率大幅增长到 7.6%；如果不考虑协议签约资金的差异，仅从实际投资资金来看，2014 年比 2013 年增长 9.2%，高于财政帮扶资金增幅 7 个多百分点；实现就业 3776 人，实现税收 578.82 万元，仅为 2013 年的 11.2%。出现如此大幅度的下降，可能原因之一是投资的税收减免优惠政策。

2015 年协作企业 88 个，达成协议项目 61 个，实施合作项目 50 个；协议合作共投资 341 亿元，实际投资 77.48 亿元，协议资金实际完成率 22.7%，为三年最高；2015 年虽然协议合作投资资金大幅走低，但是实际投资额大幅增长，是 2013 年的 1.76 倍、2014 年（的）1.61 倍；吸收就业 9800 人，也出现大幅增长；税收是 2014 年的 14.86 倍，比 2013 年也有大幅增长。

从企业协作的项目与资金落实情况来看，可以发现，随着对口帮扶工作的推进，帮扶双方都越来越务实，特征是：伴随着协议合作资金的大幅走低，实现了实际投资的大幅增长，并实现了就业与税收的同步增长。

（三）社会帮扶

除了政府和企业帮扶外，帮扶城市还通过发动社会各界捐款、捐物以及到贵州做志愿者等形式，加强对被帮扶市（县、区）的对口支援。根据省扶贫办统计，如表 5 所示，2013～2015 年，8 个帮扶城市社会各界对受帮扶地区共捐款 12424.53 万元，其中直接捐款 7931.24 万元，捐物折款 4493.29 万元，东部到西部的志愿者共计 406 人。

表 5　2013～2015 年社会帮扶情况

指标＼年份	2013	2014	2015
捐款(万元)	1875. 47	3465. 87	2589. 9
捐物折款(万元)	1809	1538. 39	1145. 9
东部到西部志愿者(人次)	53	135	218

资料来源：贵州省扶贫办。

分年度看，2013 年，8 个帮扶城市社会各界对贵州省直接捐款 1875. 47 万元，捐物折款 1809 万元，东部到西部志愿者 53 人次；2014 年，帮扶城市社会各界对贵州直接捐款 3465. 87 万元，捐物折款 1538. 39 万元，东部到西部志愿者 135 人次；2015 年，帮扶城市社会各界共向贵州省直接捐款 2589. 9 万元，捐物折款 1145. 9 万元，东部到西部志愿者 218 人次。

从统计数据可以看到，志愿者人数呈现明显的逐年增加趋势，这主要是因为帮扶城市出台政策，激励东部人才支援西部发展及做志愿者赴黔开展帮困助学、结对共建、支教支医等志愿活动。

（四）领导考察互访

领导考察互访是对口帮扶的重要内容。帮扶双方高层、各有关部门、结对区县、企业之间的互访交流和对接磋商，涉及内容非常广泛，从加深帮扶双方了解、寻找合作机会、推动达成共识到签订帮扶和合作协议、评估帮扶与合作进展等，对帮扶工作发挥了重要的推动和引领作用。根据贵州省扶贫

表 6　2013～2015 年东西领导考察互访人数

单位：人次

指标＼年份	2013	2014	2015
东部地区到西部地区	562	1093	743
省级	18	31	14
西部地区到东部地区	713	899	733
省级	7	1	1

资料来源：贵州省扶贫办。

办的统计，如表 6 所示，2013 ~ 2015 年，东西部领导考察互访累计达到4743 人次，其中省级干部互访累计达到 72 人次。

分年度看，2013 年，东部帮扶地区领导到西部受帮扶地区考察交流的人数为 562 人次，其中省级干部为 18 人次；西部地区到东部地区考察交流学习的领导为 713 人次，其中省级干部为 7 人次。2014 年，东部帮扶地区领导到西部受帮扶地区考察交流人数为 1093 人次，其中省级干部为 31 人次；西部地区到东部地区交流学习的人数为 899 人次，其中省级干部为 1 人次。2015 年，东部帮扶地区领导到西部受帮扶地区考察交流的人数为 743 人次，其中省级干部为 14 人次；西部地区到东部地区考察交流学习的领导为 733 人次，其中省级干部为 1 人次。

（五）人才交流和人员培训

以人才技术培训和劳务输出为重点，提高贫困地区干部群众素质，同样是对口帮扶的重要工作内容。具体来看，主要表现为帮扶方与受帮扶地区定期开展干部双向挂职交流工作。在实践中，干部双向交流制度逐步健全。一方面，帮扶城市定期选派一定数量干部赴 8 个市（州）进行挂职锻炼，包括到县（市、区）、市直部门以及高校、科研机构等担任职务；明确挂职干部的工作内容主要包括：帮助扶贫开发工作重点县实现“减贫摘帽”任务，同时兼顾市（州）级层面、产业园区帮扶合作工作以及三大片区覆盖县对口帮扶工作。另一方面，帮扶城市定期接受受扶方选派的党政管理、教育卫生、企业经营等各类人员，到帮扶城市相关部门、区县、学校、园区和企业，进行短期挂职或进修。

总体来看，如表 7 所示，2013 ~ 2015 年，党政干部交流共计 323 人次，其中东部到西部挂职 123 人次，西部到东部 200 人次；专业技术人才交流共计 486 人次，其中东部到西部 72 人次，西部到东部 414 人次；举办培训班共计 230 期，培训人数共计 11926 人次；其中 3 个月以上培训班 9 期，培训 3122 人次；输出劳务 100176 人次，获得劳务收入累计达到249228 万元。

表7　2013～2015年人才交流、技术培训和劳务输出情况

指标	单位	2013年	2014年	2015年
党政干部交流	人次	76	143	104
东部到西部挂职	人次	37	44	42
地厅级	人次	3	1	
县处级	人次	26	33	
西部到东部挂职	人次	39	99	62
地厅级	人次	1	99	
县处级	人次	35	52	
专业技术人才交流	人次	154	148	184
东部到西部挂职	人次	7	4	61
西部到东部挂职	人次	147	144	123
举办培训班	期	43	94	93
3个月以上培训班	期		1	8
培训人数	人次	2670	4703	4553
干部培训	人次	1007	2283	2264
专业技术人才培训	人次	1113	2204	1069
劳动力输出培训	人次	550	216	1220
3个月以上培训	人次		216	2906
输出劳务	人次	21400	21370	57406
劳务收入	万元	76608	84520	88100

资料来源：贵州省扶贫办。

分年度看，2013年，8个帮扶城市派出37名干部和7名专业技术人才到贵州省贫困地区挂职；接受贵州省39名干部、147名专业技术人才（教师、医生、农业技术人才等）到8个城市学习；举办干部培训班43期，为贵州省培训2670人次，其中干部培训1007人次、专业技术人才培训1113人次、劳动力输出培训550人次；在劳务合作方面，在帮扶城市的大力协助下，贵州省共向8个城市输出劳务人员21400人次，实现劳务收入76608万元。

2014年，东西部地区党政干部交流143人次，专业技术人才交流148人次，8个帮扶城市派出44名干部和4名专业技术人才到贵州省贫困地区

挂职；接受贵州省99名干部、144名专业技术人才到帮扶城市学习；举办干部培训班94期，为贵州省培训4703人次，其中干部培训2283人次、专业技术人才培训2204人次、劳动力输出培训216人次；在劳务合作方面，在帮扶城市的大力协助下，贵州省共向帮扶城市输出劳务人员21370人次，实现劳务收入84520万元。

2015年，帮扶城市派出42名干部和61名专业技术人才到贵州省贫困地区挂职，接受贵州省62名干部、123名专业技术人才前来挂职；先后举办干部培训班193期，开展培训4553人次，其中干部培训2264人次，专业技术人才培训1069人次，劳动力输出培训1220人次；同时在帮扶城市的大力协助下，贵州省共向8个市输出劳务人员57406人次，获得劳务收入88100万元。

四 “十三五”对口帮扶贵州工作的建议

（一）进一步简化对接协调工作

对口帮扶工作涉及多个层次的对接协调关系，包括贵州省扶贫办与帮扶城市的对接，帮扶城市与受扶市州、区县的对接，省扶贫办与国务院扶贫办、国家发改委的对接，以及结对城市之间的对接，对接协调工作量很大，耗时耗力。“十三五”期间，应该进一步厘清对接环节、简化程序，提高对接协调效率。

（二）处理好与其他扶贫工作的关系

对口帮扶工作是贵州大扶贫战略行动计划的重要组成部分，其战略和政治重要性不言而喻。为了真正发挥大扶贫战略行动计划的作用，对口帮扶工作要处理好与其他扶贫工作的关系，充分发挥拾遗补阙、织全贫困人口安全网的作用；帮扶资金尤其要投向省内专项扶贫等项目暂时无法顾及的贫困地区和人口，切实发挥与其他扶贫行动计划的互补作用。

（三）明确三类帮扶工作重点

目前来看，对口帮扶主要包括财政专项帮扶、企业帮扶和社会帮扶。“十三五”期间，要进一步明确上述三类帮扶工作各自的侧重点。其中，财政专项帮扶主要投向民生项目，尤其是边远偏僻山区的饮水、交通和教育帮扶；企业帮扶主要寻找有市场盈利潜力的产业进行帮扶培育，尤其是技术、管理、市场意识等方面的帮扶和培育至关重要；重点引导社会帮扶投向教育帮扶，尤其是当前因为精准扶贫建档立卡产生的教育扶贫漏出户①，降低贫困地区非建档立卡户的脆弱性，抑制因学返贫。

（四）注重项目的可持续性

因为目前对口帮扶结对关系已经下沉到区县、部门、机构层次，在不少贫困县，甚至已经具体到区－镇（乡）、村这一层次，帮扶关系越来越清晰稳定，这大大提高了帮扶项目的针对性。调研中，我们了解到，针对性的项目大多具有解决“燃眉之急”的特点，基本都针对当地贫困人口急需解决的困难和问题。由于是解“燃眉之急”，相应地，项目更多地具有“授人以鱼”的特点，从而难以保证其可持续性。事实上，无论是贫困地区还是发达地区，农民居民的净流出是大势所趋，因此，扶贫不能局限于就地脱贫，更应着眼于未来。这意味着，在不到20户的贫困小山村修建一所小学，远不及在人口聚集程度更高的乡、镇、行政村以及其他农民聚居点布局类似项目更具持续性。这就要求无论是帮扶方还是受扶方，都要充分考虑发展的动态性对贫困人口未来选择的影响。

---

① 所谓教育扶贫漏出户，是指根据当前的建档立卡管理规定，因为不在建档立卡户中，因此，即便同处于一类贫困村，同样有小孩上大学，也不能获得每年4000元的教育扶贫资助，成为教育扶贫的漏出户。调研中，我们了解到，教育扶贫漏出户与获得资助的贫困户比例基本五五开，有的贫困村甚至达到七三开、八二开。尤其是在一类贫困村，由于生产生活条件恶劣，教育扶贫漏出户的贫困脆弱性急剧提升，因学返贫现象时有出现。更令人担忧的是，有些家长因为小孩上学压力过大，或者因为劳作量过大而身体受损，或者因为思虑过多而致精神疾患，使一家人从之前的非建档立卡户，直接成为缺乏劳动力的兜底保障户，成为最困难群体。

（五）高度重视教育合作交流

教育是切断代际贫困最有效的扶贫路径。帮扶方与受扶方一个地处东部发达地区，一个位于西部贫困地区，教育差距之大，不是简单改善硬件设施就能缩小的。因此，鉴于对口帮扶结对关系越来越微观具体，建议“十三五”期间双方加强教育交流合作，从学前教育到高中教育全方位进行交流合作。虽然学前教育和高中教育目前仍然不属于义务教育，但是，就对孩子一生的影响而言，这两个阶段的教育都是不可替代的。就教育交流合作的内容来看，除了当前广泛采用的校长、教师交流，办学合作以外，可以进一步加强教师交流，尤其是工龄较长的老教师——因为这些教师更不容易流失——的交流合作；同时，可以引导帮扶双方开展学生之间的暑期交流，不建议采用学期中的正规学习交流。

（六）科学评估减贫效应

这是所有减贫项目都应重视的管理环节。应该预留专门的经费，可以委托第三方，通过实地调研，采用科学的评估方法，客观地评估减贫效应，并为后一阶段的减贫工作提出建议。

参考文献

国务院办公厅：《关于开展对口帮扶贵州工作的指导意见》，2013 年 2 月 4 日。

贵州省人民政府：《对口帮扶贵州工作总体计划（2013 - 2015）》。

韩广富、周耕：《我国东西扶贫协作的回顾与思考》，《理论学刊》2014 年第 7 期。

周奉良：《从贵州的实践看东西扶贫协作的发展》，《中国贫困地区》1999 年第 4 期。

贵州乡村旅游扶贫发展报告

邓小海*

摘　要： 乡村旅游作为贵州旅游扶贫最主要的形式，在大扶贫战略中扮演着重要角色。本文通过对2015年贵州乡村旅游扶贫的回顾，总结乡村旅游扶贫中取得的成就、成功经验，分析乡村旅游扶贫中存在的问题，并针对问题提出改进对策。

关键词： 贵州　乡村旅游　扶贫

乡村旅游是贵州产业扶贫的重要支撑，贵州通过在贫困地区大力发展乡村旅游，走出一条具有贵州特色的乡村旅游扶贫之路。

一　贵州乡村旅游扶贫2015年工作回顾

贵州省把旅游扶贫作为积极落实“六个精准”“五个一批”的一项重要内容，按照精准扶贫工作的要求，加快推进旅游相关产业发展、促进就业扶贫，对乡村旅游从业人员开展有针对性的培训，积极推动贫困群众就地就近就业，帮助贫困群众“换穷业”，并以旅游扶贫试点贫困村建设为契机积极探索旅游扶贫新方式、途径，将乡村旅游与扶贫开发有机结合，在帮助贫困农户增收和脱贫致富上取得了积极成效。2015年，贵州省有

* 邓小海，贵州省社会科学院农村发展研究所副研究员，旅游管理博士。本文为2016年贵州省社会科学院省领导圈示课题“从‘农家乐’到‘乡村旅游’转变的内涵、特征和实现路径研究”阶段性成果。

517 个村寨被列入乡村旅游扶贫重点村，其中被列入 2015 年启动的贫困村就有 38 个。

（一）项目实施情况

根据国家旅游局和国务院扶贫办印发的《关于启动 2015 年贫困村旅游扶贫试点工作的通知》和《省人民政府关于实施贵州省“四在农家·美丽乡村”基础设施建设六项行动计划的意见》（黔府发〔2013〕26 号）的要求，以实现贫困农民收入倍增为核心，紧紧围绕自然休闲、民族风情旅游、红色旅游三大主题，实施旅游扶贫。重点通过扶持景区周边项目区贫困农户发展农家鱼塘、农家观光果蔬园、花卉等种养业，支持家庭旅馆、乡村旅馆等乡村旅游扶贫接待户改造升级，发展特色食品、手工艺品等旅游商品，大力修建游客服务中心、旅游卫生厕所、休闲娱乐广场等基础设施，积极开展乡村旅游从业人员培训，努力提升乡村旅游服务质量。同时，积极拓宽乡村旅游扶贫开发融资渠道，鼓励引导国内外企业、个体工商户和社会团体积极投身于乡村旅游扶贫和项目区基础设施建设。据初步统计，2015 年度通过实施旅游扶贫项目，带动项目区农户户均增收 2000 元以上。

按照任务、目标、权责和资金“四到县”的原则，将乡村旅游扶贫项目审批权从省市下放到县，实行县级审批、省市级备案、乡镇实施和初检、县级验收，2015 年度做到对上一年度所实施的项目进行跟踪，对当年实施项目要进行督促，对下一年度项目要进行早安排，扎实推进贵州省乡村旅游扶贫项目建设。2015 年，贵州省在 56 个村寨实施乡村旅游扶贫项目，共投入乡村旅游扶贫小康寨财政专项扶贫资金 8000 万元（其中 6 个村为首批启动实施旅游扶贫的试点村，投入项目建设专项资金 850 万元），项目共涉及 48 县 54 乡镇 56 村，项目覆盖农户 15954 户 67723 人，其中贫困户 6092 户 18981 人。截至 2015 年年底，项目建设已完成 70.1%，其中：已投入使用财政专项扶贫资金达 6230 万元，占资金任务总投入的 77.9%。

（二）旅游扶贫试点村建设情况

2015 年乡村旅游扶贫项目在 2014 年年底已安排，因此贵州省首批启动实施试点的 38 个旅游扶贫村中，2015 年新安排的项目只涉及 6 个村，共投入扶贫专项建设资金 850 万元，其余未被安排 2015 年项目的村将被纳入 2016 年度安排实施。据统计，贵州省首批启动实施的 38 个旅游扶贫试点村，共投入各类建设资金 66674 万元，其中财政专项扶贫资金 8189 万元、旅游部门专项投入资金 2271 万元、银行贷款 23207 万元、其他方式来源资金 33007.4 万元。试点村覆盖 19923 户 80161 人，其中直接参与旅游扶贫项目的有 7133 户 27664 人；试点村建档立卡贫困户 5501 户 18847 人，其中参与试点项目的建档立卡贫困户 2643 户 9359 人，参与旅游扶贫试点项目的建档立卡贫困户分别占建档立卡贫困户、参与旅游扶贫项目农户、试点村农户总数的 48%、37%、13%。试点前建档立卡贫困户户均收入 4322 元，试点后 6406 元，户均增收 2084 元。很多试点村通过旅游扶贫初见成效，如依托村内保存完好的红苗文化，习水县桑木镇土河村将乡村旅游发展与“千亩荷塘”相融合，努力打造“老瓦山红苗情　高山凉爽度假区”，大力推行“民主议事、群众说事、公开晒事、干部理事”四事群众工作法，努力发挥群众的主体作用，构建了“致富有产业、增收有门路”的格局，探索出一条贫困地区精准扶贫之路。以石桥景区为基础，丹寨县南皋乡石桥村带动周边各地形成“一带六区”的乡村旅游产业格局，努力将南皋乡打造成为“生态休闲旅游小城镇”。以改善居住环境和基础设施为切入点，通过农旅一体化建设，盘县滑石乡岩脚村不断提升乡村旅游扶贫工作的服务水平，强化项目资金管理，提高当地造血功能，培育贫困人口自我发展能力。通过引进企业、示范带动，摸清家底、按需帮扶，努力搭建“三变”（资源变股权、资金变股金、农民变股民）有效平台和载体，使岩脚村从昔日的“穷山村”“穷旮旯”，变成今日的“小康村”“仙人谷”（哒啦仙谷）。

二 2015年贵州乡村旅游扶贫主要做法

（一）党政主导，注重顶层设计

一是成立高规格机构。成立了以省长为组长的“贵州省旅游发展和改革领导小组”，省发改委、省旅游局、省扶贫办等10多家省直单位主要负责人为成员，定期研究旅游发展中的重大事项。二是加强政策设计和规划。认真落实中办发〔2013〕25号、国发〔2014〕31号等一系列文件精神，结合实际及时修订贵州省乡村旅游扶贫发展规划。省委办公厅、省政府办公厅颁布实施《关于大力实施乡村旅游扶贫倍增计划的实施意见》，同步出台《贵州省旅游民族村寨设施与服务规范》《贵州省乡村旅舍质量等级评定管理办法》《贵州省乡村旅游区质量等级划分与评定办法（试行）》等文件，加大乡村旅游管理力度，大力规范乡村旅游发展。三是召开旅游发展大会。省委、省政府每年都要在9个市（州）轮流召开贵州省旅游发展大会，省委、省政府主要领导出席大会并做工作部署，“晒晒”各地旅游发展成绩单，一年一个主题，全面推进旅游发展。例如，第十届贵州省旅游发展大会就把主题定为“美丽乡村，让多彩贵州更加精彩”。

（二）突出特色，注重落实规划

一是认真实施规划。结合国家旅游局和国务院扶贫办的工作部署，根据贵州省旅游发展战略定位，落实旅游扶贫试点村公益规划对接工作，全面启动旅游扶贫规划编制。二是突出自身特色。充分发挥100个重点旅游景区、100个现代高效农业示范园、100个小城镇的示范带动作用，通过精心打造，突出展现贵州独特的自然风光和民族风情，按照“一景、一韵、一品”的原则，凸显各乡村旅游点特色。为满足乡村旅游者的多样化需求，贵州相继打造了一批避暑度假型、城郊休闲型、乡村体验型、民俗陶冶型等乡村旅游产品。通过对丰富的自然生态、特色农业、民族村居、文化遗产等乡村旅游资源的利用，贵州打造了一批知名乡村旅游品牌，如雷山西江、平坝天龙屯堡、丹寨石桥、贵定音寨、桐梓九坝、黎平肇兴、余庆松烟等，持续提升美丽乡村的景观品质和旅游价值。

（三）整合资源，注重形成合力

一是加强基础设施建设资金整合。立足于乡村旅游业的发展，贵州省通过大力实施小康六项行动计划，大力完善农村基础设施和公共服务，与新农村、城镇化建设相结合，新建、提升、改造了一大批村庄旅游设施，为贵州省推进乡村旅游扶贫奠定坚实基础。二是充分发挥财政金融的杠杆作用。通过“四台一会”方式，加大金融机构对乡村旅游发展的支持力度，先后与国家开发银行、农商银行等合作，简化乡村旅游贷款手续，为乡村旅游企业和乡村旅游农户贷款提供便利。三是把民族村寨建设和传统村落保护发展有机结合起来。贵州入选（列入）中国少数民族特色村寨名录和中国传统村落保护名录的村寨数量分别为62个和426个，分别居全国第一、二位，被誉为世界上最大的“民族生态博物馆”。[①] 贵州聚集各方力量，将民族村寨建设和传统村落保护发展与乡村旅游发展有机结合起来，将乡村旅游作为带动少数民族贫困地区经济发展和贫困人口增收的主要抓手。四是结合特色优势产业推进乡村旅游发展。贵州省按照“守底线、走新路、奔小康”的总体要求，坚持“生态产业化、产业生态化”的理念，大力推进农旅融合，积极发展现代山地特色高效农业，开发绿色有机农产品，推进农产品旅游商品化。比如，贵州中药材资源极其丰富，向来有“黔地无闲草，夜郎多灵药”之称，是全国四大中药材产区之一。贵州省以大健康产业带动乡村旅游发展，促进产业融合，加快实现中药材产业“接二连三”，使资源优势转化为产业优势和经济优势，在施秉县、碧江区等地，打造文化旅游健康养生宝地。五是抢抓国家批准贵州省实施宽带乡村示范工程机遇，在长顺、惠

① 省旅游局副局长余泠在“山地公园·多彩贵州”旅游品牌媒体分享会上的致辞，http://www.gztour.gov.cn/zhengwugongkai/jigougaikuang/lingdaojianghua/2015-11-20/6092.html，2016-10-10。

水、玉屏、松桃等积极发展农村电子商务，合力打造电子商务特色村镇，推动特色农产品走向市场。

（四）加强宣传，培育旅游品牌

宣传是推进乡村旅游发展的“催化剂”“助推剂”。一是不断加大外宣力度。通过在中央电视台等媒体投放“多彩贵州”宣传片及举办中国国内旅游贸易会、对口帮扶工作会、“多彩贵州”推介会等形式，不断加大对外宣传力度，取得良好成效。二是开展“乡村旅游人才培训”，将乡村旅游服务员培训列入“雨露计划”，并通过“农家乐”厨艺大赛等方式，对乡村从业人员分级、分批、分类开展创业就业培训，有效地提高了贵州省乡村旅游经营服务人员的业务素质和服务水平。三是加快培育品牌。从贵州实际出发，着力培育乡村旅游扶贫品牌，成功打造出西江苗寨、黎平肇兴侗寨等具有较高知名度的示范点。同时，积极借力对口帮扶城市，协调共建乡村旅游扶贫试点，力争打造对口帮扶新品牌。

三　贵州乡村旅游扶贫存在的主要问题

（一）缺乏有效规划

在省级层面上，贵州省虽然出台了《贵州乡村旅游规划 2006 ~ 2020》和《关于大力实施乡村旅游扶贫倍增计划的意见》（黔委厅字〔2011〕77号），但在统筹区域乡村旅游发展方面并未真正落实到位。就地方乡村旅游扶贫而言，虽然随着乡村旅游扶贫的发展，政府部门对部分乡村旅游扶贫区（点）进行了规划，但规划的编制只针对规划区域，并未统筹布局，出现乡村旅游扶贫景点之间产品雷同、竞争加剧，价格低廉、服务质量不高，甚至景点破败、萧条，并且还存在部分规划尚未落地的情况。以凯里巴拉河沿线乡村旅游为例，在周边雷山西江千户苗寨乡村旅游扶贫开发之前，巴拉河沿线苗族村寨乡村旅游扶贫开展得较好，但一直没有集中规划开发，随着西江千户苗寨的崛起，巴拉河沿线乡村旅游扶贫凋落。就项目层面而言，项目实施缺乏高质量的整体规划，基础设施配套不完善，旅游六要素“吃、住、行、游、购、娱”不配套，还处在自然风光状态。缺乏文化内涵，对民俗文化深度挖掘不够，大部分乡村旅游扶贫点主要依靠当地村民群众自发打造，导致农家乐、农家旅馆、休闲垂钓园、经果采摘园、农业种植体验园等旅游设施建设标准不一，配套的观光步道、照明设施、公共卫生设施等基础设施建设简陋或不足，与乡村旅游扶贫的发展需要不相适应。乡村旅游发展和产品构成中，农味不足，家味不够，造成乐游氛围不浓。

此外，乡村旅游扶贫发展缺乏跨部门的统筹规划，各部门资源并未实现有效整合。

（二）基础设施薄弱，配套设施不足

近年来，贵州的交通条件有了极大的改善，尤其是航空、高铁、高速公路迎来了前所未有的发展机遇。出于各种原因，相较而言，贵州县乡交通状况依然较差，通行状况并不是太好，开展乡村旅游活动不是很便利。通向乡村旅游景区、景点的交通条件仍然较差，旅游者前往目的地“最后一公里”仍需打通。如石阡县佛顶山周边乡村旅游点，虽然附近有高速公路通过，但高速公路至景区的道路条件依然很差，并且遇有会车很难通行。以石阡坪山尧上民族文化村为例，该村距离县城38公里，目前坪山乡通乡公路正在修建，而景区至沿榕高速道路的道路依然是原有的通乡公路，部分路面已破损，路面宽度和质量都无法满足旅游需求。笔者在桐梓、关岭、紫云、贵定、平塘、望谟等多地调查时，所得到的信息也基本印证了上述说法。乡村旅游点基础设施、公共服务设施和旅游配套设施距游客的需求还有一段不小的距离，包括景区道路标牌不足、不清晰、不明显，旅游厕所缺乏、不干净、不卫生等等。

（三）旅游产品单调、雷同

贵州乡村旅游以观光功能为主，休闲功能为辅，内容主要包括品尝农家食品、购买农家特产、观赏农家风光、学习农技、体验农村生活、欣赏乡村文化等，旅游功能比较单一。目前，贵州对自身旅游资源缺乏透彻的认识和充分理解，特别是对那些具有深层次吸引力的文化资源的理解不足，导致产品开发方法和模式简单化，最终导致：乡村旅游产品的内涵不够、形式单一，缺乏“乡村”的内涵，旅游活动形式单一，服务项目千篇一律、大同小异，缺乏乡土特色浓、旅游者能深入参与和体验的项目。乡村旅游娱乐项目类别单一，缺乏丰度，更缺乏与当地文化深度结合的本土娱乐项目，民族文化体验项目开发不足。如在贵阳人气较旺的乡村旅游点——花溪平桥，农家乐有上百户，除夏天开展少量水上活动外，主要的旅游活动就是打牌、打麻将。在乡村旅游商品开发上，特色旅游购物产品做工普遍粗糙，严重缺乏精品，对游客的吸引力不足。本土特产雷同现象也非常严重，且缺乏有效包装，难以打响品牌，甚至大部分景区兜售的都是常见的“大路货”。

贵州乡村旅游扶贫产品的单一，导致乡村旅游扶贫季节依赖性较强，出现淡季门可罗雀现象，严重制约了贵州乡村旅游扶贫的效益提升和可持续发展。如大部分的观光农业没有做到农旅深度融合，在瓜果上市季节，游客会络绎不绝，而其他时间则生意冷淡。

四　贵州乡村旅游扶贫的对策建议

（一）加强乡村旅游扶贫规划

要优化整合乡村旅游资源，坚持高起点编制乡村旅游扶贫规划，通过实施多地乡村旅游共同规划编制，努力实现乡村旅游区域协调发展，基于全村、全镇、全县乃至更大范围来从事乡村旅游扶贫。在推动乡村旅游扶贫发展的过程中，为取得差异化优势、避免同质化竞争，各个乡村旅游扶贫景区要依托自身资源条件，结合乡村旅游市场个性化、特色化、体验化的发展趋势，加强内涵建设，深挖潜力、精心设计，实施诸如“一户一业态”“一村一品”的差异化发展策略，推进贵州乡村旅游扶贫精品化、特色化发展。

规划统筹旅游、交通、扶贫、发改、农业、林业、国土资源、财政、金融、教育等部门涉及乡村旅游的资源，实现资金统一规划使用；完善乡村旅游扶贫管理体制，明确权利和责任，确保乡村旅游扶贫管理统一、连贯，改变乡村旅游扶贫景区交通、安全设施、水利、环境卫生、土地、林地等管理混乱、政出多门的现象；加强对乡村旅游扶贫规划的实施和监督检查，通过制度设计推动规划落到实处。

加强项目指导和监管，对旅游扶贫项目进行跟踪指导，督促各项目县和旅游扶贫试点村做好规划设计，确保贫困户参与旅游扶贫开发，分享旅游资源开发带来的红利。严格把关项目建设，使各地能发挥各自优势，做好旅游资源的保护和合理开发，紧紧围绕旅游扶贫和精准扶贫，制定各具特色的项目建设方案，把扶贫资金用到刀刃上，避免重复建设，真正使贫困群众得到实惠。省、市做好对项目的督促检查，积极研究和帮助解决项目实施中存在的问题，确保能保质保量如期完成建设任务。

（二）完善乡村旅游扶贫基础设施

基础设施及配套服务设施是旅游者进行旅游活动的基本保障，是进行旅游开发的必要条件。经过“十二五”期间的大力建设，贵州在基础设施建设方面取得了巨大成就，尤其是交通，对外及内部交通网络基本形成，实现了县县通高速，但乡村旅游扶贫景区、景点的交通条件仍需提升，解决旅游者到目的地“最后一公里”问题。要充分发挥乡村旅游的扶贫功能，就必须进一步完善旅游基础设施，唯有如此才能与旅游客源地建立市场联系，才能使旅游者到达贫困地区并在区域内各景区、景点等旅游场所流动，实现旅游者进得来、散得开、出得去，从而促进旅游消费，推动旅游经济运行，带动地区经济发展。

要结合贵州省乡村旅游资源布局和产业发展规划，提高内外交通互联互通水平和交通设施便捷度、舒适度、智慧度。统筹交通建设规划，对通向乡村旅游扶贫点的道路，规划设计时要充分考虑乡村旅游扶贫发展的需要，适当加宽通乡公路、通村公路，并配置相应观光、休闲点。加快对乡村旅游扶贫区域步道、自行车道、行车道等为主要内容的景区内部交通体系的提升改造。完善自驾游服务体系，完善以乡村旅游交通引导标识、乡村旅游交通导览图为重点的乡村旅游交通引导标识系统。改善旅游配套设施，为乡村旅游者提供便利化服务，包括旅游公共信息服务、吃住娱购服务、公共设施服务。大力新建和改扩建公共厕所、停车场以及吃住行游购娱设施，改善住宿、饮食、游览、娱乐、购物和其他服务（如金融、通信、医疗等），加强旅游信息便利化建设，涵盖旅游信息、旅游标识、公共标识、旅游咨询等方面。

（三）创新乡村旅游扶贫业态

旅游产业无边界，贵州应顺势而为、强化协调、统筹策划、加大投入，运用市场手段有效配置、整合资源，充分利用贵州独特的文化景观和优美的自然环境，变乡村旅游资源优势为乡村旅游扶贫产业发展优势，依托地方特色产业，实现乡村旅游扶贫产业纵向延伸和横向扩展，推动乡村旅游业与一次、二次、三次产业深度融合发展。推动农旅融合，将特色农产品、民族工艺品变为乡村旅游商品。挖掘民族历史文化和自然生态文化，通过文化植入和文艺演出不断丰富乡村旅游产品的内涵，不断推动旅游产业与文化产业融合发展。以乡村旅游扶贫发展为导向，大力发展交通、住宿、餐饮、金融、商贸等服务业，增强乡村旅游扶贫对地区经济发展的辐射带动作用。

要采取特色化、个性化的乡村旅游扶贫形式，不断推进乡村旅游扶贫业态创新，大力推动乡村旅游扶贫与现代山地特色高效农业融合发展，与大健康、特色文化、民族体育等相关产业共生共荣，大力开发提升生态观光、休闲度假、避暑养生、文化体验、乡村运动等漫游乡村旅游扶贫产品体系。运用“互联网＋”、大数据理念和技术，集中提升改造和推出一批带动力强、覆盖面积大、效益好的乡村旅游扶贫精品景点、乡村旅游扶贫精品线路，注重完善内容、优化服务、突出特色，满足不同类型、不同地区游客的个性化消费需求和旅游偏好，做到“食有特色、住有选择、行之方便、游之尽兴、娱之快乐、购之丰富”。

在传统农业体验游（农家乐）和乡村休闲游的基础上，大力开发休闲体验、康养度假、商务娱乐等新兴乡村旅游扶贫形式。大力发展生态文化游、康养度假游、民族历史文化游、自助自驾游等乡村旅游扶贫业态，围绕国际知名山地旅游目的地建设，努力打造一批特色农家休闲、乡村民宿、民宿体验、乡村营地、乡村酒店、康养度假精品，开展富有地方特色的民俗演艺、农事体验、节事节庆活动。加强本土旅游商品开发，培育和壮大旅游商品开发企业，在全省范围内形成包含具有贵州地域标志的商品、旅游纪念品在内的特殊旅游商品体系。

（四）推进全域乡村旅游扶贫

推进全域旅游是我国新阶段旅游发展战略的再定位，是我国旅游业一场具有深远意义的变革。贵州应以全域旅游示范区建设为契机，全域优化配置各类社会经济资源，实现乡村旅游扶贫从景点旅游模式走向全域旅游模式，破除乡村旅游扶贫景区（景点）内外的体制壁垒和管理围墙，实行多规合一，实行公共服务一体化、乡村旅游扶贫监管全覆盖，实现乡村旅游扶贫产品营销与目的地推广的有效结合，逐步实现乡村旅游扶贫基础设施和公共服务建设从景区（景点）拓展到全域，从粗放低效乡村旅游向精细高效乡村旅游转变。加快乡村旅游供给侧结构性改革，增加乡村旅游有效供给，引导乡村旅游扶贫需求，实现乡村旅游扶贫供求的积极平衡。实现从封闭的乡村旅游扶贫自循环向开放的“乡村旅游扶贫＋”融合发展方式转变。加大乡村旅游扶贫与工业、农业、金融、商贸、文化、医药、体育等产业的融合力度，形成综合新产能。实现乡村旅游扶贫企业从单打独享到社会共建共享转变。充分调动各方发展乡村旅游扶贫的积极性，以乡村旅游扶贫为导向整合资源，强化企业社会责任，推动建立乡村旅游扶贫发展共建共享机制。

（五）加强乡村旅游扶贫人才培训

从事乡村旅游扶贫的经营人员大多数是当地农户，其文化素质较低，服务意识缺乏，需要加强知识和技能培训，提高从业人员整体素质。贵州乡村旅游扶贫，人才是关键，要全方位推进乡村旅游人力资源开发，通过外引内培等方式，逐步提升贵州乡村旅游人才层次。大力推进贵州乡村旅游从业人员职业技能培训，提升贵州乡村旅游服务人员整体水平，推动建立旅游技能型人才校企合作、订单式培养的新机制，不断提升旅游服务质量和水平。有计划地组织乡村旅游配套培训学习，提高对乡村旅游发展和市场管理的认识，提高乡村旅游服务、管理质量，积极探索特色农产品、民间工艺品、农村生产生活用品等乡村旅游商品的开发与营销。整合各部门教育培训资源，将农业、劳动、教育等部门涉及人才培训的项目（资源）进行整合，围绕贵州旅游人才短板共同推进培训工程。组织乡村旅游经营人员学习旅游知识，了解旅游业发展的形势，培养乡村旅游从业人员的市场意识、服务意识、旅游意识，增长见识，促进旅游交流。如在旅游淡季组织乡村旅游经营者到外省学习甚至到国外考察乡村旅游，借鉴国内外先进的经营管理经验。

（六）加大旅游扶贫宣传力度

加强与旅游局的通力合作，突出特色化和个性化，以大众市场为基础、高端市场为重点，以宣传促销引领营销渠道建设，以生态多样性吸引境内外重点市场，提高贵州乡村旅游的知名度和美誉度。立足资源，突出特色，充分利用节庆活动，展现和传播贵州乡村旅游形象。加强各类民族民间活动、农事活动的包装设计，不断推出乡村旅游品牌。以召开贵州省旅发大会和山地旅游大会为契机，积极与对口帮扶城市、省商务厅、省旅游局沟通协调，将乡村旅游纳入省旅游宣传的整体规划中进行宣传推介。在中央、省、州强势媒体进行全方位、多层次的宣传报道，扩大宣传的覆盖面和影响，打造乡村旅游的知名品牌。

研　究　篇

Study Reports

习近平关于扶贫的重要论述探析

王安忠*

摘　要：党的十八大以来，以习近平同志为核心的党中央从坚持和发展中国特色社会主义的战略高度关注扶贫工作，实施精准扶贫、精准脱贫，提出了一系列的扶贫新理念、新论述、新战略。习近平同志从社会主义本质要求、全面建成小康社会的内在要求和中国共产党人的历史使命等方面论述了扶贫的必然性，并提出精准扶贫、转变扶贫方式、加强扶贫民主法制建设、社会管理与扶贫并重、依靠基层党组织扶贫等扶贫的原则和路径。

关键词：习近平　扶贫　精准扶贫

---

* 王安忠，中国社会科学院研究生院马克思主义学院博士研究生，青岛滨海学院副教授、宣传部部长，主要研究方向为马克思主义中国化、思想政治教育理论与实践研究。

自党的第十八次全国代表大会召开以来，以习近平同志为核心的党中央更加高度重视全国的扶贫工作，提出并实施了精准扶贫、精准脱贫。在推进扶贫工作的过程中，习近平同志提出了一系列关于扶贫的新论述、新战略，已经初步形成扶贫工作的新局面、新模式和新发展。探讨研究习近平关于扶贫的重要论述有重要的理论意义和实践意义。

一 习近平论扶贫的必然性

（一）扶贫是社会主义本质的必然要求

2012 年 12 月 29 日、30 日，习近平同志在河北省阜平县考察扶贫开发工作时说："消除贫困、改善民生、实现共同富裕，是社会主义的本质要求。"邓小平同志说，社会主义就是解放生产力，发展生产力，消灭阶级，消除两极分化，最终达到共同富裕。目前，我国贫富差距较大，地区之间、城乡之间发展很不平衡，贫困状况仍较为严重。扶贫就是要让贫困的人民富裕起来，改善他们的生活状况，从而实现共同富裕，这正是社会主义本质的题中应有之义和必然要求。贫穷不是社会主义，两极分化也不是社会主义，社会主义就是实现共同富裕。扶贫是以习近平同志为核心的党中央对坚持和发展中国特色社会主义做出的重大战略性部署。习近平同志指出，如果全国的贫困地区继续长期贫困，面貌仍然长期得不到改变，这些地区群众的生活水平长期得不到明显提高，那就没有体现出我国作为社会主义国家的制度优越性，那也就不是社会主义。

（二）扶贫是全面建成小康社会的内在要求

党的十八大以来，以习近平同志为核心的党中央从坚持和发展中国特色社会主义的全局出发，立足中国发展实际，坚持问题导向，提出"四个全面"战略布局。其中"全面建成小康社会"是这一战略布局的重大战略目标，小康不小康，关键看老乡，关键是看我国贫困地区的人民群众能不能脱贫。全面建成小康社会，关键在全面。习近平同志指出："全面建成小康社会，是我们对全国人民的庄严承诺。脱贫攻坚战的冲锋号已经吹响。我们要立下愚公移山志，咬定目标、苦干实干，坚决打赢脱贫攻坚战，确保到2020年所有贫困地区和贫困人口一道迈入全面小康社会。"目前，虽然我国已经位列世界第二大经济体，人均GDP也进入全球中等偏高收入的国家之列，但从全国发展来看仍然很不平衡，全国贫困地区的贫困人口规模仍然很大，我国的贫困问题依然非常突出。其一，贫困区域密集。全国的贫困村数量为12.9万个、国家扶贫开发重点县数量为592个、集中连片贫困地区数量为14个。其二，贫困人口众多。截至2014年底，全国贫困户仍有2948.5万户、贫困人口总数尚有7017万。黔、滇、豫、桂、湘、川6个省和自治区的贫困人口总数都在500万以上。其三，脱贫任务繁重、时间紧迫。要在规定的五六年内减少贫困人口7000多万，那就预示着需要每年减少贫困人口1170万，也就是需要保证每个月减少贫困人口100万。面对这样的扶贫脱贫的艰巨任务，党中央深刻分析和把握全国目前扶贫脱贫工作面临的新形势新问题，明确提出了扶贫脱贫攻坚的新战略，聚焦全面建成小康社会的"底线目标"，着力进一步开创扶贫脱贫工作的新局面。

（三）扶贫是中国共产党人的历史使命

中国共产党人始终不渝地树立"人民至上"的理念，党从成立之日起，就把全心全意为人民服务作为自己的根本宗旨，始终坚持我党的群众路线，始终保持同人民群众的血肉联系。这是共产党生存发展的根基和存在的价值。共产党人最根本的历史使命是为人民掌好权、用好权，与人民心连心、心贴心，最崇高的追求是坚持为人民做好事、做实事，实现好最广大人民的根本利益。习近平同志指出："消除贫困、改善民生、逐步实现共同富裕，是社会主义的本质要求，是我们党的重要使命。"自新中国成立以来，特别是从十一届三中全会实施改革开放以来，我们党领导全国人民始终不渝地解决全国的贫困问题，不断实施持续的大规模的、行之有效的扶贫措施和行动，使全国的贫困地区、贫困人口大幅度减少，贫困群众的生活水平有了显著的提高，贫困地区的面貌也发生了根本性的变化，实现了历史性的跨越；党的十八大以来，进入全面建成小康社会的决胜阶段，党中央提出并实施精准扶贫、精准脱贫，切实加大投入，着力创新方式，已经成功探索并形成了一条中国特色的扶贫之路，这将实现全体人民生活水平的历史性跨越。为了实现全面建成小康社会的战略目标，我们必须深刻认识到扶贫是党肩负的历史使命之一，党始终代表广大人民的根本利益，在扶贫中接受历史和人民的检验，以实现全体人民幸福指数的大幅提升赢得广大人民群众的拥护和信赖。

二　习近平论扶贫的原则和路径

（一）精准扶贫脱贫是扶贫的基本路径

扶贫脱贫关键在精准，这是扶贫脱贫的重中之重。习近平同志指出："必须在精准施策上出实招、在精准推进上下功夫、在精准落地上见实效。"其一，要解决好"扶持谁"的问题，通过切实有效的措施，确实保证把真正贫困的人口、他们贫困的程度、导致贫困的主要原因切实搞清楚，找准贫困的根源，真正做到有明确的目标、扶贫工作精准、有的放矢、因地制宜，对不同的贫困户、贫困人口实施与之相适合的政策。其二，要解决好"谁来扶"的问题，进一步完善并形成中央统筹、省（自治区/直辖市）负总责、地市和县级具体抓落实的扶贫脱贫工作体制机制，健全东部地区和西部地区协作和党政军民企定点扶贫体制机制，做到分工明确、责任清晰、任务到人、考核到位。其三，解决好"怎么扶"的问题，按照不同贫困地区和贫困人口各自相应的具体情况，实施"五个一批"工程，即发展生产脱贫一批、易地搬迁脱贫一批、生态补偿脱贫一批、发展教育脱贫一批、社会保障兜底一批。其四，解决好"如何退"的问题，加快建立科学合理的贫困县和贫困户退出体制机制，真正反映客观实际情况，落实精准脱贫。其五是解决好“重点扶”的问题，突出把革命老区、民族地区、边疆地区以及集中连片贫困地区作为扶贫脱贫攻坚工作的重点，支持其加快发展。

（二）转变扶贫方式是扶贫的着力点

党的十八大报告提出，实施总体布局、实现总体目标的重要路径是走“新四化”道路，就是走中国特色的新型工业化、信息化、城镇化和农业现代化的道路，推动“新四化”的同步发展和实现。这说明了我国转变经济发展方式的硬性要求，经济增长要从“出口—投资—消费”的出口拉动型转变为“消费—投资—出口”的内需拉动型。扶贫脱贫在本质上属于经济范畴，扶贫脱贫任务也相应地由“解决温饱”转为“脱贫致富”。因此，扶贫工作必须紧跟我国经济发展方式的转变，不断推进扶贫开发方式的转变。在很大程度上来说，扶贫脱贫的最终成效取决于扶贫方式的转变。其一，把扶贫工作融入“新四化”建设。“新四化”的建设和发展为扶贫工作提供了良好的机遇，注入了新的活力。消除我国农村的贫困问题，最终要靠减少农民人口数量，探索走出一条由农民变为市民、由农村变为城镇、由农业变为工业的路子，在这一过程中要自觉地把扶贫工作融入“新四化”建设和发展中去，尤其是要自觉地把扶贫工作融入新型工业化、城镇化和农业现代化的建设和发展之中去。其二，综合一体化扶贫。从全面建成小康社会的重大战略目标出发，打破过去单一的扶贫观念和做法，实施综合一体化的扶贫措施。重点是要抓好国家确定的14个扶贫工作片区，按照最新的十年扶贫开发纲要及扶贫片区规划，坚持“区域发展带动扶贫开发、扶贫开发促进区域发展”的基本思路，借鉴推广“政府大投入、资金大整合、项目大集中、社会大参与、群众大建设”的云南“曲靖模式”。其三，推行“五位一体”扶新贫方式。由以前专项扶贫、行业扶贫和社会扶贫的“三位一体”扶贫方式，转变为政府主导、部门主抓、行业主帮、社会主动、群众主体的“五位一体”扶贫新方式。

（三）推进民主法治建设是扶贫的制度保障

推进贫困地区的民主法治建设，是扶贫的制度保障。一是在民主建设上加快发展参与式扶贫。相关统计资料表明，“民主”一词在党的第十八次全国代表大会报告中总共出现69次，这充分体现出党对发展社会主义民主的高度重视。在扶贫过程中，贫困地区要更加注重进一步健全民主制度、丰富民主形式，切实保证人民群众依法实行民主决策、民主管理和民主监督。对扶贫资金项目的运作，要坚持公告、公示、公开的“三公”原则，接受社会各界的监督；对扶贫重大项目，要坚持贫困项目评估，充分落实协商民主，坚持落实重大决策要走程序。通过贫困地区的基层民主建设，切实做到尊重人权和保障人权。同时，在扶贫过程中，要在法治建设上加快推进扶贫立法的进程。扶贫工作的重点就是要抓好队伍、抓好投入、抓好章法三项工作，切切实实地做到有人干事、有钱办事、有章理事。有章理事的关键在于加快扶贫立法进程。按照最新的十年扶贫开发纲要有序推进扶贫立法。国家制定了《农村扶贫开发法》，广西、湖北、黑龙江等7个省份颁布实施了农村扶贫开发条例，内蒙古、云南、贵州、四川等省区正在制定扶贫条例。总之，要通过对扶贫工作的立法，把现有已经比较成熟的扶贫工作的政策及措施上升为法律制度，从法律制度上进一步明确扶贫对象范围、区域重点、资金投入使用、开发规划、项目监管、贫困标准调整机制、社会动员、执法监督以及法律责任等，推进扶贫工作进程，保证贫困地区和贫困居民依法享有广泛的权利和自由。

（四）坚持社会管理和扶贫开发并重

党的第十八次全国代表大会报告中提出“在改善民生和创新管理中加强社会建设”，同时突出了社会管理创新与改善民生两个重点，将社会管理首次提升到与改善民生并重的地位。这要求基层党组织突出重视维护人民群众的利益，与此同时，要突出重视人民群众的诉求及畅通其表达渠道。因此，坚持社会管理和扶贫开发并重，这本来就是党的十八大对扶贫工作提出的新要求和高要求。其一，要不断提高对社会管理和扶贫开发并重的认识，高度重视并改进完善贫困地区的社会管理，为扶贫开发创造良好的社会环境。其二，要坚持党的十八大报告提出的“两个凡是”，也就是“凡是涉及群众切身利益的决策都要充分听取群众意见，凡是损害群众利益的做法都要坚决防止和纠正”，同时突出关注“民生”与“民权”、强调落实“民享”与“民建”，这是坚持社会管理和扶贫开发并重的重要举措。其三，要高度关注民权，在扶贫工作中，普遍高度重视抓好民生，方式和办法也都多样化，实际效果也特别突出，但对民权关注还不够，甚至存在不愿意提也不敢提的现象，因此，在现实中存在这部分因为民权受到损害而导致贫困的现象。民权也是生产力，民权的关注和维护是社会管理和扶贫开发中要一并重视的内容。其四，要注重总结社会管理和扶贫开发并重方面的成功经验和有效做法，并借鉴和推广。同时探索开展“扶贫开发与社会管理结合试点”，研究创新扶贫开发与社会管理协同发展的有效模式。

（五）基层党组织是扶贫的关键保障

习近平同志指出：“农村要发展，农民要致富，关键靠支部。”党的领导是中国特色社会主义事业取得胜利的根本保证。党的十八大以来，党中央实施精准扶贫、精准脱贫，2015 年底，《中共中央国务院关于打赢脱贫攻坚战的决定》正式发布。这份重要文件，对未来五年的扶贫脱贫攻坚工作做出了全面部署，并要求全国各级党委和政府层层签订扶贫脱贫攻坚任务的责任书，立下“军令状”。中国特色社会主义的政治优势和制度优势是打赢扶贫脱贫攻坚战的根本保障，而基层党组织是扶贫的关键保障。基层党组织，尤其是扶贫脱贫攻坚任务重的基层党组织，要原原本本把党的政策落实好，坚定信心、勇于担当，把扶贫脱贫作为第一民生工程来抓，层层落实责任，级级督察考核，在扶贫脱贫攻坚第一线考察识别干部，把扶贫脱贫攻坚实际工作业绩作为选拔任用干部的重要依据。基层党组织要引导和带领贫困群众自力更生、艰苦奋斗，靠实干苦干和辛勤劳动实现脱贫致富。

愚公移山、治山治水
保护和建设贵州生态环境

鲍昆明　陈康海*

摘　要： 贵州是全国全世界喀斯特地貌典型发育的边远山区，生态环境先天性脆弱，土地石漠化治理步履维艰，破解工程性缺水成千古难题，保护和建设良好的生态环境任重道远。近几年来，在以习近平同志为核心的党中央的坚强领导下，贵州省委、省政府千方百计，调动一切积极因素，团结一切社会力量，认真贯彻落实“守底线、走新路、奔小康”的战略思想，已经取得初步成效。而今，在深刻总结历史经验教训的基础上，不忘初心，继续前进，造福贵州各族人民。经认真学习与研究，本文从实际出发，立足生态经济视角，坚持省委、省政府顶层设计和战略决策，就某些基础性重大理论和实践问题建言献策，为全面建成小康社会动脑筋、出智慧。

关键词： 治山　治水　生态环境

一　问题的提出

地球已诞生46亿年，人类在地球上生存不过100多万年，进入文明社会只有几千年。土地和人口是社会生产力的源泉，土地与人口的关系，土地

* 鲍昆明、陈康海，贵州省社会科学院贵州省生态文明建设政策研究评价中心研究员。

第一位，人口第二位。在社会生产力发展过程中，它们各有其特点，都可以充分开发利用，土地是一个常数，人口却是一个变数。以有限的土地负载有可能“无限增长”的人口，如人口不能控制，人类在地球上将无立身之地。不过，自然和社会会对人口进行调控，绝不可能让人口过度发展。人口一旦超过地球负载力，就会破坏环境和生态良性循环，自然就会无情地惩罚人类，迫使人口数量与土地负载力恢复平衡。同时，当社会认识到生态规律时，也会注意控制人口发展和保护自然环境（土地）。

从更广阔的地域空间和更深的历史背景考量可持续发展观的提出，可以发现这是人类开发利用自然资源观念的根本转变。过去，人们曾经把追求GDP 增长作为国家和区域经济发展的唯一目标和动力，其带来的灾难性恶果是：自然资源萎缩，生态环境急剧恶化，人们生活质量下降，经济社会发展陷入不可持续的困境。问题症结在于：这种传统发展理念所衍生的经济社会发展模式，没有建立在保持良好生态环境的基础上，甚至以牺牲生态环境为代价来换取一时一地发展。

通过对传统“工业化实现观”和发展模式的革命性批判与反思，人们已充分认识到单纯经济增长并不就是发展。“发展”的内涵十分丰富，其意义是指人及社会全面的质的提升和进步；对人类无限进步的理想信仰和激情，都不能改变自然资源是有限的、稀缺的这一事实。在现实经济生活中，对有限的稀缺的资源进行无限掠夺、利用及造成的环境破坏和生态危机，与人类社会发展无限性这一自信形成了尖锐矛盾。于是，“既满足当代人的需求，又不对满足后代人需求构成威胁”的可持续发展观问世了。1980 年，国际保护联盟（WCN）、联合国环境规划署（VNEP）和全球野生动物基金会（WWF）共同发表《全球保护战略（WCS）》，首次提出“可持续发展”新概念，受到许多国家政府和科学家的重视。1992 年，在被称为“地球首脑会议”的里约热内卢环境与发展大会上，百国首脑相聚，共商人类摆脱环境危机的对策。助推这一活动的正是在实践中增强的人类整体意识和共同理性考量，这就是，我们只有一个地球。1994 年 3 月，作为全世界第一个编制本国 21 世纪议程行动方案的国家，中国政府发表《中国 21 世纪议程——中国21世纪人口、环境与发展白皮书》，提出中国可持续发展要建立在资源可持续利用和生态环境良好的基础上，其核心理念是保持资源、人口、经济、社会、环境的协调发展。

贵州地形地貌轮廓如同一个倒置的簸箕，由西向东呈现顺序下降的三级梯面间的过渡带，由黔中向北向西倾斜成两大边坡。境内地形崎岖，常态地貌与岩溶地貌带并存，大、中、小地貌交互套合。在这种地形地貌下，横贯中部的苗岭为长江、珠江分水岭，东部武陵山为乌江、沅江分水岭，西部乌蒙山为牛栏江和乌江、北盘江分水岭，西北部大娄山为乌江和赤水河、綦江分水岭。境内河流多发源于中西部，向南、北、东呈扇状放射。苗岭以北属长江流域，流域面积11.57万平方公里；以南属珠江流域，流域面积6.04万平方公里。全省流域面积大于1000平方公里的河流共65条，年径流总量约1039亿立方米，年径流深590毫米，略微大于全国平均水平。但由于人口增长失控、基数增大，全省人口由1961年的1623.53万增加到2000年的3755.72万，净增2132.19万，增长1.30倍，年均增长22‰；人均占有水量为2766.55立方米，不到世界人均水平的1/3，这使贵州成为一个贫水省份。与此同时，贵州又是工程性缺水十分严重的地区。

生态环境先天性脆弱，治理困难，难以取得突破性进步。其主要原因之一，就是贵州为全国和全世界喀斯特地貌典型发育的山区。喀斯特出露面积达10.9万平方公里，占全省总面积的61.9%。境内重峦叠峰，沟壑纵横，地貌类型复杂多变。比如说：高原属滇东岩溶化高原延伸部分，海拔1900~2600米，分布于黔西、威宁、赫章、水城一带。丘原是贵州岩溶化高原主体部分，海拔800~1800米，分布于黔中广大地区以及黔西南和黔南等地。山原是岩溶剥蚀面与连绵不断山岭谷盆组成的广大高地，边缘河流深切，地形起伏较大。高中山海拔1900~2900米，相对高差大于700米，地面冲刷切割较强，坡度常达35度以上，毕节乌蒙山区和六盘水西部山地属岩溶化高中山，而梵净山一带以侵蚀—剥蚀高中山为主。中山海拔1400~1900米，相对高度500~700米，苗岭、大娄山和老王山一带为岩溶化峰丛中山。低中山海拔900~1400米，在黔中、黔南和黔北地区以岩溶低中山为主，分布于黔中广大地区以及黔西南和黔南等地，其间分布有侵蚀—剥蚀低中山。低山海拔600～800米，主要分布在黔东、黔西北一隅和南北盘江、红水河等流域两侧及北部高原边缘。丘陵包括黔西、威宁一带海拔高于1900米的高丘，黔中广大地区海拔900～1900米的中丘以及黔南海拔低于900米的低丘。一般来说，高原面丘陵多是比高低于80米，并覆盖有疏松风化层的浑圆浅丘或残丘。而高原边缘则属于比高低于80米的切割深丘，其岩溶区为岩石裸露的峰林、峰丛或垅岗。至于盆地，则具有分布广、高差大、成因类型多等特点。总之，贵州山区以喀斯特高原、丘原、山原和中山最为显著，而峰林盆地、峰丛谷地、峰丛洼地、溶丘洼地等喀斯特类型分布广泛、发育典型，从而成为我国南方锥状喀斯特发育最具代表性的地区。

贵州可开发耕地资源极少，且土层极薄、土质很差，中低产田土居多，开发治理难度大，耕地人口负荷很重。如2006年，贵州总人口为3955.3万人，平均每平方公里承载224.58人，比全国平均数多88.38人；平均每亩耕地承载1.496人，比全国平均数多0.679人；人均耕地0.67亩，比全国平均数少0.55亩。因耕地后备资源枯竭，产出水平低下，人们为了追求生存和发展，上山砍树开荒种粮屡禁不止，破坏生态环境，使水土流失加剧。从1960年到1990年，贵州水土流失面积由3.5万平方公里扩大到5万平方公里。在全省2630.35万亩耕地中，土层较厚、土壤肥力较高、灌溉条件较好的上等耕地仅占23%，而土层薄、土壤肥力低、坡度大、水土流失严重、灌溉条件差、裸岩多、冷烂锈毒田和乱石旮旯土等下等耕地约占34%。把中等和下等两类耕地加起来占比高达77%，由于主客观因素的双重作用，贵州贫困面大、贫困人口多、贫困程度深、扶贫返贫率高，人们普遍认同的穷根既长又粗、历史悠久，贵州成为国家扶贫攻坚主战场之一。早在明清时期，人们对贵州基本省情进行形象、生动、直观的描述，即“天无三日晴，地无三里平，人无三分银”，在全国整体发展中长期处于十分明显的落后地位。1949年全省总人口1416.4万人，GDP 6.23亿元，所谓“人无三分银”是客观的历史事实。汉代全国已普遍使用铁制农具，而贵州到近代仍有许多地方使用木犁木耙和石耙等非常原始的农具，还用人拉犁和锄头耕地，从事简单再生产。由于水利灌溉条件极差，人们拼命建设大批小山塘、小水库、小水池等中小型水利设施，才逐步形成保土、保水、保肥、方便耕作的基本农田和生产力，但全省85%的耕地靠“望天水”灌溉。水利资源严重短缺成为长期严重制约贵州经济社会发展的掣肘。要根本改变这种状况，以解决工程性缺水为重点，是一项艰巨而复杂的系统工程，不仅需要巨大的人力、物力和财力，还需要先进科学技术作支撑，这与各级地方政府和各族农民群众的承受能力反差太大。

二　高峡出平湖，掏来乌江水，润泽黔中区

自古以来，黔中地区就是贵州的战略高地，是城镇最密集、人口最集中、交通最发达、工农业基础最好、耕地资源最集中的地区，也是未来贵州保护与建设良好生态环境和实现可持续发展的核心区域。1949年以来，贵州党政领导和著名专家学者十分重视解决工程性缺水问题。省水利厅水电勘测设计所前所长王治平高级工程师，一腔热血、跋山涉水、积累资料、潜心研究，集中众多水利人多年的心血智慧，提出了“引乌江上游三岔河水润泽黔中”的战略构想，时称黔中灌溉工程，后来受经济技术条件限制，项目一度被搁置。

1999年，中共中央面向新世纪，作出西部大开发战略决策。据此，时任国务院总理朱镕基指出：“实施西部大开发战略，对于扩大内需、推动国民经济持续增长，对于促进各地区经济协调发展，最终实现共同富裕，对于加强民族团结、维护社会稳定和巩固边防，都具有十分重要的意义。”同时又提出，当前和今后一段时期实施西部大开发战略，要集中力量：加快基础设施建设；切实搞好生态环境保护和建设；着力发展特色优势产业和高新技术产业；大力发展科学和教育；进一步扩大对外开放等。其中之一，就是切实搞好生态环境保护和建设。2002年，在黔中灌溉工程设计的基础上，贵州省水利水电勘测设计研究院完成了《黔中水利枢纽工程规划

报告》，为实现人们“高峡出平湖，掏来乌江水，润泽黔中区”的梦想，该工程设计分两步走：一期工程包括水源工程、灌区及贵阳供水一期工程；二期工程包括灌区二期、贵阳供水二期和安顺供水工程。

乌江，是浩浩长江上游主要支流之一，也是贵州最大河流。它自成系统和网络，发源于威宁县香炉山，流经鸭池河、乌江渡、思南、沿河至思毛坝入四川境，在涪陵汇入万里长江。其干流全长1037公里，贵州境内875公里；流域面积8.79万平方公里，贵州部分6.68万平方公里，四川境内2.11万平方公里；年径流量376亿立方米，云南、四川入境量5.70亿立方米，年出境量318.7亿立方米。乌江干流三岔河与云冲河汇合之处化屋基至思毛坝河长549公里，天然落差638米，平均坡降1.16%。流域面积3000平方公里以上支流主要有六冲河、猫跳河、湘江、清水江、洪渡河、芙蓉江等江河。进入2003年后，随着经济社会发展和城镇化水平提升，黔中地区缺水问题更加尖锐突出，上马黔中水利枢纽工程呼声高涨。贵州省委、省政府痛下决心，将工程列入“一号工程”，强调“就是举债也要上”。

如何科学解决贵州工程性缺水难题，引起水利部系统和社会各界广泛关注。我国德高望重的水利科学界泰斗、全国政协原副主席、水利部原部长钱正英院士，曾跟随敬爱的周恩来总理治山治水，多次率专家组到黔中地区做深入细致的实地考察研究，并亲自向当时的国务院领导写信：“黔中水利枢纽工程是贵州省必要的战略性大型骨干工程，最近通过水利部审查，建议早日批准开工。”同时，钱正英还亲领10多位院士，赴黔中地区指导规划修改和完善。据此，2008年11月国务院常务会议批准贵州建设第一个大型跨地区跨流域长距离水利调水工程——“黔中水利枢纽工程”。随之，国土资源部、水利部、国家发改委等中央相关部委纷纷做出反应，迅速批复“黔中水利枢纽一期工程”相关文件。

作为贵州历史上第一个最大水利枢纽工程，按照规划在乌江干流三岔河修建一座总库容高达10.8亿立方米的大型水库，通过干渠、支渠，途经贵阳、安顺、六盘水经济中心区域，年调水量达5.5亿立方米，能解决2020年贵阳市城市供水，贵安新区部分供水，以及六枝、普定、镇宁、关岭等7

个县42个乡镇51.17万亩农田灌溉用水，5个县城和36个乡镇供水，农村41.8万人饮水等问题，为这些地区经济社会发展和各族人民生活改善提供强有力保障。报告批复后，贵州水利水电勘测设计研究院着力编制了《黔中水利枢纽一期工程项目建议书》，项目从可行性研究到立项、从勘测设计到立项审批等，历时9年之久。对此，时任贵州省水利厅厅长、水利水电勘测设计研究院副院长的朱开茗说："在这期间，贵州省水利厅做了大量调研工作，提出了一个符合贵州省情的主要矛盾——工程性缺水问题。"又说："贵州省处在云贵高原的斜坡上，属喀斯特地貌，尽管降雨多，但存不住水，更没有一个像样的大型水库储存水资源。"因此，在黔中地区建设大型水利枢纽工程是完全必要、非常及时的。

——国家西部大开发标志性工程之一。贵州位于长江和珠江分水岭河源地带、岩溶峡谷山区，是长江流域和珠江流域生态屏障建设的中心区域。贵州自然生态先天性脆弱，喀斯特地貌处在提升发展环境之中；可耕土地资源数量少、质量差，水土资源匹配混乱失衡；崇山峻岭，河谷深切，刚性制约交通运输、邮电通信和水利基础设施网络建设。鉴于黔中水利枢纽工程位于浩浩长江和珠江两大流域的分水岭河源地带、喀斯特地貌岩溶发育峪谷山区，是长江流域和珠江流域天然生态屏障的重心区。对于强化两大流域和全国生态环境保护建设，保护和修复生态系统，防范和消除土地资源综合生产力逆变现象，都具有重要意义。必须按客观规律办事，否则，若人为破坏本来就脆弱的自然生态系统，势必给长江和珠江两大流域乃至全国经济社会发展和人民生活带来灾难性后果。

拿水土流失来说，据有关材料统计，目前全国水土流失面积110万~150万平方公里，约占国土总面积的1/8~1/6；长江输沙量为5亿~6亿吨，黄河输沙量约16亿吨，土地沙漠化面积达4000万亩左右，草原和草山草坡退化面积约7.7亿亩，以及土壤肥力、收草生产力普遍减退。至于贵州，本来生态环境就很脆弱，易破坏、难修复，为应对人口增长快和贫穷落后压力，长期以来经常发生人为破坏自然植被和森林的现象。因此，在相当长时间里，贵州水土流失日趋加剧。20世纪50年代初全省水土流失面积

2.5万平方公里，60年代增至3.5万平方公里，70～80年代发展到5万多平方公里。至80年代中期，高达7.6万平方公里，占全省土地总面积的43.5%。此后，虽然加大治理力度，全省水土流失面积仍高达6.7万平方公里左右，占全省土地总面积的38%，每年流失泥沙高达1.9亿吨，相当于冲走4.3万平方公里33厘米厚、氮磷钾含量很丰富的肥沃土壤，并使水利基础设施严重受损。如1980年对黔西南州12个小型水库淤积情况的调查结果显示，设计总库容为1238万立方米，平均运行7.7年，泥沙淤积竟高达401.3万立方米，占有效库容的32.4%。其中，有7个水库淤积率超过80%，造成两个水库报废。

尤为严重的是，贵州地处长江和珠江两大流域上游，越来越多的泥沙顺江而下，直接影响广阔的中下游经济发达地区，特别是我国最发达的长江三角洲和珠江三角洲。一些沿江沿海大中城市由于地表水被污染，以致地面下沉，接着，为严格控制任意开采地下水，又采取回流措施。由于抽出的水是优质淡水，而回流的水则是被污染的地表水，又使地下水被污染，形成恶性循环。如港口城市上海早在20世纪30年代就是远东的经济中心。那时，长江上游植被和森林破坏不严重，水土流失较少，江口淤积泥沙不多，港口有一定深度。加之，海轮吨位较轻，也不要求很深水位。现在不同了，不仅万吨级轮船，而且5万吨级、10万吨级、20万吨级、30万吨级轮船都出现了。载重量大，运费较低，要求港口水深港阔，让船舶航行自如。然而，时至20世纪80年代末，长江口水深只有7米，涨潮平均潮差3.9米时也不过10.9米。3万吨以上的船舶都被挡在长江口外望洋兴叹！总之，上海港地理区位优越，地质条件却差，怎么办呢？根本之策在于长江上游下最大决心治山治水，从严治理水土流失。

2015年9月13日，当黔中水利枢纽一期工程水源点平寨水库供水高程达到1284米时，几代贵州“水利人”，担当着“水润黔中”的千秋使命，承载着全省各族人民半个多世纪的激情和渴望，凝聚无数水利人的心血智慧，承载着祝福和重托，跨越区域、跨越流域、跨越高峡，搭乘中央实施西部大开发战略的班车，将开发利用水资源提升到保护和建设良好生态环境、实现可持续发展的高度，突破喀斯特岩溶山区大型水利工程建设中一个又一个技术难关，逢山钻洞、遇壑架桥、治山治水，构建起这条关系黔中地区各族人民共生共享共荣的“生命线”。

——贵州最大、全国少有的民生工程和国家战略性扶贫攻坚工程。长期以来，由于天灾人祸，贵州水利灌溉条件极差，85%以上耕地靠“望天水”灌溉。一旱旱一片，颗粒无收。农业生产率极低，焉能不贫穷落后？1949年以后，在中国共产党领导下，贵州各族人民团结奋斗，谱写历史新篇章。尽管如此，与全国和东部发达地区相比，贵州仍有较大发展差距，贫穷落后仍是当前主要矛盾。2006年，贵州GDP仅占全国的1.63%，在各省份中居第26位；人均国内生产总值仅为全国平均水平的35.98%，全国排名倒数第一。全省总体小康水平实现程度为86.8%，其中城镇90%、农村73%，是全国唯一没有实现总体小康的省份。到2015年，按国家扶贫标准（按2010年价，为2300元）测算，全省农村尚有贫困人口493万人，占全国贫困人口总数的8.8%；贫困发生率18%，比全国平均水平高10.8个百分点，是全国除西藏、甘肃、新疆外，贫困发生率最高的省份。在全省88个县市区中，有国家扶贫攻坚重点县50个，省定有扶贫攻坚任务的县35个，两项合计占全省总数的94%，涵盖934个贫困乡9000个贫困村。在国家确定的“11+3”个集中连片特困地区中，涉及贵州的有武陵山区（16个县）、乌蒙山区（10个县）、滇桂黔石漠化区（44个县），共计70个县，覆盖全省85.3%的国土面积、90.7%的贫困人口、87.6%的贫困乡镇、84.3%的贫困村、82.5%的民族乡镇，扶贫攻坚任务十分繁重而艰巨。黔中水利枢纽工程的建成，对贵州省实现精准脱贫是一个极大的助力。

三　践行兴修水利“三年行动计划”，变穷山恶水为青山绿水

面对严峻挑战，必须调动一切积极因素，动员全社会力量，以改革创新精神大力推进扶贫开发攻坚战，这是贵州与全国同步建成小康社会最艰难和

最繁重的历史使命。然而，开展扶贫开发攻坚，必须维系好贵州或黔中地区的自然生态系统平衡。否则，将形成恶性循环。在这里，自然生态系统主要是指土地。在经济上土地包括水资源，水资源既是生活资源，又是生产资源。为确保2020年如期实现中央确定的扶贫对象“两不愁、三保障”（不愁吃、不愁穿，保障义务教育、基本医疗、平安住房）的目标，中共贵州省委、省政府学在深处、谋在新处、干在实处，牢牢把握发展与生态两条底线，切实搞好顶层设计，提出了《关于以改革创新精神推进扶贫开发工作的实施意见》。意见要求“提高基本公共服务均等化水平。全面实施‘四在农家、美丽乡村’基础设施建设小康路、小康水、小康电、小康房、小康讯和小康寨六项行动计划”。特别强调“围绕建设安全有效、保障有力的‘小康水’，到2015年解决468.04万人农村饮水安全问题，小型水利工程发展耕地灌溉面积278.04万亩，到2017年小型水利工程发展耕地灌溉面积累计达到463.4万亩”。

在这个背景下，黔中水利枢纽工程扮演什么角色，做出多大贡献呢？说到黔中水利枢纽工程的“角色”和“贡献”，首先应理清水利枢纽工程的战略定位。在喀斯特岩溶强势发育的贵州山区，加快水利建设是一个宏伟的系统工程。而黔中水利枢纽工程，则是其中第一个大型水利枢纽工程，具有战略性、示范性及可复制性，是贵州水利建设走进新时代的里程碑。接着，以黔中水利枢纽工程为引领，全面开展水利建设骨干水源工程、引提灌工程和地下水（机井）利用工程“三大会战”，夹岩、马岭、黄家湾等大型水利枢纽工程建设快速推进。

为此，省委、省政府着力破解千古难题，提出全省水利建设“三年行动计划”的主要任务：本着因地制宜、合理布局、优化结构原则，全省三年建设不同规模的水库232座。其中，大型水库7座，中型水库110座，小型水库115座，以求实现生态效益、规模效益和经济效益的最大化。本着发展经济和保障供给的精神，全省三年建设小型抗旱引提水工程205处。其中，续建68处，新建137处。此外，还需要新打机井5676眼和配套井7325眼。本着提高人民群众生活质量的要求，全省三年解决934.40万农村人口的饮水问题，实施6个中型灌区节水配套改造工程，新增、恢复和改善灌溉条件的土地面积95万亩，排涝保护耕地18万亩，实施240个农村小水电项目，新增农村水电装机40.66万千瓦。本着保护、建设生态环境和落实可持续发展战略的要求，全省三年完成水土流失治理面积6000平方公里。同时，实施重点河道治理工程6个、中小河流治理工程176个，治理病险水库207座，实施32个县市区的县级山洪灾害调查评价、88个县的县级非工程措施补充完善工作和55条重点山洪沟渠防洪治理工程。还要实施10个节水型社会建设重点县、10个省级水生态文明试点和贵安新区海绵城市建设，对全省93个重要饮用水源地开展保障达标建设。

按照水利建设“三年行动计划”，全省投资总规模高达1285.04亿元，其中2015年、2016年、2017年三年分别为228.04亿、275.32亿、313.89亿元，合计817.25亿元。剩余的467.79亿元，为2017年后需要追加的投资。这属于史无前例。

（一）正确认识和处理水文生态与全面发展的关系

生态学是研究生物与其环境相互关系的科学。人类居住的地球表面有一个瑰丽多彩的生物世界。在地球外面覆盖着若干个厚度不同的外层，如水圈、土圈、岩石圈和大气圈等。由于在非生物资源中，除了阳光之外，淡水资源是最重要的起决定性作用的资源。有水就有生物，也才会有人类；没有水就没有生物，也就没有人类。生物和水圈之间存在着相互依存、相互制约的关系。因此，加快贵州水利建设就是人类遵循客观规律、自觉自愿改造自然环境的行动，势必给贵州实现经济社会跨越式全面大发展注入新动力、创造新机遇。

开发利用水利资源常常兼有航运、发电、灌溉、养殖、旅游、制造业和居民生活用水等多种作用。而今正在建设的黔西南州兴义市马岭镇马岭大型水利枢纽工程，是马别河干流梯级发电规划中的第9梯级，流域控制面积1914平方公里，多年平均径流量为13.5亿立方米，建成后总库容约1.3亿立方米，能根本解决兴义市城市供水和周边广大农村人口饮用安全“小康水”问题。同时，新增、修复和改善的有效灌溉面积5.78万亩，年均发电量 1.24 亿千瓦特。有鉴于此，该工程被列入国务院批准的《全国大型水库建设总体安排意见（2013—2015 年）》、《珠江流域综合规划（2012—2030）》和《贵州省水利建设生态建设石漠化治理综合规划》等多项顶层设计。按照规划设计，工程开发建设目标定位是：以保障城乡居民供水为主，结合灌溉，兼顾发电和旅游等综合利用，其投资总规划预计 26 亿元。届时，马岭河从谷底穿瓦嘎村而过，乡亲们守着大河喊渴的日子过去了。

（二）治山治水相结合，着力提升植被森林覆盖率，实现生态系统能量流动与物质循环持续合理的土地开发利用规划

为此，必须牢固树立绿水青山就是金山银山的理念，着力运用生态学原理，既用好地，又养好地，以保护和建设生态环境。要秉持因地制宜的根本原则，宜水则水、宜农则农、宜林则林、宜牧则牧、宜工则工、宜游则游，以绿色贵州引领保护和建设生态环境，大力推进绿色、低碳、循环和可持续发展；在注重生态效益和合理布局生产力的基础上，制定土地使用和流转机制，激发市场活力，调整优化土地利用结构、种植结构和产业结构，有序推进退耕还水、退耕还林、退耕还牧、退耕还渔，坚决防止和纠正错位错配现象，激活发展潜力。

其中，重中之重是退耕还林，森林生态系统是最强大的生态系统，作用非常巨大。森林对阳光的吸收利用率最高，约为农田或草本植物群落的 20～100 倍。所以，森林的消长既决定动物和微生物的消长，又对气体循环起主导作用。全球森林一年释放的氧气，超过 43 亿人口呼吸所需要的 10 倍；吸收的二氧化碳，平均每公顷每天 1 吨左右。此外，森林还对水循环起着重大作用。海洋之所以能在地球水循环中起决定作用，是因为它占地球总面积的 71%。但是，在同面积同纬度的条件下，森林的蒸发作用却比海洋高 50%。在水循环过程中，森林蒸发的水分，每公顷每天达 70 吨～100 吨，可以调节气候。另外，森林是一个绿色水库。降水量的 15%～40% 能被林冠截留，5%～10% 被林下枯枝落叶层吸收。由此，有专家学者估算，5 万亩森林所保管的水量，相当于一座库容 100 万平方米的水库。反之，如果不

护林、不造林，降水就不能被截留，随着径流化为洪水而迅速失去，肥沃的土壤也随之被冲刷流失。

为将研究引向深入，十分有必要弄清生态环境内在有机联系，从水资源保护和利用视角考量陆地水面的极端重要性。林业用地急剧减少会影响淡水正常循环。暴雨时无林蓄水，土壤随之流失，导致江河湖泊底床淤积升高、洪水泛滥成灾，枯水时到处干旱现象。再加上一些水利建设盲目不当，以及围湖围海造田、过度开采地下水等，致使一些湖泊干涸、土地沙化。比如，新中国成立初期罗布泊苇密水清、牛羊成群、水产丰富，后来一些水利建设项目肆意截流引水，使湖水急速干涸，湖区草场退化，固沙植物大量枯死，动物亦无法生存和发展，昔日美丽的绿洲家园变成不毛之地。长期以来，由于人口急增的压力，有些地方盲目执行“以粮为纲”指导方针，以及后来一些绝对贫困地区领导人无视贫困乃“冰冻三尺、非一日之寒”，急功近利、幻想朝夕间脱贫致富，过度砍伐森林、毁林毁草开荒、侵占肥田沃土、引进高能耗和易污染企业等屡禁不止。又如，京津冀地区布局工农业生产似乎未正视这个问题，如耗水量较大的化工、能源、冶金等行业是否能大量集聚在一起呢？随着经济社会持续快速发展，人口不断增加，水资源短缺逐渐成为影响经济社会可持续发展的最严重的掣肘因素。首都北京西部的永定河已经断流，东部的潮白河水量日渐减少，所在的海河流域属于严重缺水地区。北京人均水资源量 202 立方米/人，仅为世界平均水平的 3%，只是维系其可持续发展最低标准 300 立方米/人的 2/3。况且，为弥补这么大的用水缺口，常常靠节约乃至牺牲周边省市用水和本市生态用水来实现。

恩格斯早就告诫人们说：不要过分陶醉于我们对自然界的胜利。对于每一次这样的胜利，自然界都报复了我们。第一次胜利，在第一步都确实取得了我们预期的结果。但是，在第二步和第三步却有了完全不同的、出乎预料的影响，常常把第一个结果又取消了。美索不达米亚、希腊、小亚细亚以及其他各地的居民，为了想得到耕地，把森林都砍完了，但是他们梦想不到，这些地方今天竟因此成为荒芜不毛之地，因为他们这些地方失去了森林，也失去了集聚和贮存水分的中心。……因此我们必须时时记住：我们统治自然界，绝不像征服者统治异民族一样，绝不像站在自然界以外的人一样；相反地，我们连同我们的肉、血和头脑都是属于自然界，存在于自然界的；我们对自然界的整个统治，是在于我们比其他一切动物强，能够认识和正确运用自然规律。

（三）坚持问题导向，聚焦全面建成小康社会宏伟目标，加快河流航运基础设施开发建设，提升河流综合航运能力和业务操作水平

贵州地处长江和珠江流域上游分水岭区域，河流众多，腹地广阔，资源丰富，开发利用方向应是：大力发展农田灌溉、水力发电、城乡供水、观光旅游和运输航运等，并向多元化综合方向发展。当务之急是，要坚持问题导向，着力研究和解决长江和珠江流域的航道、港口、船舶、通信四大问题，加快物质技术基础设施建设步伐，充分发挥运输航运功能作用，全方位提升综合航运能力。

1. 运输航道建设

长江水系长期失修，多数河流航道仍处在自然状态。对下游航道国家花大力进行整治，而上游各支流航道从未进行系统治理，洪水季节水位高涨，枯水期水浅成滩。同时，碍航建设屡禁不止，桥孔低矮，闸坝碍航，围湖围栏造田，水土严重流失，使天然干流支流航程萎缩，航期航次减少，物流被迫弃水走陆，导致运输成本上扬，削弱商品市场竞争能力，影响广大农民群众增产增收。有鉴于此，必须改造航道，提升航道标准和通过能力。如乌江，历来就是川黔两省重要的水上交通要道。贵州境内从余庆县之大乌江至龚滩 264 公里可通航 20 吨～180 吨客货轮；大乌江到思南段年通过能力为 35 万吨，思南到龚滩段为 70 万吨。至于大乌江以上，因有特大险滩，一度不能通行。“十五”时期抢抓西部大开发历史机遇，围绕加快构建适应经济社会发展历史性跨越需要的综合交通运输体系，不断加强以交通和水利为重点的基础设施建设，其航运规划总目标是：全部梯级水电站和通航建筑建成，并辅以回水变化段及水位不衔接河段的整治工作，使东风电站坝下至构皮滩库尾 160 公里达到五级航道标准，构皮滩库尾至涪陵 544 公里达到四级

航道标准。该建设总目标实现后，乌江航运发展很快，煤、碳、铝等大宗货物可由乌江直接运销长江中下游和东部沿海地区。

2. 运输港口建设

在乌江流域，除少数大中城市有少数机械设备外，大多数港口设备简陋，库场不足；岸线短，泊位少，装卸靠肩挑背驮，旅客爬坡登岸，一片原始景象。因此，应根据经济社会发展需要，结合城镇布局整合、现代工业迁移，在江河床底稳定地域，因地制宜新建和改扩建一批各具特色的港池或码头。由于水的配置通常是在流域内进行，城镇布局整合应优选地址。从全球看，纽约、伦敦等很多大中城市都依河而建，且多位于水量充沛的入海口，纽约在东河和哈得孙河的河口，东京在隅田川和荒川的河口，塞纳河穿巴黎而过，泰晤士河穿伦敦而过。从全国看，裕溪口最为典型，作为安徽省门户，它位于芜湖市的对岸，上距九江 383 公里，下至上海 473 公里，地处上海经济区内沿江航线中段，从行政区划和自然条件来看，裕溪口宜建成煤港，在地址优选后，应选择适用、装卸工艺连续的起重机械，注意与沿江沿河沿湖沿泊的铁路、公路、河流中转对接，并进行弯改直改造，使河航通畅，船舶可以快速进江进海进河，逐步实行江海、江河、江陆联运联营，这样就能减少中间倒截，降低货物运输费用和途中损耗。同时，要积极鼓励和支持以独资、合资等多种形式建设港池或码头等配套设施，着力提升集、疏、运能力，仓库、泊位、岸线等要保留一定储备能力，适当超前建设。当前应尽快新建一批墩柱码头或浮囤船，配备相应装卸运输设备，消灭肩挑人扛现象，缩短船舶停留港口时间，节省运输成本，以满足小港小码头建设需要，提升商品的市场竞争力。

3. 运输船舶建设

目前，贵州江河湖中航行的各种船舶大多技术陈旧，平均承载量少；主机机型落后，能耗高，效率低；操纵不灵活，缺乏控制能力，航速缓慢。在小江小河中，一船出事，众船堵塞，甚至会发生沉船翻船事件。针对这个问题，要下决心淘汰所有老旧船舶，特别是木质船、水泥船，以提高船舶货物和旅客平均承载量。在航道等级标准内，最好不要小于 100 吨；在主要河流和支流大力发展300吨～500吨级的标准自航船和顶推船。此外，要积极引进先进小船主机机型，简化机舱设备，提高船舶操纵和控制性能；增添必需的通信和导航设备，改善船员舱室和工作环境，减少在船人员，提高航行效率。

4. 运输通信建设

目前航行在贵州江河湖海中的各种船舶，几乎没有现代化通信设备，大批中小型船舶全靠经验开船，沿袭古代“小帆船时代”的技艺，驾驶机动船。在弯道、急流、险滩、盲肠和卡脖子的咽喉地段，经常出现混乱现象。为尽快改变通信技术落后现状，应发展以高频电话为主，联结城镇和港口的自动转换电话，及江河水网区域的长途干线的波系统，构成一个完备的船舶、船岸间的票业通信联结网络。同时，根据山区特点，在狭窄、拥挤、多雾航段，增设雷达、电视，组建一个船舶交通控制系统，用以指导船舶航行，消除船舶沉翻突发事故。利用此系统，还可以进行电脑的数据传输，方便运输调度，运输及吞吐量指标的统计、分析和处理，以提高整个江河流域水系的运输治理水平。

运输航道、港口、船舶、通信是水运的物质基础，也是保护和建设江河航运以及生态环境的四大要素。随着贵州流域经济持续快速健康发展，需要不断加大投资，致力于改造和超前建设，优化生态环境，严格控制水土流失，这对于强化长江流域和珠江流域治理、提高两大水系现代综合运输能力和现代治理水平，具有重大意义和深远影响。

四　践行“绿色贵州建设三年行动计划”，全面绿化宜林荒山荒地，为建设生态文明先进示范区夯实基础

人们经过认真总结古今中外历史经验教训，深刻认识到治山治水，必须大力植树造林、绿化大地。有鉴于此，贵州省委、省政府在制定和实施贵州兴修水利“三年行动计划”的同时，又制定和实施“绿色贵州建设三年行动计划”，使治山治水互联互通互动，同步启动同向而行。应该充分肯定，

自2000年以来，贵州已完成3600万亩森林营造重任，森林覆盖率每年增长1个百分点，到2014年达到49%。由此，森林面积和森林覆盖率在全国的排名提升到第15位，森林蓄积量在全国的排名提升到第14位。数字鸿沟缩小，促进自然生态平衡的修复和健康发展，在此基础上，省委、省政府决定实施“绿色贵州建设三年行动计划”。该行动计划意味着习近平总书记希望的贵州发展要“守住生态底线”，已从执政兴国理念变为实际行动和活生生的现实，意味着被人为破坏的自然生态系统将得到全面修复，野生动植物的栖息之地将不断扩大，生物多样性将更加丰富多彩；也意味着治山治水、治理水土流失、治理田土石漠化、提升植被和森林覆盖率，遇到了前所未有的历史机遇，必将取得重大突破和创新发展。

（一）建设总体目标

全省以县乡村造林绿化为指向，到2017年完成造林绿化任务916亩。其中，宜林荒山造林660万亩，25度以上非基本农田退耕还林还草256万亩；完成森林抚育和低产林改造300万亩；森林覆盖率达50%以上，森林火灾受害率控制在1‰以下，森林病虫害成灾率控制在3‰以下，古树大树保护率达100%；森林产业化水平不断提升，林业产值突破1200亿元。

（二）建设主要任务

全省各地同步启动“绿色贵州建设三年行动计划”，项目很多，任重道远，归纳起来主要是八项任务。这就是大力实施封山育林、大力实施人工造林、大力实施退耕还林、大力推进山地林业结构调整优化、大力推进土地石漠化地区综合治理、大力拓展城乡绿化美化、大力进行森林抚育及低产低效林地改造、大力强化森林资源保护建设。经过学习研究，现对组织实施上述三年行动计划提出几点建议。

——以继续建设长江和珠江两大生态屏障为中心，进行综合治理，必须与长江与珠江上游以及整个流域的各省区市联合协作，凝聚合力，实行共商、共治、共享。

——遵循生态学和空间学原理，精准遴选突破口和切入点，开拓创新点、面、线治理新路径。在空间经济学中，点、面、线模式是最基本的模式。立足省情现状，突破口和切入点应为国家确定的“11＋3”个集中连片特困地区，涉及贵州的武陵山区（16个县）、乌蒙山区（10个县）、滇桂黔石漠化山区（44个县）的70个县，对其实行生态修复工程。力争毗邻省区市同步协作，打造互助合作新机制新平台，力争国家更多更好更快的支持帮助，集中人力、物力、财力，确保旗开得胜，振奋坚守发展和生态两条底线的精气神。

——坚持问题导向，深入研究和认真解决植树造林难题。改革开放以来，省委、省政府为贯彻落实邓小平同志关于“植树造林，绿化祖国，造福后代”的指示做了许多工作，开展群众性、大规模植树造林活动，取得了一定成绩。但是，也有不少地方经常出现“植树不见树”“造林不见林”现象。问题的症结究竟在哪里？据我们的初步调查了解，症结为“林权问题”。也就是农民和农民群体有没有所有权、认同不认同林业个体经济和集体经济问题。应建立健全一整套管理制度或条例，调动广大农民群众植树造林护林的积极性和创造性，从根本上解决植树造林成活率低的问题。

阻断贫困代际传递的路径探索

——黔西南州易地扶贫搬迁“七个搬出”的实践与思考

中共黔西南州委调研组*

摘　要：　黔西南州在实践中探索提出了“七个搬出”，即搬出渴望、搬出文化、搬出产业、搬出倍增、搬出尊严、搬出动力、搬出秩序。这是贯彻落实党中央、国务院有关易地扶贫搬迁政策的创新实践，其中，党建统领是根本，文化传承是核心，产业支撑是关键，精准施策是要义，选准载体是抓手。“七个搬出”着力解决难搬出、难稳住、难发展、难融入“四难问题”，阻断贫困代际传递，努力实现搬得出、稳得住、逐步能致富目标。

关键词：　七个搬出　代际传递　扶贫搬迁　黔西南

全面建成小康社会，最艰巨的任务是脱贫攻坚。2016 年底，黔西南州仍有贫困人口 33.22 万人，贫困发生率 10.56%，是全国、全省贫困面最广、贫困人口最多、贫困程度最深的市州之一。面对艰巨的脱贫攻坚任务，

---

* 调研组组长：冉博，黔西南州委常委、州委宣传部部长；调研组副组长：王定芳，黔西南州委副秘书长；王沾云，黔西南州委政研室副主任；调研组成员：刘灵，黔西南州委政研室副主任；张丙乾，黔西南州委改革办副主任；蒋开云，黔西南州委政研室综合科科长；黄宏，黔西南州委政研室调研一科科长；皮仁刚，黔西南州委宣传部干部科科长；刘冰州，州党建办学习教育协调指导组组长；张奎，黔西南州委办公室秘书一科副科长；韦安健，州小康办统计监测和信息调研科副科长；罗玉吉，黔西南州委办公室秘书一科干部；甘杰学，黔西南州委政研室《黔西南工作》编辑部编辑；姜仕贵，黔西南州委改革办干部；陈海豹，黔西南州委政研室综合科干部。

黔西南州把易地扶贫搬迁作为“十三五”决战脱贫攻坚、决胜同步小康的“当头炮”，作为大扶贫战略行动的重中之重，在实践中探索提出了“七个搬出”，即搬出渴望、搬出文化、搬出产业、搬出倍增、搬出尊严、搬出动力、搬出秩序，着力解决难搬出、难稳住、难发展、难融入“四难问题”，阻断贫困代际传递，坚持做到搬得出、稳得住、逐步能致富。

一 政策思考

党的十八大以来，党中央、国务院高度重视易地扶贫搬迁工作。2015年6月18日，习近平总书记在贵州召开部分省区市党委主要负责同志座谈会时强调，要对居住在“一方水土养不起一方人”地方的贫困人口实施易地搬迁，将这部分人搬迁到条件较好的地方，从根本上解决他们的生计问题。2015年11月27日，习近平总书记在中央扶贫开发工作会议上强调，要按照贫困地区和贫困人口的具体情况，实施“五个一批”工程（发展生产脱贫一批、易地搬迁脱贫一批、生态补偿脱贫一批、发展教育脱贫一批、社会保障兜底一批）。同时指出，生存条件恶劣、自然灾害频发的地方，通水、通路、通电等成本很高，贫困人口很难实现就地脱贫的要实施易地搬迁。11月29日，《中共中央国务院关于打赢脱贫攻坚战的决定》正式印发，明确提出：“对居住在生存条件恶劣、生态环境脆弱、自然灾害频发等地区的农村贫困人口，加快实施易地搬迁工程。”12月1日，国务院就召开全国易地扶贫搬迁工作电视电话会议，李克强总理作出重要批示，汪洋副总理出席会议并讲话。随后，国家层面先后出台了《关于做好新时期易地扶贫搬迁工作的指导意见》《全国“十三五”易地扶贫搬迁规划》《“十三五”时期易地扶贫搬迁工作方案》等文件，对易地扶贫搬迁工作进行了战略部署。

黔西南深入贯彻落实中央和省委、省委政府关于易地扶贫搬迁的重大决策部署，提出了易地扶贫搬迁“七个搬出”，全力以赴打好易地扶贫搬迁攻坚战，努力把生活在大山、生活在困局之中的群众搬出来，搬到生发之地，一搬拔穷根，一搬挪穷窝，一搬天地宽，切实阻断贫困代际传递，切实激活城市和农村“两大发动机”，努力实现搬得出、稳得住、逐步能致富目标。

（一）实施“七个搬出”，是贯彻落实习近平总书记“以人民为中心”发展思想的具体实践

党的十八大以来，习近平总书记站在实现中华民族伟大复兴中国梦的高度，提出了以人民为中心的发展思想，作出了“人民对美好生活的向往，就是我们的奋斗目标”的庄严承诺。黔西南在易地扶贫搬迁工作中，始终贯穿了以人民为中心的发展思想这一条主线，把体现人民主体性和增强人民获得感作为发展的出发点与落脚点，深入实施“七个搬出”，坚持以搬迁群众为中心，围绕搬迁群众的生活生产和持续发展，通过与搬迁群众共商、共识、共建、共享、共担，大力实施乡村发展倍增计划，用好“压改征”“四方五共”“撬杆原理”等方法路径，激发群众的脱贫攻坚内生动力和积极性，支持群众自主选择发展方式，切实增强贫困人口自我发展能力，扎实推动了脱贫攻坚易地扶贫搬迁进程。

（二）实施“七个搬出”，是贯彻落实李克强总理关于通过易地扶贫搬迁促进城镇化、农业现代化协同发展重要指示的具体举措

李克强总理在对全国易地扶贫搬迁工作电视电话会议作出的重要批示中指出：“易地扶贫搬迁是实施精准扶贫、精准脱贫的有力抓手，是全面建成小康社会、跨越中等收入陷阱的关键举措。各地区和相关部门要紧密结合新型城镇化和农业现代化，扎实推进这项工作。”在推进易地扶贫搬迁工作中，黔西南依托国家实施易地扶贫搬迁的重大机遇，用好各类扶贫资源，坚持搬迁和发展“两手抓”，大力推动新型城镇化和农业现代化，统筹谋划安置区产业发展与群众就业创业，确保搬迁群众生活有改善、发展有前景。坚持以稳促搬、以产带迁、先产后迁的原则，稳妥、有力、有序推进易地扶贫搬迁，真正把生活在大山、生活在困局之中的群众搬出来。

（三）实施“七个搬出”，是实现汪洋副总理提出的防止出现“颠覆性”错误和“悬崖效应”的具体办法

2016年8月23日，汪洋副总理在全国易地扶贫搬迁现场会上强调，易地扶贫搬迁要防止“颠覆性”错误和“悬崖效应”。黔西南的“七个搬出”，从物质层面、精神层面统筹考虑了搬心、搬神、搬产、搬家等方面，通过易地扶贫搬迁这一过程，在把生活在封闭大山中的贫困群众搬出来的同时，也将大山深处少数民族聚居地丰富多彩的民族、民俗文化“连泥带水”搬出来，结合发展全域山地旅游产业的实际，深度挖掘、包装打造，使之成为搬迁群众在搬迁地安心生活、精神依存和脱贫致富的产业支撑，有效防止“颠覆性”错误和“悬崖效应”。

（四）实施“七个搬出”，是实现省委领导提出的“五个三”目标的具体路径

针对“搬出后怎么办”的问题，时任贵州省委书记陈敏尔提出了易地扶贫搬迁“五个三”目标路径，即盘活好承包地、山林地和宅基地三块地，统筹好就学、就业和就医三大问题，衔接好农村低保、城市医保和养老保险三类保障，建设好经营性公司、家庭农场、公共服务站三个场所，建立和用活集体经营、社区管理和群众动员“三个机制”。2017年3月9日，省委、省政府下发《关于精准实施易地扶贫搬迁的若干政策意见》，对如何落实好“五个三”提出了具体要求。黔西南的“七个搬出”，是落实易地扶贫搬迁“五个三”的主要路径。通过搬出文化、搬出产业让搬迁农户获得稳定收益，让搬出地的各类资源成为搬迁户的收入来源；通过搬出倍增、搬出尊严、搬出动力、搬出秩序等，保障搬迁群众就读有学校、患病有医院、就业有岗位、创业有平台。

二　主要措施

易地扶贫搬迁是一项系统性工程，涉及方方面面。黔西南州明确提出：

政策指标以内22万人的易地扶贫搬迁户，坚持应搬尽搬；非政策指标内的21.23万人的贫困户，坚持能搬多搬；政策指标外的其他的贫困地区愿意搬迁的群众，坚持鼓励搬、支持搬；搬迁目的地为兴义市、义龙试验区和各县县城。坚持以“五个三”为目标任务，遵循以稳促搬、以产带迁、先产后迁的原则，通过“七个搬出”，统筹推进各项搬迁工作。搬出渴望，就是通过召开多轮次的共商会，引导群众发自内心地渴望搬出大山、搬出困局、搬出希望。搬出文化，就是在深入调查统计分类的基础上，将传承同类文化技能的搬迁群众相对集中安置，留住亲情、留住乡愁，变文化传承为就业能力，让民族文化在搬迁过程中得到更广的传承弘扬。搬出产业，就是通过对同类产业进行深度挖掘，形成产业集聚，规划出多元业态，打造每一个业态的上下链条，把扶贫搬迁变成民族文化的彰显和民族文化产业的聚集。搬出倍增，就是通过发展劳动力密集型产业，保证搬迁群众每户至少1人有可选择的就业岗位，确保实现收入倍增。搬出尊严，就是围绕搬迁群众的民族心理、文化传承、生活习俗、生态环境等众多因素，用党建、文化、法治的现代社区管理方式，帮助搬迁群众提升适应能力，使他们成为城镇/城市的主人，成为引领多民族文化区域特色发展的受益者、带动者、获利者。搬出动力，就是用足用活用好易地扶贫搬迁的重大机遇，通过农村人口有效转移，稳、准、快地提升城镇化率，减轻农村土地承载人口太多的压力，实现城乡两大“发动机”激活潜力、同步发力、同时获利。搬出秩序，就是进一步优化城乡建设和管理体制机制，补充完善相关法律法规，加强对搬迁群众的法制教育，加大遵法守法等宣传力度，努力使搬迁群众更好更快地融入城市新生活，使城市也能更好地接纳搬迁群众。

（一）真情共商，细心引导，搬出渴望

——与民共商，激发搬迁意愿。帮扶领导、帮扶单位、帮扶工作组、“五人小组”与当地群众召开共商会，带着真情实意与群众共商搬迁的美好未来，把易地扶贫搬迁的政策、想法、措施跟群众讲透彻，倾听他们的意愿，让搬迁群众从内心认识到易地扶贫搬迁是彻底解决代际贫困的最好

办法，激发他们渴望搬迁、渴望脱贫、渴望发展的意愿。如：2016年，望谟县组建100人的麻山整乡搬迁动员突击工作队进驻麻山开展动员工作，召开动员会3200余场（次），通过亲戚朋友、村干寨老和退休干部共商等方式，分析形势，解答难题，反复沟通，消除顾虑，激发广大群众的搬迁意愿。

——实地参观，触动搬迁愿望。由迁出地乡镇摸清搬迁群众意愿，建档立卡，一户一册，精准统计，组织搬迁群众到集中安置点看房，让他们真实感受搬迁后住房、上学、上街、就医等方面的好处，直观了解搬迁后的便利条件，直观感受搬迁前后的巨大差距，使还在徘徊的群众看到成批的群众前往看房选房，心里着急，触动搬迁愿望。如：2017年3月2日，望谟县乐元镇党委副书记彭元政带领群众到义龙新区马别安置点看房，他说："这些天每天都有20余人申请来看房，我几乎每天都要来一趟兴义，他们来现场看了以后，很多人回去就签了，认为搬迁确实很好。"

——示范引领，群众自发搬迁。塑造搬迁群众典型，用群众看得懂、摸得着的"实例"去宣传党的方针和政策，去带动群众搬迁。首批搬迁以后，一些待搬迁群众会自发组织到已经搬迁的亲戚朋友家里看，或打电话咨询。通过老乡的口头传述、示范带动来引导心理上还在犹豫的群众，让他们自愿搬、自觉搬。如：家住贞丰县小屯镇木桑村的龙家金，春节期间特意来到搬迁在者相镇茶林社区居住的杨仕猛家，了解其搬迁后的生活情况，他进屋后就有了直观感受，在听到杨仕猛发自肺腑的讲述以后，当即表示："这个事情不能等了，我这就回去，赶快把协议签了，怕晚了就没有了。"

（二）摸清家底，留住乡愁，搬出文化

——摸清家底，礼敬文化遗存。黔西南州民族民间文化种类繁多、博大精深、流传久远，散落在每一个地区、每一个民族、每一个村寨、每一户农户、每一个村民身上。搬出文化，首先要摸清文化资源家底，礼敬搬迁群众千百年来传承的文化遗存、民族风俗、传统工艺等。如：全州组织"五人小组"成员共9000余人，深入全州各地逐村逐户开展文化资源普查统计，

分类归纳梳理出 13 大类 139 小项非物质文化及 4 大类 109 小项物质文化资源，把搬迁群众的文化传承、民族工艺、内心愿望等基本情况调查清楚，为搬出文化提供了第一手资料。

——留住乡愁，渗透文化基因。安置点在规划建设时，将民族文化基础设施建设作为重要内容，规划建设乡愁馆、民族文化展区、特色商品区、生态旅游区、公共会客厅等，把大山里的原生态文化遗存原原本本地厚植到安置区，让搬迁群众的精神、灵魂、文化基因在安置区有归属、有凝聚、有传承。如：义龙新区马别安置点修建了“麻山海孟坝”文化广场、“麻山乡村记忆馆”，小区楼房用麻山地名命名。兴仁薏品田园安置点根据不同民族生活习俗，将安置点划分为布依族板块、苗族板块、彝族板块等来规划建设，充分展示浓厚的民族文化元素和浓郁的民族风情。

——搭建平台，形成文化集聚。搬迁群众在大山里传承下来的民族特色、文化特征、传统工艺，都是产业和创业的稀缺资源和财富源泉。通过政府搭建平台，企业和社会中介设计业态，充分激活搬迁群众的内生动力，把大山里的传统文化、民间绝技分门别类移植、嫁接、渗透到各安置点，让原本封存在大山的文化形成集聚、形成规模，变成文化商品。如：在贞丰县者相镇茶林社区建设文化产业创意园，沉香书画院结合古法造纸技术，开发出“沉香书画纸”特色产品，受到书画爱好者的青睐，产品市场前景十分好。义龙马别安置点建设贵州麻山民族制衣厂，生产麻山特有的布依族、苗族服饰及居家饰品等。

（三）以文衍产，以产带迁，搬出产业

——以文衍产，推动产业扶贫。各安置点深度挖掘、提炼、整理文化遗存、民族特色传统技艺，开发出多元产业，让文化资源变成文化产业、文化商品，衍生可延伸、可传递、可集成的产业链条，形成最好的扶贫产业，推动产业扶贫。如：册亨县在纳福安置区打造“中华布依锦绣坊”，培育布依服饰、手工饰品等制作能手，将色泽古朴、花纹典雅婉约的布依族土布制作成各种款式的绣品绣件、布依服饰、家居饰品、床上用品等系列产

品，延伸了布依服饰产业链条，带动1000名妇女就业，辐射带动2000人实现增收。

——以产带搬，打造特色产业。把易地扶贫搬迁与脱贫路径、解困项目统筹考虑，在摸清辖区内的土地、生态、劳动力等资源和周边市场等情况的基础上，因地制宜，精准规划项目，选择最适合当地发展的特色扶贫产业，确保搬迁群众有产业、能就业。如：安龙县光伏小镇创建木耳、灵芝、香菇、花卉等产业基地，既实现规模化经营管理，又最大限度地安排搬迁群众到基地就业。

——培训技能，拓展就业渠道。根据产业发展布局情况、企业用工需求和搬迁群众就业创业意愿，及时组织搬迁群众进行规范化技能培训，大力开展订单式、针对性适用技能培训，增强搬迁群众的创业就业能力。让他们通过自身的一技之长，在发展产业中实现创业就业增收致富的目标。如：安龙县根据企业用工需求，有针对性地组织搬迁群众开展电焊、刺绣、电商、汽修等培训，企业逐个对接落实就业岗位，优先安排易地扶贫搬迁群众就业。

（四）政策落地，产业助收，搬出倍增

——政策落地，幸福感倍增。制定出台相关政策，确保搬迁群众就业有岗位、创业有平台、致富有门路、兜底有保障。充分考虑安置地段和集体商业经营铺面配套，确保每户搬迁农户均有经营商铺份额；通过精准的订单式、针对性培训，确保受到培训的人员有序转移就业，一对一落实就业岗位配套，优先解决搬迁群众就业问题；对收入达不到城市低保线的，落实政策兜底，对于迁入县城居住的易地扶贫搬迁对象，家庭经济困难、符合低保政策的，一律纳入低保范围。如：兴仁薏品田园生态旅游小镇安置点，以易地扶贫搬迁带来的人流和资源的聚集来助推薏仁米产业、旅游业发展，又以薏仁米、旅游产业的发展带动搬迁群众脱贫致富。

——整合资源，获得感倍增。切实整合农村饮水安全、以工代赈、危房改造等项目资金，统筹安排，发挥资金效益，强化安置点的配套设施建设，努力让搬迁群众享受到更好的公共服务。如：贞丰县者相镇茶林社区的搬迁

群众杨素龙说："在老家的时候，孩子读书很不方便，爬坡上坎，单边路都要走好几个小时，太可怜了。搬到这里，家门口就有超市、医院，学校离家只有几分钟的路，生活很方便，娃儿的成绩好了很多，以前做梦都没想到能过上这样的安逸日子。"

——强化产业，"钱袋子"倍增。把安置区水、电、路、基本农田等项目实施与发展特色产业结合起来，集中改善搬迁安置区域的生产条件，积极引导搬迁群众参与迁入地资源开发或农业综合开发，推进农业产业化和新型城镇化建设。大力发展食用菌等十大劳动力密集型产业，确保搬迁群众实现收入倍增。如：兴仁县搬迁户罗绍宽通过招聘会，应聘到县城建筑工地上班，他说："我以前在老家，一个月挣不到2000 元，日子过得紧巴巴的，现在凭泥水工手艺，每月能挣 4000 元左右，家里经济宽裕多了，还是城里好啊。"

（五）围绕体面，融合共生，搬出尊严

——体面工作，让搬迁群众找到尊严。提供政策和资金等方面的支持，在安置点打造文化产业园区，对民族文化资源进行深度开发利用，有序引导搬迁群众通过创业、就业等途径，把自己掌握的织布、刺绣等传统手工艺变成就业创业技能，变成增收致富的手段，在体面工作中找到尊严。如：安龙县龙山镇的李真华，搬到县城的九龙小区后，组建物业管理公司，负责小区的保洁和保卫工作，解决了 10 多名搬迁群众的就业问题，收入比以前高很多，真正产生一种从村里人变成城里人的自尊心。

——体面生活，让搬迁群众获得尊严。各安置点切实配套规划建设就学、就医、就业等公共服务设施，确保搬迁群众能够实现就近入学、就近就医和就近就业，能够享受到更好的公共服务，使搬迁群众生活质量大幅度提高，在有体面的生活中获得了尊严。如：生活条件非常艰苦的贞丰县者相镇坡烂云村，整村搬迁到茶林社区后，生活条件发生了翻天覆地的变化，搬迁户龚长伦说："国家有这么好的政策，老百姓举双手赞成，现在搬出来了，什么都方便，大家高兴得很。"

——体面融合，让搬迁群众重拾尊严。搬迁群众从老家搬到一个全新的环境生活，原居住群众与新搬迁来的群众彼此之间都有一定程度的陌生感。搬出地和搬入地充分发挥文化的凝聚力量，通过举办文体活动的方式，让群众在活动中增进友谊、相互了解，实现有体面的“融合”，让搬迁群众重拾尊严。如：2016 年 11 月 1 日，在马别安置点“麻山海孟坝”文化广场举行搬迁户入住仪式，麻山同胞用上刀山绝技、山歌对唱《马别是个好地方》等节目对马别同胞的接纳表示感谢；马别布依族群众献上布依八音《欢迎你到马别来》、布依民俗舞《锅碗瓢盆庆丰收》等节目欢迎麻山同胞的到来；两地群众还共同表演了吹唢呐、《致富有转路》等节目，双方寨老们共同打糍粑、喝同心酒、栽同心树，表达了对两地群众和睦相处、共同繁荣进步的美好祝福。

（六）一减一增，提升素质，搬出动力

——一减一增，激活城乡两大动力。通过实施“跨乡跨县”搬迁安置，将大量农村人口迁入城市，城市功能得到有效发挥，农村土地得到有效利用，城市和农村“两大发动机”同时得到激活，促进了城乡发展水平迈上新台阶。如：义龙新区的马别安置点，三年内将接收搬迁群众 3 万多人。这个安置点新建了电子厂、鞋业厂等企业，加上外来务工人员等流动人口，新增人口超过 5 万人，形成规模发展效应。对迁出地不具备生产生活条件、影响自然生态保护和生态功能的地方，实施恢复性生态保护建设，对有市场开发价值的土地和原有的产业，通过流转、承包、入股等方式交给大户经营，提高农业的集约化效益和现代化水平。

——提升素质，增添城市新生动力。结合迁入地企业用工需求和搬迁对象就业意愿，开展订单式培训，一些曾经接受救济的贫困群众，经过提升素质后，变成了城市财富的创造者，为社会的发展进步增加巨大的正能量。如：贞丰县者相镇对 2631 名搬迁群众进行摸底调查，发现其中有建筑工匠 200 余人、文艺能人 80 余人、绣娘 260 余人。通过有针对性地开展技能提升培训，这些群众搬迁到新的安置点以后，都成了重要的城镇建设者。

——能人带动，激发群众内生动力。注重抓住关键人，巧用撬杠、发挥能人带动作用，让搬迁群众创业的愿望得以实现，通过能人的成功创业带动一批群众就业，增强搬迁群众自我发展的内生动力。如：贞丰县者相镇安置点在打造产、城、文、旅相融合的“土布小镇”时，抓住布依织布传承人这一关键，发挥其示范带动作用，重点培训了40名手艺精湛的土布编织带头人，再由她们和设计师团队进行深入交流磋商，一起对搬迁妇女进行土布纺织培训，随后将初级原料及半成品通过她们分包到各家各户，通过“土布工匠坊”统一发展土布纺织。

（七）依法行事，强化服务，搬出秩序

——依法行事，确保群众搬出有秩序。以搬迁群众的利益为核心，明确政府、企业、群众在搬迁中的法律依据，牢固树立法治理念和法律意识，让政府依法行政，企业依法办事，老百姓依法搬迁，形成依法搬迁、依规搬迁、和谐搬迁的良好氛围，让整个搬迁在法治的轨道上有力有序进行。如：册亨县巧马镇通过组建党群代表服务队，对易地扶贫搬迁的征地拆迁、土地流转、工程建设、产业孵化等各个环节，进行全方位全流程的法律描述，很好地实现了依法搬迁，深受群众拥护。

——优化服务，社区综合管理有秩序。坚持问题导向，从法律、文化、道德、心理等方面入手，综合施策，多元管理，推行新型社区管理模式，切实做到机构先建立、干部先到位、服务先抓起，保障安置区正常的生产生活秩序。如：兴仁县“在水一方”安置小区，设立服务中心，开设金融服务、就业培训、政策咨询等窗口，随时解答群众难题，服务群众生产生活。义龙新区马别安置区，建立小区业主之家、社区治安巡逻队、“四方五共”工作站，逐步实现自我管理。

——健全制度，群众生活文明有秩序。各安置点结合实际制定村规民约和小区管理制度，供大家共同遵守，形成和谐文化、打造文明小区。如：兴仁县“在水一方”安置小区围绕邻里关系、民风民俗、社会治安、消防安全、婚姻家庭等制定了28条管理细则，对村民的生产生活行为进行规范。

贞丰县者相镇茶林社区健全管理制度，楼长、单元长全部由搬迁群众推选产生，主动与群众沟通，了解群众呼声，解决邻里矛盾纠纷。

三　阶段成效

黔西南州在推进易地扶贫搬迁过程中，通过搬心、搬神、搬产、搬家，做到“七个搬出”，真正把生活在大山、生活在困局之中的群众搬出来，从根本上解决好贫困问题。搬心，就是通过激发搬迁群众的内生动力，让群众从内心想搬、愿搬，实现搬出渴望、搬出动力。搬神，就是以搬出文化为核心，让老百姓在新家园有精神寄托、有心灵归属，实现以搬神安人。搬产，就是通过谋划一批劳动密集型产业，确保搬迁群众在安置点有产业、有就业，实现搬出产业、搬出倍增。搬家，就是通过充分尊重老百姓的意愿，汇集政府、群众、企业、社会等一切力量，共同规划建设新家园，共同设计打造多业态，共同构建和谐新环境，搬出踏踏实实幸福美好的新生活。

（一）搬出渴望，搬迁群众的美好生活有了好基础

——孩子接受更好的教育。实施易地扶贫搬迁，让生活在大山深处的孩子离开大山，接受较好的教育，实现人生梦想。如：义龙新区马别安置点，有 871 名搬迁群众的子女需要入学，2017 年 3 月，已经有 716 人正式入学，他们告别了落后的教学设备和每天步行的崎岖山路，走进了宽敞、明亮的教室安心学习。贞丰县者相镇安置点，搬迁群众的孩子除了就近入学外，还有 150 余名孩子自主到沉香书画院免费学习书法、绘画、舞蹈等艺术和《三字经》《弟子规》等。

——青年的婚姻难题得到解决。在实施易地扶贫搬迁中，最希望搬迁的群体是青年一代，他们很多人外出打过工，在城市生活过，认为城里不仅好找工作，娶媳妇也比在农村容易。如：搬迁前生活在兴仁县真武山街道六村的周建，家乡环境恶劣、交通不便，自己木房破旧，以前谈过几个女朋友，女朋友见面后都因他的家庭生活环境差而与他分手了，近 30 岁的他还没有

娶上媳妇。2016 年，他家被列为首批易地扶贫搬迁对象，年底便搬入兴仁县东湖街道“在水一方”安置点居住。2017 年初，改变了生活环境的周建在安置地找到了工作，有了固定的收入，一次偶然的机会，遇上了心爱的姑娘，带到家里一看，房子有三个卧室，客厅、厨房、卫生间样样齐全，恋爱关系很快就确定下来。1 月 22 日，是周建新婚的日子，他向前来祝贺的亲戚好友说：“搬家不仅让我找到了工作，还娶了媳妇，解了父母的心结，实现了人生理想，真是太高兴了！”

——老人多年心愿得到实现。由于受地理环境、经济条件等制约，很多长期生活在边远山区的老人们未接触过现代化新鲜事物，他们最大的心愿就是看看新的世界。如：从望谟县麻山乡蛟龙村搬迁到义龙新区大龙潭安置点的田普华老人，最大的心愿就是能够近距离看飞机。2017 年春节期间，老人将埋藏在心底多年的心愿对子女们说了出来，懂事的儿子第二天就陪同老人到兴义万峰林机场看飞机。老人近距离看完了飞机的降落和起飞过程，得意地说：“哎，看到飞机已经很满足了，如果以后咱家有钱，亲自坐一次就安逸了。”

（二）搬出文化，搬迁群众的美好生活有了定心丸

——让搬迁群众在新家安了心。在搬家的同时搬出文化，让搬迁群众在新家看得见山、望得见水、记得住乡愁，稳住了群众的心。如：贞丰县在搬迁安置点建设陈列室、组建文艺队等，打造“幸福乐园”，留住老人、青年、妇女、儿童和游客五类人的心。义龙新区马别安置点的“麻山乡村记忆馆”，收集了搬迁群众生产、生活、休闲娱乐的器具、图片 200 余件（幅），让他们茶余饭后到记忆馆走一走、看一看，勾起对家乡的美好回忆，找到心灵的寄托。

——让搬迁群众在新家定了神。各个移民搬迁安置点都规划建设了文化广场和民族风情街等，搬迁群众能够在广场开展各种民族文艺活动，能够在民族风情街感受民族风情。如：义龙新区马别安置点，移民群众到广场上就能看到家乡的石头、植物，到麻山风情街、服饰店、用具铺就能购买心爱物

件，到附近餐馆就能品尝家乡的美食，走进小区就如同走进麻山老家，找到了回家的感觉，这让搬迁群众安了神、融入了新生活。

——让搬迁群众在新家兴了业。将各个安置点都打造成产城景文融合的宜工则工、宜农则农、宜商则商、宜游则游的绿色小镇，让搬迁群众搬得出、稳得住、生活好。如：兴仁县薏品田园安置点，根据不同民族生活习性，做到一区一特、一街一品，让搬迁群众在家门口实现创业和就业。

（三）搬出产业，搬迁群众的美好生活有了强劲支撑

——激发了搬迁群众内生动力。围绕产业扶贫、就业扶贫做文章，找准产业支撑，支持搬迁贫困户发展特色产业，鼓励搬迁群众就近就业创业，实现“挪穷窝”与“换穷业”并举、安居与乐业并重、搬迁与脱贫同步。目前，全州正在编制一池三包（资金池，把各部门所有可以用于帮助群众脱贫致富的资金，全部整合起来，用于支持贫困群众自主发展；政策包，将所有可以用于支持群组创业就业的相关政策捆绑和打包，形成一个政策包；政策供给包，直接对准产业扶贫，简单明了地提供政策包和获得扶持资金的办法，实行柔性进入、刚性退出，使贫困群众能够更加方便地使用脱贫资金和政策；“四方五共”平台包，建立好统一的“四方五共”平台，用统一的标准，把资金、政策、政策供给全部放到一个平台上，用平台来规范程序和秩序，做强做大扶贫产业，实现产业扶贫），着力培育和推进食用菌、三碗粉、文化产业、劳务输出派遣、薏仁米产业、茶产业、花卉产业、乡村旅游、康养产业、华大集装箱养鱼、手工（铁艺）业、保安第一旅、种草养畜产业、电商产业等产业发展，有力支撑了全州脱贫攻坚易地扶贫搬迁工作。如：普安县打造以“普安红”为核心的茶叶产业品牌；安龙县重点发展食用菌产业，推进“蘑菇小镇”建设，打造“中国最大优质夏菇生产基地”“中国西南菌都”；兴仁县打造全国薏仁集散地和薏仁产业扶贫基地，形成以产业带动、产镇（村）景耦合发展、多业态共融的“一二三产”融合式发展模式。

——助推了搬迁群众文化传承。发挥搬迁群众的文化技能优势，引导和

支持搬迁群众积极参与发展具有鲜明的民族文化特征、独特的资源禀赋、广阔的市场前景、最大比较优势的产业，在易地扶贫搬迁中继承、挖掘、弘扬、放大传统文化。如：在册亨县巧马安置区，几名青年志愿者带头成立了“木棉树土法红糖专业合作社”，应用传承千年的布依族古法熬糖技术，将当地的糖蔗资源变成市场特色商品——一种名叫“纳桑”的古法红糖，40多户搬迁群众成了股东，近百名搬迁群众成了能靠文化遗存——古法熬糖技术工作挣钱的产业工人。

——推动了搬迁群众创新品牌。各安置点结合搬迁户中布依族、苗族的文化特点，深入挖掘民族文化的深刻历史内涵，融入现代民族服饰元素，秉承“民族的就是世界的”这一理念，推动了品牌创新。如：贞丰县者相镇以布依土布为核心的“乜果花”布依土布服饰系列品牌，带动安置点群众参与土布纺织，引进多家专业设计团队，开发出1000多款土布服装、创意布艺饰品、家居用品等特色产品，逐步形成一个以土布为核心的系列特色产业链，吸引了书画奇石、竹艺藤编、特色小吃等众多特色产业企业入驻，带动就业，形成将“土布产业”作为主导产业的产业小镇。

（四）搬出倍增，搬迁群众的美好生活有了物质保障

——站稳脚跟有保障。坚持把解决搬迁群众的就业问题放在首位，结合实际，因势利导，采取了多种有效措施，通过多种渠道，让搬迁群众充分就业，收入有保障，在城市站稳脚跟。如：义龙新区统筹区内相关单位提供就业岗位3158个，金鹏宇鞋业就近带动搬迁群众就业142人。截至2017年2月，共有500余人在区内企业就业，劳务输出1287人。

——增强获得感有路径。各安置区着力完善社区配套服务设施，让搬迁群众享受到了方便、快捷的现代城市生活，看到农村与城市的明显差距，搬到城里体面生活，增强了获得感。如：贞丰县者相镇茶林社区建成5000余平方米幼儿园一所，第一批搬迁户孩子全部实现就近入学，家长接送孩子非常方便，搬迁群众非常满意。义龙新区在马别安置点建设了医务室、健身房、书画室等公共设施，让搬迁群众体会到了社区生活的便利性和优越性，

有了强烈的获得感。

——幸福指数有提升。经常组织搬迁群众开展丰富的文化活动，让搬迁群众融入新环境、融入新群体，不再感到陌生与孤单，有效提升了搬迁群众的幸福指数。如：贞丰县者相镇安置点除夕夜的长桌宴，让搬迁群众走出家门，抛开顾虑，融入大家庭，共度佳节，让搬迁群众心相连、情相通。义龙新区经常组织搬迁群众中的民族文化艺人开展活动，既培育壮大传统文化产业，又丰富了群众的业余文化生活和精神生活，让他们真正感受到搬出麻山后的美好愿景。

（五）搬出尊严，搬迁群众的美好生活有了思想基础

——创业带动就业让搬迁群众的人生出彩。搬迁群众通过就业、创业等途径，把自己的民族文化手艺转化为增收致富的手段，自我价值得到实现。如：贞丰县小屯镇旗上村董岗组的赵应平搬迁到者相镇茶林社区居住后，筹资60多万元在小区附近建了一个雕刻厂，实现了19个有雕刻手艺的搬迁群众就业，支付的月工资在1800至5000元不等。他还计划增加6～8台机器，带动更多的乡邻创业致富。

——城镇生活让搬迁群众的自信心得到增强。搬迁群众从环境比较恶劣、交通不便、不适宜居住的深山老林搬到了交通条件好、出行方便、环境舒适的新地方，就医、就学、就业、日常生活都比之前方便了，村里人变成城里人后，自尊心得到不断增强。如从贞丰县小屯镇水银洞村搬迁到茶林社区的姚远芳，谈起搬迁后的感受说："过去住在深山里，我们是乡下人，感觉有点自卑，现在成为街上人了，不觉得低人一等了。以前买的一双高跟鞋都不敢穿出门，出门就是黄泥巴路，生怕陷下去就拔不出来，现在出门平平坦坦、干干净净的，想怎么穿就怎么穿。"

——新环境让搬迁群众形成了享受现代生活的自觉。完善的公共服务设施，让搬迁群众享受到了城市的现代生活。他们深切感受到，只有自觉适应新环境的需要，才能过上更加美好更加幸福的日子。如：贞丰县者相镇茶林社区建设了民族产业园小区、老年活动中心和各种娱乐场所，让搬迁群众有

地方吹拉弹唱；在老年活动中心设置了亲情聊天室，让老人与外出打工或就学的子女视频对话；通过举办民族节日活动等方式，融洽邻里关系，增加信任、增进理解，很好地实现了从农村人向城市人的转变。

（六）搬出动力，搬迁群众的美好生活有了外力支持

——推动新型城镇化进程。让贫困群众挪出穷窝，把家搬到县城、搬到义龙，增加城市人口、聚集了人气，增加了商气、聚集了财气。如：贞丰在者相镇安置 2500 户 12500 人，按照城景融合、景城互动的理念，依托双乳峰景区，把安置小区打造成集商贸物流、旅游观光、休闲娱乐于一体的布依风情小镇。

——推进农业现代化进程。实施易地扶贫搬迁之后，把搬迁后留下的承包地、山林地和宅基地流转给合作社，发展产业，群众通过入股、打工等方式入股分红。不能及时流转的由当地政府利用产业扶贫、退耕还林等政策进行统一开发，有效解决了群众搬迁出来后怎么办的问题。如：者相镇坡烂云村整村搬迁到茶林社区居住后，村里将闲置土地入股专业合作社，闲置土地变成股金，村民分得了资金，盘活了土地，做到了地尽其力。

——群众就业创业有保障。在易地扶贫搬迁工作中，各地对教育、创业、就业、就医保障等方面进行认真谋划、科学统筹，提供政策、资金等方面的支持，搬迁群众的创业、就业的发展愿望得以实现。如：兴仁县采取了“强技能，送岗位，促就业”的措施，组织 1000 余搬迁群众参加了烹调师、电工、计算机操作工等技能培训，协调岗位 4553 个，推介搬迁群众就业，就业率达到了 85% 以上，做到了人尽其才。

（七）搬出秩序，搬迁群众的美好生活有了法治保障

——激活了群众意愿。各地在实施易地扶贫搬迁中，坚持真情共商、依法搬迁、有序搬出，激活群众意愿，群众实现了从不接纳工作队到主动上门咨询报名、从“要我搬”到“我要搬”的转变。如：望谟县麻山整乡搬迁动员突击工作队进驻麻山一个月时间里，坚持真情共商、依法搬迁、有序搬

出，搬迁签约率达到80%。

——规范了村民行为。各安置点通过共商会的形式，集中大家意见，制定村规民约，实行群众自我管理为主、政府协调为辅的新机制，规范了搬迁群众的生产生活行为，确保小区管理服务有序、生产发展有序、生活文明有序。如：兴仁县“在水一方”安置点居民，自觉遵守“十要十不要”村规民约，共同维护小区形象，小区内未出现任何打架斗殴、聚众酗酒赌博等现象，小区生产生活文明有序。

——创建了和谐社区。各安置小区采取新型社区管理模式处理小区搬迁群众遇到的各种困难和问题，确保小区管理到位、关系和谐。如：贞丰县者相镇茶林安置点，内部管理井然有序，每一位居民都是小区管理员、每一位都是文明的倡导者，特色旅游小镇的形象初步显现。

四　几点启示

易地扶贫搬迁是功在当代、利在千秋的惠民工程。黔西南在易地扶贫搬迁中提出的“七个搬出”，既是要求，也是目标，既是动力，也是方法，既是理念，也是路径，突出了“挪穷窝、拔穷根”的问题导向，坚持了以人民为中心的发展思想，是贯彻落实党中央、国务院有关易地扶贫搬迁政策的创新实践。

——党建统领是根本。习近平总书记强调：“越是进行脱贫攻坚战，越是要加强和改善党的领导。各级党委和政府必须坚定信心、勇于担当，把脱贫职责扛在肩上，把脱贫任务抓在手上。”黔西南始终坚持党建统领，强化干部的主体责任，推行易地扶贫搬迁“战区制”，实行划区决战、主官领战、集团会战、群众参战、挂图督战，对易地扶贫搬迁精准发力；突出群众主体地位，运用“四方五共”工作流程法，实施乡村发展倍增计划，变“压”为“征”，在共商中倾听民意、吸纳民意、形成共识，在共识中明确发展思路，自觉将意愿变成行动，在共识基础上与群众共建美好家园，在共建过程中与群众相互包容、相互体谅，一起面对发展中的矛盾和问题，让群众共享改革、发展成果，激发群众内生动力。将“四位一体”机制与易地扶贫搬迁深度融合，构建如臂使指的工作指挥体系，发挥州县乡三级脱贫攻坚指挥部的总指挥作用，发挥基层党组织的战斗堡垒作用和广大党员的主心骨作用，发挥第一书记、“五人小组”尖刀班作用，发挥党建扶贫云平台精准调度作用，形成易地扶贫搬迁的强大合力。实践证明，在易地扶贫搬迁工作中，通过抓党建引领，强化干部的主体责任和群众主体地位，运用“四方五共”工作流程法，落实“四位一体”机制，为搬迁群众提供精准服务，是推进“七个搬出”并取得成效的根本。

——文化传承是核心。习近平总书记强调：“一个国家、一个民族的强盛，总是以文化兴盛为支撑的，中华民族伟大复兴需要以中华文化发展繁荣为条件。”文化是一个民族的精神记忆、灵魂和血脉。文化在哪里，心就定在哪里；心定在哪里，人就稳在哪里。文化没有搬迁出来，文化没有被认同、没有被表达、没有被传承，搬迁群众就会失去文化记忆，缺乏精神寄托，人搬心没搬，人来心不来，就不可能搬得出、稳得住，就不可能业乐居安。黔西南始终把搬出文化作为核心，以此消解易地扶贫搬迁中存在的故土情结、故乡情结，把搬迁群众千百年来传承的文化遗存、民族风俗、传统工艺等搬到城镇，让搬迁群众在新家园有文化归属感，能找到文化记忆、找到故乡情结、找到精神寄托，有传承、有本领、有记忆、有乡愁。把搬迁群众的文化基因、文化遗存原原本本地移植到安置区后，将传承同类文化技能的搬迁群众相对集中安置，变文化传承为就业能力，让民族文化在搬迁中得到传承弘扬，让搬迁成为文化传承的重大机遇。实践证明，充分考虑搬迁群众的精神文化需求，并在搬迁过程中做好搬出文化的顶层设计，通过易地扶贫搬迁这个过程，“连泥带水”把大山中的文化移植出来，让群众在新的家园有文化依存、有精神慰藉，有创业技艺，有自信自尊。

——产业支撑是关键。习近平总书记指出：“发展产业是实现脱贫的根本之策，要因地制宜，把培育产业作为推动脱贫攻坚的根本出路。”黔西南在深入挖掘广覆盖、全链条各类文化形态的基础上，着力发展具有鲜明的民族文化特征、独特的资源禀赋、广阔的市场前景、最大比较优势的产业。以劳动密集型服务产业为重点，大力发展有市场、能直接让老百姓得实惠的食用菌、薏仁米等山地高效农业和山地旅游、山地康养、特色美食、民俗文化等现代服务业，推动脱贫攻坚劳动密集型产业向纵深发展，为搬迁群众提供充足的就业岗位、可持续发展的产业，用产业带动搬迁群众就业、增收、致富。实践证明，没有产业的支撑，老百姓增收致富就是一句空话，只有着力发展产业、培育产业、带动就业，才能确保搬迁群众有产业、有就业、能发展。

——精准施策是要义。习近平总书记提出："扶贫开发贵在精准，重在精准，成败之举在于精准。"黔西南坚持把"精准"二字贯穿于易地扶贫搬迁工作始终，使出"绣花"功夫，通过运用"两会三书六表"开展三轮次全覆盖精准识别，在精细、精准上发力，始终做到搬迁对象精准、安置地点精准、标准设计精准、资金管理精准、项目建设精准，对文化遗存调查精准，对群众搬迁意愿、文化需求、发展愿望等掌握精准，发展产业规划精准，就业培训实施精准，切实做到以产定搬、以岗定搬。实践证明，只有找准"穷根"、明确靶向、精准施策，才能确保资金、项目、措施、政策到村到户，扶在点上、扶在根上，真正变"大水漫灌"为"精准滴灌"。

——选准载体是抓手。习近平总书记强调：易地扶贫搬迁不仅要改善人居条件，更要实现可持续发展！黔西南把"脱贫攻坚·五个绿色"小镇建设作为易地扶贫搬迁群众的新家园、农村劳动力转移的"蓄水池"和优质农特产品加工流通的"聚宝盆"，树立"文化＋"理念，立足资源、区位和产业基础，培育以文化为主导的产业体系，实现产城互动，做到以产业促进就业、以就业促进增收、以增收支撑脱贫。坚持州内统筹，推行"跨乡跨县"搬迁安置，把产业、就业、发展的相互关联和节点高度融合，发展产业集群，有效推动山地旅游、山地高效农业、山地新型工业化、山地特色城镇化，实现一、二、三产业协调发展。实践证明，只有选准载体，把易地扶贫搬迁放在新型城镇化、农业现代化、新型工业化、信息化、旅游产业化的大系统中来谋划，推动全局发展，才能防止出现颠覆性错误和"悬崖效应"，所以这不是简单的建房子搬新家，而是搬出"神"来，搬出繁荣发展。

贫困地区距离与农地流转契约选择分析

——以湄潭、关岭为例

周 欢*

摘 要： 加强土地承包经营权流转能促进农民收入进一步增长，农地流转是提高农民收入、消除农民贫困的重要渠道之一，在农地流转过程中，农民对流转契约形式的选择将很大程度上影响农地流转能否顺利进行，以及影响农民能否实现增收的目的。文章通过实地调研及二元 Logistic 模型方法分析了农地流转过程中影响农民农地流转契约选择的因素，结果显示，距离与农地流转契约形式选择呈负相关关系，即距离越近，则越会选择口头契约。

关键词： 农民收入 距离 农地流转 口头契约

虽然近年来农民收入在不断提高，但贵州农业发展长期滞后于工业发展，农村发展仍然远远落后于城市发展，农民的收入水平及收入增长水平仍然大幅落后于城镇居民，农民家庭经营收入占家庭总收入的比重仍然逐年下降。“农村、农业、农民”问题仍然是我国现阶段要解决的难题，2008 年中国共产党第十七届中央委员会第三次全体会议通过的《中共中央关于推进农村改革发展若干重大问题的决定》明确指出：“农民人均纯收入比 2008 年翻一番，消费水平大幅提升，绝对贫困现象基本消除是实现全面建设小康

---

* 周欢，女，贵州省社会科学院城市经济研究所，实习研究员，主要研究方向为农业经济政策与理论、城市可持续发展。

社会奋斗目标的新要求。”可见农村土地改革的目的就是要盘活农村土地，促进农民增收，提高农民生活水平，消除绝对贫困。实践证明，加强土地承包经营权流转能促进农民收入进一步增加①，农地流转是提高农民收入、消除农民贫困的重要渠道之一。

贵州省是典型的喀斯特地貌地区，生态脆弱，土地细碎化程度高，自然灾害频发，水土流失，石漠化严重，农耕条件恶劣，同时也是我国贫困面积最大、扶贫攻坚任务最重的省份，更是全国劳动力输出大省。在贵州农村，由于大量青壮年劳动力向沿海江浙一带转移，农业生产在农村家庭中越来越不受重视，随处可见土地闲置或是随意种植现象。此时农地流转就是解决农村土地撂荒、土地利用率低下问题，解放农村劳动力，同时提高农民收入的有效方法。

在农地流转过程中，农民会面临流转对象、流转方式、流转期限、流转契约形式以及是否履约等选择，选择的结果将很大程度上影响农地流转能否顺利进行、农民增收能否达到目的。本文将通过实地调研及实证研究的方法分析农地流转过程中影响农民农地流转契约选择的因素。

一　研究区选择与样本分布

湄潭县是“人增地不增，人减地不减”土地制度改革经验的发源地，也是贵州省农村改革试点县；而关岭是“顶云经验”的发源地，是我国率先进行土地制度改革探索的地区之一。本文将湄潭和关岭两个县作为研究样本区，在全省范围内来看具有一定的代表性。湄潭县农地流转总面积619.10亩，占家庭承包地的48.89%；关岭县农地流转总面积677.18亩，占家庭承包地的65.17%。调研组共发放问卷200份，回收有效问卷183份，其中，湄潭县95份，关岭县88份。

① 冒佩华、徐骥：《农地制度、土地经营权流转与农民收入增长》，《管理世界》2015年第5期。

表 1　调研样本区基本情况

地区	人均 GDP（元）	农业总产值（万元）	农业总产值全省排位	农民人均纯收入（元）	农业劳动力比重（%）
贵州省	26437	—	—	6671	61.32
湄潭县	17558	180500	25	9144	51.72
关岭县	20134	124900	58	5986	54.61

数据来源：《贵州统计年鉴》（2015）。

调研组采用调查员入户访谈并填写问卷的方式进行调查，调查中主要了解 4 个方面的问题：被访问农户家庭基本情况、农户农地流转交易双方情况、农地流转契约选择及履约情况以及土地流转前后农户收入变化情况，旨在充分了解不同经济、地理及人文环境中，距离与农地流转口头契约自我履约之间的具体关系；进而分析距离对农地流转口头契约自我履约机制有何影响。

表 2 是本次调研样本的基本分布及构成情况。对表 2 中的流转率进行分析可知，所有样本的平均流转率有 55.63%，但是湄潭县和关岭县的流转率有较大差异，湄潭县的流转率较低，仅为 50.43%，关岭县的流转率却高达

表 2　贵州省调查样本分布及构成情况

地区	调研样本数量（户）	农地流转面积				承包地面积（亩）	涉及耕地总面积（亩）	流转率（%）
		转入（亩）	比例（%）	转出（亩）	比例（%）			
湄潭县	95	515.1	41.87	105.4	8.57	715.2	1230.3	50.43
关岭县	88	501.6	48.76	124.18	12.07	527.08	1028.68	60.83
合　计	183	1016.7	81.84	229.58	18.48	1242.28	2258.98	55.63

注：由于调研时间是在 8 月份，此时外出打工人员基本未返乡，因此调研时难以对将土地转出后外出打工部分人员进行调查，我们将调研土地转入部分数据近似看作土地全部转出后外出务工人员承包地数量，因此在进行拥有承包经营权的土地总面积统计时，涉及耕地总面积 = 承包地面积 + 转入面积。

60.83%。从转入和转出两种类型的样本所占的比例来看，所有转入样本的总面积占所有样本面积的81.84%。可见，在“土地改革”早的湄潭县及关岭县，农地流转现象不仅已经普遍存在且已然颇具规模。故在国家大力鼓励农地流转的现阶段，研究距离对农地流转口头契约自我履约机制的影响的价值更加凸显。

二 距离、流转行为与农地流转契约选择分析

农地流转空间距离和社会距离的研究在农地流转分析研究中显得越来越重要，分析社会距离与空间距离从而寻求其中所包含的客观规律，是研究农地流转过程中契约选择与形式的关键。距离对农地流转决策的影响重大，在农地流转研究中，对其进行的研究也越来越多，分析社会距离与空间距离分别对农地流转的影响，并从中寻找到其所蕴含的客观规律，是研究农地流转过程中是否签订契约，以及选择何种契约形式的关键。基于理性人的思考，可将农地流转视作经济行为，而经济行为和地理空间之间存在着溢出效应或者误差效应，又加上社会距离会在很大程度上对经济行为造成影响，所以对距离与农村土地的流转契约选择之间的关系进行分析，有着显著的现实意义。徐晓军认为，农户合作建立在相互信任的基础上，然而社会距离会对这种信任机制产生显著影响，农户间的合作行为只有在适中的社会距离下才最容易发生，社会距离与农户间合作行为呈“倒U形”关系[①]。2005年全国1%人口抽样调查课题组通过调查研究分析认为：地理位置是影响农村劳动力迁移选择的一个重要因素[②]。农村劳动力转移是农地流转的基本前提，是农地流转的重要推动力，本研究将对贵州农地流转距离进行分类调研分析。

---

① 徐晓军：《社会距离与农民间的合作行为》，《浙江社会科学》2004年第1期。

② 2005年全国1%人口抽样调查课题组：《农村劳动力迁移空间距离的变化及特征》，《中国统计》2008年第5期。

根据文献分析①②③及调研实际情况，本调查将社会距离分为五类：第一类，父母或子女，我们认为这类关系的社会距离最近；第二类，兄弟姐妹（包含堂兄弟姐妹），我们认为这类距离比父母远，但是比一般亲戚近；第三类，普通亲戚，这类关系一般经过几代以后有所疏远，我们认为这类关系比兄弟姐妹间关系远，但是比熟人（朋友）近；第四类，熟人（朋友），这类关系一般基本没有任何血缘关系，因此这类关系比陌生人关系近，但是较前三种关系远；第五类，陌生人，因为完全没有见过面，互相完全不了解，因此这类关系社会距离最远。我们将空间距离按照行政区进行分类，根据研究需要我们也将其分为5类，空间距离大小为：同组村民 < 同村异组 < 同乡（镇）异村 < 同县异乡（镇） < 外县。

课题调研组调研时间是8月，但是此期间，选择将土地流转出去的农村青壮年基本都选择外出务工，所以实地调查中涉及的农地转出的问卷基本是由转入方进行回答的，然而转入方大多数是企业，通常政府干预程度较高，因此，有必要将农地流转转出样本和转入样本分开进行研究分析。

（一）转入样本距离与农地流转契约选择

根据转入样本社会距离与契约选择情况（见表3），转入土地样本中76.92%的参与者都选择了口头契约，在转包、出租和其他形式三种具体流转方式样本中，转包流转的有54.55%的参与者选择口头契约，出租流转的有75.28%选择口头契约，而以其他方式流转时选择口头契约的比例甚至高达100%。这说明农村自发土地流转过程中大部分人都较愿意选择口头契约达成协议④，从而降低交易成本，在这种契约的约束机制上更愿意用人情机制防范履约风险。而在农村，由于长期以来形成的相互信任和相互认同感较

① ［法］加布里尔·塔尔德（G. Tarde）：《模仿的定律》，1890。

② 史斌：《新生代农民工社会距离研究》，上海大学博士学位论文，2010。

③ 卢国显：《中西方社会距离的研究综述》，《学海》2005年第5期。

④ 在调研过程中，农地流转转入土地的样本基本都是农户与农户间的流转，这种流转没有政府或其他组织进行诱导，因此认为是自发流转；转出土地的样本，很大一部分是转给企业，这部分几乎都是政府或村集体做了很多动员工作，因此研究时视其为诱导型流转。

高，人们多半仅是口头上进行约定，除非对方是陌生人或者租用时间较长，这种情况下才会签订书面合同。

表3　转入样本社会距离与契约选择

社会距离	样本数			转包			出租			其他形式		
	数量	口头契约数	比重（%）	数量	口头契约数	比重（%）	数量	口头契约数	比重（%）	数量	口头契约数	比重（%）
父母或子女	8	7	87.50	0	0	0.00	3	2	66.67	5	5	100.00
兄弟姐妹	19	18	94.74	3	2	66.67	15	15	100.00	1	1	100.00
普通亲戚	21	20	95.24	2	2	100.00	14	13	92.86	5	5	100.00
熟人(朋友)	65	45	69.23	6	2	33.33	53	37	69.81	6	6	100.00
陌生人	4	0	0.00	0	0	0.00	4	0	0.00	0	0	0.00
合计	117	90	76.92	11	6	54.55	89	67	75.28	17	17	100.00

空间距离与契约选择关系显示（见表4），农地流转契约选择与空间距离整体呈现负相关关系。从整体契约选择比例来看，当农地流转合作双方都在同一个村民小组时，空间距离非常近，农户选择口头契约的比例高达84.85%，然而当流转双方所在的是同县不同乡镇时，农地流转口头契约的比例下降①。从合作的频繁程度来看，土地流转双方为同一村民小组成员的样本有66个，占总数的56.41%，流转双方为同一个行政村内的成员的样本有96个，占农地转入样本数的82.05%。此结论说明，流转双方空间距离越大，农户越不会选择农地流转，再加上其中选择口头契约的比例更小，也即，流转双方空间距离越大，选择书面契约的概率越大，越会选择用正式的制度来限制对方的寻租空间，以降低自身履行契约的风险；而空间距离越小，流转双方之间往往存在的人情因素更多，再加上相互间的了解程度也会更高，合作双方通过其在当地的信誉就能判断对方的可信度，在选择流转合

① 外县农地流转样本中签订口头契约的样本为特例，契约双方是翁婿关系，虽然转入方家住外县，但因为是转出者的女婿，故选择口头契约，因此出现比重偏大的情况。

作方时就会选择信誉度更高的一方进行合作。同时，在流转对象的选择上，农民会选择或者只愿意与空间距离小的一方进行合作。

表 4 转入样本空间距离与契约选择

空间距离	样本数			转包			出租			其他形式		
	数量	口头契约数	比重（%）	数量	口头契约数	比重（%）	数量	口头契约数	比重（%）	数量	口头契约数	比重（%）
本组	66	56	84.85	6	4	66.67	47	39	82.98	13	13	100.00
本村不同组	30	26	86.67	3	2	66.67	24	21	87.50	3	3	100.00
本乡镇不同村	16	6	37.50	1	0	0.00	14	5	35.71	1	1	100.00
本县不同乡镇	3	1	33.33	1	0	0.00	2	1	50.00	0	0	0.00
外县	2	1	50.00	0	0	0.00	2	1	50.00	0	0	0.00
合计	117	90	76.92	11	6	54.55	89	67	75.28	17	17	100.00

通过血缘和地缘关系进行度量的社会距离与空间距离关系对农地流转契约选择的影响都较为明显。第一，从流转的行为方式来看，农地流转更多地发生在熟人之间，同处一个行政村村民小组的农户双方发生农地流转的概率更大；第二，从契约签订的方式来看，社会距离和空间距离越大的合作双方，选择书面契约形式的情况越多，也就是血缘关系越远，或者地缘关系越远的合作双方，选择书面契约的概率越大。另外，当空间距离太大时，农户生产成本的增加是制约农户进行农地流转的重要因素。

（二）转出样本距离与农地流转契约选择

转出样本与转入样本存在较大差异，总样本及口头契约样本都较少，原因在于两点：首先，因为调研的时间是 8 月，大部分农地转出户仍在外务工，故采集到的样本较少；其次，转出土地的样本大多涉及农户与企业或者专业合作社之间的流转，政府参与引导性较强，在契约选择时，大多数选择书面契约。如表 5 所示，选择口头契约总样本数只有 19 个，占样本数的比例仅为 28.79%，其余的都是选择书面契约。

表5　转出样本社会距离与契约选择

社会距离	样本数			转包			出租			其他形式		
	数量	口头契约数	比重（%）	数量	口头契约数	比重（%）	数量	口头契约数	比重（%）	数量	口头契约数	比重（%）
父母或子女	2	2	100.00	0	0	0.00	1	1	100.00	1	1	100.00
兄弟姐妹	9	8	88.89	1	0	0.00	5	5	100.00	3	3	100.00
普通亲戚	6	3	50.00	3	2	66.67	3	1	33.33	0	0	0.00
熟人(朋友)	30	3	10.00	14	2	14.29	16	1	6.25	0	0	0.00
陌生人	19	3	15.79	11	0	0.00	6	1	16.67	2	2	100.00
合计	66	19	28.79	29	4	13.79	31	9	29.03	6	6	100.00

转出农地样本中，包含政府主导的农地流转与农户自发进行的农地流转。首先，政府推动下的农地流转从流转双方的社会距离来看，大约有三分之一的农地流转双方是陌生人，即当流转双方社会距离较远，且进行流转合作之前相互不认识，流转大多是在政府的推动下完成的，政府起到了中介的作用。因此，基本上陌生人之间的农地流转都是选择书面契约，口头契约占比仅为15.79%。其次，在农户自发进行的农地流转中，没有政府引导，流转对象都是亲戚熟人或是认识的朋友，即社会距离较近时，口头契约仍然是农户们选择的主要契约方式。从调研样本来看，发生在父母或子女间的农地转出选择的全部是口头契约，而兄弟姐妹间的农地流转口头契约选择率也达到了88.89%。但当流转双方是普通亲戚关系或者熟人时，也有相当部分农户选择签订书面契约，原因在于转入方中大部分是当地的生产大户或者合作社带头人，在资金上和发展上都获得了政府的帮助，因此流转相对规范，也会签订正式的流转合同。由此可以推断：农户农地流转，在没有外来资本或者政府引导的前提下，更加愿意选择口头契约。

通过对社会距离（血缘关系）的分析，我们发现政府介入的农地流转往往是较为正式的流转，这种流转对契约的选择在某种程度上弱化了流转双方信任度在当地的作用。但是从农地流转双方关系来看，陌生人之间的流转存在较大的风险，签订书面流转合同实际上是在保护农户利益的基础上，明确合作双方的权利及义务。在政府介入签订正式契约的基础上，流转对象的选择也会发生变化，这使得陌生人之间的农地流转情况也大幅增加。转出样本空间距离与契约选择结果显示（见表6），与转入农地案例不同的是农地转出案例约一半发生在外乡镇甚至是外县，这是由于政府招商引资及主导农地流转造成的。政府的介入打破了农户自发村内流转农地的格局，增加了跨乡镇、跨县区农地流转的概率。在 66 个转出样本中，仅有 19 个样本选择口头契约形式，其余均选择书面契约，书面契约占比为 71.21%。

虽然发生在本组的农地流转数量不多，但是从契约选择来看，大部分农户依然选择的是口头契约；而与本组以外的对象进行农地流转时口头契约的选择率很低，与外县之间的农地流转选择口头契约的比例只有 20.83%。

表 6　转出样本空间距离与契约选择

空间距离	样本数			转包			出租			其他形式		
	数量	口头契约数	比重（%）	数量	口头契约数	比重（%）	数量	口头契约数	比重（%）	数量	口头契约数	比重（%）
本组	15	9	60.00	2	0	0.00	10	6	60.00	3	3	100.00
本村不同组	10	1	10.00	4	1	25.00	6	0	0.00	0	0	0.00
本乡镇不同村	10	2	20.00	6	2	33.33	4	0	0.00	0	0	0.00
本县不同乡镇	7	2	28.57	5	1	20.00	2	1	50.00	0	0	0.00
外县	24	5	20.83	14	2	14.29	7	0	0.00	3	3	100.00
合计	66	19	28.79	31	6	19.35	29	7	24.14	6	6	100.00

（三）小结与讨论

社会距离与空间距离对农户是否进行农地流转，以及选择何种农地流转契约来说都是非常重要的影响因素。即社会距离或空间距离越近，则越会选择口头契约。

三　距离、信任度与农地流转契约选择分析

信任度是农户选择契约时考虑的重要因素，这种因素在不同血缘、地缘关系中具有不同的影响①。契约形式的选择实际上与农户缩小履约寻租空间有关。在此过程中，站在理性经济人的角度，农户一般都会从交易成本、执行成本等方面进行核算比较，但是在有政府介入时，政府会帮助农户从法律规定的权利与义务事项方面去规范农地流转行为。为了进一步探讨农地流转中社会距离与合作双方信任度的影响，总结流转规律，通过构建逻辑回归模型对农地流转契约选择进行分析。

（一）距离、信任度与农地流转契约选择的描述性分析

洪名勇研究指出：农地流转中，农户对于不同的特定人群，其信任度也不同，这影响到他们在农地流转中是否订立口头契约的意愿。调研结果显示（见表7），被访者对合作对方的信任度与双方的社会距离有显著相关性。总体而言，随着社会距离的增大，流转双方对对方的信任度越来越低，同时选择口头契约的情况也越来越少，此时农户更多地会选择书面契约。在转入样本中，当农地流转双方的社会距离较近时，也即双方是直系亲属时，选择口头契约的比例会大大增加，概率高达87.50%；当合作双方是陌生人时，甚至没有人会选择口头契约。实证分析得到的数据所显示出来的特征与调查中遇到的实际情况是非常吻合的，在实际情况中，农户会最信任自己的直系亲属，其次较为信任自己的朋友或熟人，而对陌生人会十分不信任。这说明农地流转双方越熟悉，相互间越了解，就越能达成农地流转的口头契约。

---

① 洪名勇：《信任博弈与农地流转口头契约履约机制研究》，《商业研究》2013年第1期。

表 7　不同社会距离、信任度与农地流转契约选择

社会距离	转入样本				转出样本				总样本			
	数量	信任度均值	口头契约比例		数量	信任度均值	口头契约比例		数量	信任度均值	口头契约比例	
			样本数	比重（%）			样本数	比重（%）			样本数	比重（%）
父母或子女	8	2.75	7	87.50	2	4	2	100.00	10	3	9	90.00
兄弟姐妹	19	2.84	18	94.74	9	3.33	8	88.89	28	3	26	92.86
普通亲戚	21	2.48	20	95.24	6	2.5	3	50.00	27	2.48	23	85.19
熟人(朋友)	65	2.26	45	69.23	30	2.57	3	10.00	95	2.36	48	50.53
陌生人	4	1.75	0	0.00	19	2.11	3	15.79	23	2.04	20	86.96

从表 7 中转出样本与转入样本来看，农地流转口头契约的选择与社会距离呈负相关，与信任度呈正相关，但是口头契约选择的比例存在明显差别，主要是流转双方的关系是普通亲戚或熟人（朋友）时，转入样本口头契约选择比例分别为 95.24% 和 69.23%，但是转出样本中仅分别有 50.00% 和 10.00%，转入样本口头契约选择比例明显高于转出样本。虽然转出样本中对陌生人信任度低，但是合作频率不低，在总共 66 份转出样本中流转双方是陌生人关系的样本共有 19 个，但是在转入样本中只有 4 份，说明在有制度保障的前提下，陌生人之间无流转现象的格局也能被打破。

再从农地流转空间距离、农户间信任度与农地流转契约选择结果来看（见表 8），流转双方对对方的信任度随着空间距离的扩大，整体上呈现下降趋势，随着对流转对象了解程度的降低，农地流转过程中选择口头契约的比重也呈下降趋势。总的来说，信任度的高低与空间距离的远近呈反比关系。当流转合作双方是同一村民小组成员时，空间距离较近，信任度较高，均值为 2.72，当流转合作双方是不同县区农户时，空间距离较远，信任度均值下降，为 2.19，同时选择签订农地流转口头契约的农户比例从 80.25% 跌至 23.08%。分别从转入样本和转出样本来看，转入样本的情况与总体情况保持一致，随着空间距离的扩大，流转双方的信任度总体下降，选择口头契约的比例也随之下降。但是转出样本有不同，空间距离对转出样本选择口头契约的影响稍小，农户在选择将农地流转出去时，无论空间距离远近，大多愿意签订书面契约，即便是同村不同组之间流转，签订口头契约的比例也只有10.00%。

表8　不同空间距离、信任度与农地流转契约选择

社会距离	转入样本				转出样本				总样本			
	数量	信任度均值	口头契约比例		数量	信任度均值	口头契约比例		数量	信任度均值	口头契约比例	
			样本数	比重（%）			样本数	比重（%）			样本数	比重（%）
本组	66	2.59	56	84.85	15	3.27	9	60.00	81	2.72	65	80.25
本村不同组	30	2.13	26	86.67	10	2.70	1	10.00	40	2.28	27	67.50
本乡镇不同村	16	2.31	6	37.50	10	2.60	2	20.00	26	2.42	8	30.77
本县不同乡镇	3	1.67	1	33.33	7	2.29	2	28.57	10	2.10	3	30.00
外县	2	2.5	1	50.00	24	2.17	5	20.83	26	2.19	6	23.08

从数据上来看，社会距离、空间距离、信任度与农地流转契约选择存在某种相关性，但是在转入和转出样本上有区别，转出样本中，政府的参与在一定程度上规范了农地流转行为，使得农户签订口头契约的情况大大减少，此时信任度的参考功能被弱化。但是大部分涉及政府参与的农地流转样本主体都表示不愿意再次合作，因为政府会为达到流转规模而忽视个别流转主体的意愿。

（二）距离、信任度与农地流转契约选择的实证分析

根据调研中的实际情况，农地流转转出样本与转入样本之间存在显著差别，即在流转过程中转出样本受政府影响较大，多数都是政府推动型流转，而转入样本则多是自发流转。通过前文分析可得到以下结论：农地流转转入案例与转出案例在农地流转契约选择、合作对象类型以及选择何种流转方式等几个方面都存在着差异。

农地流转双方的距离影响着农地流转参与者的相互了解及认可。通过上述统计描述分析可知，这种影响的消除与选择何种契约形式紧密相关，因此，契约选择与农地流转双方的社会距离与空间距离之间存在的结构特征是

否能获得实证检验，需要通过进一步的分析才可知。

1. 变量设置与模型选择

变量设置。将农户在农地流转中实际选择的契约形式作为本文的因变量，根据课题组为被访者提供的“0 = 书面契约，1 = 口头契约”两个选项，取值为0 ~1。本文选择血缘、地缘关系作为社会距离与空间距离的替代变量，也是本研究的解释变量；另外在这种不同的社会距离背景下，流转方式、流转对象类型作为控制变量出现（见表9）。

表9　变量设置及统计描述

变量名称	变量说明	平均值	标准差
农地流转契约选择	0 = 书面契约,1 = 口头契约	0. 60	0. 492
社会距离	1 = 父母(子女),2 = 兄弟姐妹,3 = 普通亲戚,4 = 熟人(朋友),5 = 陌生人	3. 51	1. 068
空间距离	1 = 本组,2 = 本村,3 = 本乡镇,4 = 本县,5 = 外县	2. 23	1. 428
信任度	0 = 非常不信任,1 = 比较不信任,2 = 一般,3 = 比较信任,4 = 非常信任	2. 47	0. 747
流转方式*	1 = 转包,2 = 出租,3 = 其他形式	1. 91	0. 581
流转对象类型	1 = 普通农户,2 = 生产大户,3 = 合作社,4 = 企业,5 = 集体经济组织,6 = 其他	1. 76	1. 467

*根据官方统计口径，将农地流转分为转包、转让、出租、互换、入股及其他形式，但在调研过程中未涉及转让、互换、入股形式流转样本，因此此处只有三种特征值。

模型选择。本文所选的因变量是0 ~1 的二值变量，因此选择二元Logistic模型，模型具体形式如下：

$$\text{Logit}(p) = \text{In}(p/1-p) = \beta_0 + \beta_1 X_1 + \beta_2 X_2 + \cdots + \beta_n x_n \qquad (6-1)$$

其中 β_0为常数项，β_1，$\beta_2 \cdots \beta_n$为函数系数，X_1，X_2，…，X_n为解释变量，p 为选择口头契约的概率。

2. 计算结果及分析

模型计算结果显示（见表10），所构建的两个模型均有统计学意义，农地流转社会距离与空间距离在两个模型中均显著，表明所构建的模型具有显著的稳健性。在模型一中“距离”均通过1%的显著性检验，而在模型二中空间距离显著程度有所下降，但是显著水平也达到了5%。在模型二中，流转对象类型不显著，信任度、流转方式分通过了5%和1%的显著性检验。从这些变量的系数及显著程度初步可以判断实证分析结果比较好地支持了前面的描述性分析和现实情况。

根据计算结果我们可以总结出以下规律。

距离与农地流转契约选择呈负相关。两个模型中，社会距离、空间距离与契约选择呈负相关，说明流转双方“距离”越大，农地流转更愿意选择书面契约。在1%的显著水平下，信任度与契约选择呈正相关，说明信任度越高，选择口头契约的倾向越明显。流转方式与农地流转契约选择在1%水平上显著，呈正相关关系，说明越是正式的流转方式，越倾向选择书面契约。

表10 契约选择的Logistic回归结果

变量	模型一				模型二			
	β	S. E.	Wald	Exp(β)	β	S. E.	Wald	Exp(β)
社会距离	-1.066***	0.257	17.261	0.344	-1.02***	0.303	11.344	0.361
空间距离	-0.509***	0.145	12.372	0.601	-0.359**	0.178	4.054	0.698
信任度					0.624**	0.293	4.53	1.866
流转方式					1.798***	0.451	15.884	6.039
流转对象类型					-0.059	0.155	0.146	0.942
常数	5.435***	0.972	31.266	229.337	0.204	1.488	0.019	1.227
整体模型适配度	$\chi^2=63.707$*** -2Log likelihood = 183.249 Cox & Snell $R^2=0.294$, Nagelkerke $R^2=0.397$				$\chi^2=89.798$*** -2Log likelihood = 157.158 Cox & Snell $R^2=0.388$, Nagelkerke $R^2=0.524$			

注：* $p<0.1$，** $p<0.05$，*** $p<0.01$。

信任度是影响农地流转契约选择的重要因素。在模型二中，信任度与农地流转契约选择在5%的显著水平下呈正相关。此结果与前文中统计描述的结果相符，正是农地流转交易双方“距离”越近，对彼此的了解越深入，对交易对象的信任度才会越高，进而才会更加放心地选择相对不太正式的口头契约。

流转方式显著影响农地流转契约选择。在转出与转入样本中，流转方式对农地流转契约选择影响显著，其显著水平为1%。设定回归结果恰好证明，非正式流转时，农民更加倾向选择口头契约，而转包多为政府主导的相对时间较长、关系相对稳定的流转方式，因此这部分流转多签订书面契约。

（三）小结与讨论

无论是从描述性分析结果还是从实证分析结果来看，都说明了信任度、社会距离与农地流转契约选择存在显著的相关性，距离越近就越会选择口头契约，反之越会选择书面契约。其在转入和转出样本上的影响有区别，转出样本中，政府的参与使得口头契约数量减少，信任度的参考功能在这种契约的选择机制中被弱化，但是大部分农户都不愿再次与对方合作。

四　研究结论

本文通过对距离、契约方式选择的分析，证明了契约方式选择与距离之间的关系，同时，还通过实证模型分析对影响农地流转契约方式选择的其他因素进行了讨论。结果显示，社会距离和空间距离显著影响农地流转契约方式选择，同时，信任度是社会距离和空间距离影响农地流转契约方式选择的纽带。如能有效拉近流转双方的距离，将会有效提高农地流转的发生率，从而达到盘活农村土地、促进农民增收的目的。

全国各省（区市）精准扶贫政策措施比较研究

王国丽 *

摘　要： 加强扶贫攻坚，加快全民脱贫是现阶段我国重要的历史任务。自习近平到湖南湘西考察时提出“精准扶贫”以来，全国各省（区市）积极探索实施精准扶贫的政策措施，制定精准扶贫工作实施方案，通过教育扶贫、产业扶贫、就业扶贫、医疗健康扶贫等逐步推进扶贫工作，加快脱贫步伐。但也因其面临的贫困现状不同，各省（区市）实施的措施也各有侧重。本文通过梳理各省采取的精准扶贫政策措施，比较分析了政策措施的异同，总结各省（区市）经验教训，从中得出重要启示。

关键词： 精准扶贫　扶贫政策　中国

贫困是人类共同面临的难题，扶贫开发事关我国全面建成小康社会目标的实现，加强扶贫攻坚、加快全民脱贫、实现共同富裕，是我国现阶段极其紧迫的历史任务。习近平总书记指出：扶贫开发工作已进入啃硬骨头、攻坚拔寨的冲刺期，形势逼人，形势不等人。他在湘西调研扶贫工作时，明确提出扶贫工作“要科学规划、因地制宜、抓住重点，不断提高精准性、有效性和持续性”，要“实事求是，因地制宜”，“要精准扶贫，切忌喊大口号，也不

---

* 王国丽，贵州省社会科学院区域经济研究所助理研究员，主要研究方向为区域经济、产业经济、农村发展。

要定好高骛远的目标”。实施精准扶贫战略，是中共十八大以来党中央对扶贫开发工作做出的重大调整，扶贫政策和扶贫措施要瞄准真正的贫困地区、贫困县、贫困村、贫困家庭和贫困人口，有针对性地开展扶贫工作，从根本上消除致贫的因素。因此，“十三五”时期是扶贫攻坚决战取胜的关键时期，有针对性地开展扶贫工作、实现全面小康、达到共同富裕，是各省（区市）的主要任务。

精准扶贫是指运用科学有效的手段对贫困区域实施精准识别，进行精准帮扶、精准管理的治贫方式。实施精准扶贫，是扶贫工作发展到今天的必然选择。按照农民人均纯收入2300元（2010年不变价）的国家扶贫标准，截至2014年，通过建档立卡识别出来的全国贫困人口还有8900多万，分布于全国各省（区市）。其中六盘山区、秦巴山区、武陵山区、乌蒙山区、滇桂黔石漠化区、滇西边境山区、大兴安岭南麓山区、燕山—太行山区、吕梁山区、大别山区、罗霄山区11个集中连片特困地区以及西藏、四川省藏区、新疆南疆三地州3个特殊扶持政策地区，这14个片区涉及陕西、甘肃、青海、宁夏、河南、湖北、重庆、四川、湖南、贵州、云南、广西、内蒙古、吉林、黑龙江、山西、安徽、江西、西藏、新疆等20个省（区市）的680个县，这些地区是全国扶贫开发重点区域，是全国扶贫面最广、扶贫程度最深的地区。

一　各省（区市）实施的精准扶贫政策措施

2014年5月12日，国务院扶贫开发办公室、中央农办等部门印发《建立精准扶贫工作机制实施方案》的通知（国开办发〔2014〕30号），明确要求通过对贫困户和贫困村的精准识别、精准帮扶、精准管理和精准考核，引导扶贫资源优化配置，逐步构建精准扶贫工作长效机制。自此，全国各省（区市）纷纷出台实施精准扶贫政策措施，全面推进精准扶贫、精准脱贫。2015年中央扶贫开发会议召开期间，20余个省（区市）立下脱贫军令状，明确了“十三五”时期要完成的扶贫任务，其中，湖北、山东、贵州、四川、河北、陕西、河南、广西、云南、湖南、甘肃等11个省区要求2016年的脱贫人口目标在百万人或以上，脱贫的任务艰巨而繁重。各省（区市）精准扶贫措施见表1。

表1　全国各省区市精准扶贫主要政策措施

省区市	主要政策措施
江苏	江苏省办公厅公布《建立健全管理机制，用准用好精准扶贫财政资金》，《江苏省人民政府办公厅关于动员组织社会各方面力量参与扶贫开发的实施意见》
辽宁	辽宁省委、省政府出台《关于贯彻落实中央扶贫开发工作部署坚决打赢脱贫攻坚战的意见》，提出大力实施产业脱贫、就业脱贫、移民和住房改善脱贫、教育脱贫、医疗保险和医疗救助脱贫、社保兜底脱贫、基础设施建设脱贫、生态和人居环境整治扶贫。并且要健全精准扶贫工作机制、健全财政投入保障和监管机制、金融支持机制、科技人才支撑机制、资产收益扶贫机制、定点扶贫机制和社会力量参与机制
福建	出台《福建省关于推进精准扶贫打赢脱贫攻坚战的实施意见》，按照国务院的实施意见，提出发展八大专项精准扶贫措施。在政策方面，着力强化财政扶贫，切实加强金融扶贫，完善扶贫开发用地政策，积极开展科技、人才扶贫
山东	2015 年 12 月 17 日，出台《关于贯彻落实中央扶贫开发工作部署坚决打赢脱贫攻坚战的意见》，通过大力发展生产，实施易地搬迁，开辟绿色发展脱贫路径，加快教育脱贫，强化社会保险，完善政策体系，广泛动员社会力量等以保证完成脱贫任务
广东	2009 年，开始采取“双到模式”，实行“一村一策、一户一法”，为每个村、每户农户制定具体的帮扶计划和措施。从产业、金融、劳动力转移、移民搬迁、社会等方面进行多种形式的扶贫
广西	2014 年 6 月，自治区党委、政府出台了扶贫开发工作 1 +4 文件，即 1 个主文件(《关于创新和加强扶贫开发工作的若干意见》）和 4 个配套文件(《关于整合资源支持和推进扶贫生态移民工作的实施意见》《关于开展教育精准扶贫扶持贫困家庭子女上学就业的实施意见》《关于加强金融支持扶贫开发的实施意见》《关于改革财政扶贫资金管理机制的实施意见》）
河北	2015 年 12 月 26 日，河北省委、省政府制定印发《关于坚决打赢脱贫攻坚战的决定》，包含八大专项行动以及四项政策支撑体系。涵盖了产业和就业脱贫、易地搬迁脱贫、危房改造脱贫、生态保护脱贫、教育脱贫、社保政策兜底脱贫、医疗保险和医疗救助脱贫、基础设施脱贫以及“互联网 +”扶贫行动八个方面。四项政策支撑体系分别包括用地支持、金融扶持、财政投入、资金收益机制等
山西	山西省规划处提出山西省“十三五”扶贫攻坚战略与模式研究，提出要深入推进精准扶贫，持续推进百企千村产业扶贫开发工程，扎实推进千村万人就业培训行动计划，持续推进太行、吕梁两大连片特困地区扶贫攻坚，继续实施“四大工程”，逐步完成易地扶贫搬迁，深入实施金融扶贫富民工程，并出台《山西省金融支持特色产业发展富民扶贫工程 2014 - 2018 年实施方案》
内蒙古	2015 年 12 月 23 日，出台《内蒙古贯彻落实中央扶贫开发部署坚决打赢脱贫攻坚战的决定》，指出要大力发展扶贫特色产业，积极引导劳务输出，有序开展生态保护和易地搬迁，积极推进教育扶贫工程，落实医疗保险和救助脱贫政策，健全完善农村牧区最低生活保障制度，关爱服务留守儿童、留守妇女、留守老人和残疾人，加快革命老区、少数民族聚居地区和边境地区的脱贫攻坚，加大基础设施建设力度，健全财政投入增长机制

续表

省区市	主要政策措施
吉林	2015年12月18日，吉林省委、省政府《关于全面推进脱贫攻坚的实施意见》，指出实施“七个一批”精准扶贫措施，即产业脱贫一批、教育脱贫一批、医疗保险和救助脱贫一批、生态移民脱贫一批、生态保护和建设脱贫一批、社会保障兜底脱贫一批、社会帮扶脱贫一批
黑龙江	2016年1月9日，黑龙江省人民政府发布关于打赢脱贫攻坚战的实施意见，要求通过实施“一村一品”产业行动，扶持新型农业经营主体带动脱贫，通过产业资产收益、产业增收脱贫来发展县域特色产业；通过劳务输出、城镇化带动就业和生态保护，实现转移就业脱贫；通过交通、水利、电力建设、危房改造和人居环境整治、教育扶贫工程、贫困地区乡风文明建设，实现基础设施建设和社会事业发展脱贫；通过实行医疗保障和医疗救助，农村最低生活保障，农村留守儿童、妇女、老人和残疾人关爱服务实施社会保障兜底脱贫；通过加大金融扶持力度，完善用地政策，支持革命老区、民族地区、边疆地区、连片特困地区脱贫，强化科技、人才支撑，强化脱贫政策保障
安徽	2015年12月8日，安徽发布《中共安徽省委安徽省人民政府关于坚决打赢脱贫攻坚战的决定》，提出实施特色产业脱贫工程、实施就业脱贫工程、实施生态扶贫搬迁工程、实施生态保护脱贫工程、实施智力扶贫工程、实施社保兜底脱贫工程、实施健康脱贫工程、实施基础设施建设扶贫工程、实施金融扶贫工程、实施社会扶贫工程等十大扶贫工程
江西	2015年6月，江西省委、省人民政府印发《关于全力打好精准扶贫攻坚战的决定》，提出通过着力加快增收步伐，打好产业扶贫攻坚战；着力提高救助水平，打好保障扶贫攻坚战；着力改善生活条件，打好安居扶贫攻坚战。在这三大方面实施精准扶贫
河南	围绕“转、扶、搬、保、救”实施精准扶贫、精准脱贫，大力推进“三山一滩”群众脱贫工程。继续做好村级道路畅通工作、饮水安全工作、农村电力保障工作、危房改造工作、特色产业增收工作、乡村旅游扶贫工作、教育扶贫工作、卫生和计划生育工作、文化建设工作、贫困村信息化工作
湖北	2015年9月，出台《湖北省委省政府关于全力推进精准扶贫精准脱贫的决定》，提出促进精准扶贫的五大措施。一是通过发展特色产业增加农户收入，推进产业扶贫；二是通过实施教育工程和培训工程提高农户自我发展能力；三是加强贫困地区的基础设施和公共服务建设，提高贫困群众的生产生活条件；四是健全医疗保险和救助制度，全力推进医疗保障；五是通过创新金融扶贫投入机制，加大投入力度
湖南	2015年11月，湖南省人民政府办公厅印发《湖南省教育扶贫规划（2015－2020年）》。推出“1+10+17”政策组合。“1”是指“行动指南”即《中共湖南省委关于实施精准扶贫加快推进扶贫开发工作的决议》。“10”是指“保障措施”，包括《湖南省农村扶贫开发条例》《关于保障和服务扶贫开发工作的意见》《贫困县党政领导班子和领导干部经济社会发展实绩考核办法》《关于进一步加强驻村帮扶工作的意见》《贫困县约束机制》《关于对武陵山片区农村基层教育卫生人才发展提供重点支持的若干意见》《关于为扶贫开发工作提供司法保障和服务的意见》《贫困对象动态管理机制》，以及《扶贫资金使用绩效管理机制》《精准扶贫工作督察机制》和落实扶贫目标、任务、资金、权责“四到县”制度。“17”指“具体实施方案”，包括饮水安全、农村道路、危房改造、农网改造、信息网络的基础设施建设措施，以及医疗保障、兜底保障、易地搬迁的保障性措施，电商扶贫、金融扶贫、社会帮扶、旅游扶贫、教育扶贫、科技扶贫、生态保护、文化建设、产业扶贫的专项扶贫措施，共计17项具体实施方案

续表

省区市	主要政策措施
陕西	2015年12月30日，出台《中共中央国务院关于打赢脱贫攻坚战的决定》的实施意见。提出持续实施易地搬迁脱贫，大力扶持产业就业脱贫，着力加强教育脱贫，努力创新生态保护脱贫，全面实行社会保障兜底脱贫，继续加强贫困地区公共服务设施建设，不断完善政策保障体系
甘肃	2015年6月，甘肃省推出“1+17”精准扶贫工作方案。“1”是指《中共甘肃省委、甘肃省人民政府关于扎实推进精准扶贫工作的意见》，意见从三个方面推进精准扶贫，首先是要通过饮水安全、危房改造、道路硬化、农电保障等完善基础设施。其次是通过重点发展特色农牧业、大力发展农产品加工业、发展现代服务业，实施产业扶贫。最后是通过发展教育、健全社会医疗和救助保障、卫生服务等发展社保事业。“17”指的就是有具体目标任务指标，涵盖组织、交通、住建、水务、教育、扶贫等14个部门的工作，包括水、电、路、房、教育、卫生、文化、金融、电商等在内的17个专项扶贫方案
青海	印发《金融支持精准扶贫青海行动方案》，印发《关于创新金融扶贫机制加大产业化扶贫工作力度的意见》，另外，实行教育培训工程、电商扶贫工程、干部驻村工程、光伏扶贫工程、金融扶贫工程、易地扶贫工程、旅游扶贫工程、构树扶贫工程、致富带头人培训工程、龙头企业带动工程等精准扶贫十大工程
新疆	新疆出台《自治区贫困村贫困户精准扶贫办法》，提出实施专项扶贫到村到户，重点开展整村推进、产业扶贫、易地扶贫搬迁、雨露计划、扶贫小额信贷、扶贫龙头企业贴息，以及互助资金、光伏扶贫、电商扶贫等扶贫试点工作，重点支持种植业、养殖业、林果业、民族手工业、乡村旅游业、庭院经济、住房建设等项目
四川	2015年7月8日，四川省委印发《关于集中力量打赢扶贫开发攻坚战，确保同步全面建成小康社会的决定》。打出了“3+10”扶贫攻坚政策组合拳。“3”是指《扶贫开发纲要》《扶贫开发条例》和“决定”，“10”是指与上述“决定”配套的基础设施、土地管理、地质环境保护等10个扶贫攻坚专项方案
重庆	2015年8月18日，出台中共重庆市委重庆市人民政府关于精准扶贫精准脱贫的实施意见，提出要推进基础设施建设，落实产业扶持措施，实施教育扶贫，推进人口转移就业，实施高山生态扶贫搬迁，开展医疗卫生扶贫，落实低保“兜底”政策，提供金融扶贫支持，建立结对帮扶机制
云南	2015年12月31日，出台《中共云南省委云南省人民政府关于深入贯彻落实党中央国务院脱贫攻坚重大战略部署的决定重要政策措施分工方案》，通过实施特色产业扶贫、转移就业扶贫、医疗保险和救助扶贫、生态建设保护扶贫、教育扶贫、易地搬迁扶贫、农村最低生活保障扶贫，加快贫困地区跨越式发展，大力解决区域性整体贫困问题。加大财政扶贫投入力度、金融扶持力度、行业扶持力度、社会力量参与扶持力度，加大驻村扶贫工作力度，加大科技扶持力度，加大精准脱贫动态管理力度，加大扶贫资金监管力度。专项出台《云南省金融支持脱贫攻坚实施方案》

续表

省区市	主要政策措施
贵州	2015 年 10 月 16 日，贵州印发《中共贵州省委贵州省人民政府关于坚决打赢扶贫攻坚战确保同步全面建成小康社会的决定》，并配套出台了 10 个方面的扶贫工作意见，即“1 + 10”文件。10 个方面的扶贫工作意见分别是以增加农户经济收入为目标的“扶持生产和就业推进精准扶贫实施意见”，保障移民搬迁生活有保障的“加大扶贫生态移民力度推进精准扶贫实施意见”、保障贫困学生顺利就业的“加强农村贫困学生资助推进教育精准扶贫的实施方案”、提升医疗保险和救助水平的“提高农村贫困人口医疗救助保障水平推进精准扶贫实施方案”、以金融为手段支持贫困地区发展和贫困农户增收的“全面做好金融服务推进精准扶贫的实施意见”、以健全社会救助为手段的“开展社会保障兜底推进精准扶贫实施意见”、加强社会帮扶力量的“动员社会力量对贫困村实行包干扶贫实施方案”、专门推进少数民族经济社会发展的“加快少数民族特困地区和人口数量较少民族发展推进精准扶贫的实施意见”、发挥党组织作用的“充分发挥党组织战斗堡垒作用和共产党员先锋模范作用推进精准扶贫实施意见”以及“贫困县退出实施方案”

二　各省（区市）实施精准扶贫的政策措施比较分析

以上省（区市）出台的推进精准扶贫的政策措施是在《国务院关于打赢脱贫攻坚战的决定》要求下制定的，涉及建立精准扶贫工作机制、管理机制和识别机制。从发展生产，创业就业，教育培训，易地搬迁，基础设施，医疗保险和救助，最低生活保障，生态保护，健全留守老人、儿童和农村妇女、残疾人关爱服务体系等方面实施精准扶贫措施，并通过财政、金融、用地、科技、人才等保障政策，广泛动员全社会力量，合力推进脱贫攻坚。我国国土面积广，各省（区市）的贫困程度和特征不同，在政策措施上也各有侧重。本部分主要从东中西三大区域角度，分析比较各省（区市）在精准扶贫措施重点、方向、配套方案和保障措施等方面的异同。

表 1 中前七个省区中，除广西贫困程度较深外，其他六省是我国经济比较发达的地区，集中连片贫困区域较小，贫困人口占比少，各省根据自身的经济发展情况和贫困现状制定的扶贫政策措施体现了“精准扶贫，靶向治疗”的要求。这七省区中最早实施精准扶贫的是广东，2009 年广东针对“富省穷山”现象，提出扶贫开发要“规划到户、责任到人、登记造册、电

脑管理”，明确要求动员社会力量进行精准扶贫，创新性提出“五方挂钩”做法，配套制定金融扶贫、产业扶贫、劳力转移扶贫、移民搬迁扶贫、社会爱心扶贫等政策，在减贫、脱贫方面取得较好效果，开启了全国精准扶贫模式，其精准扶贫的措施值得各地借鉴和学习。辽宁、福建、山东、河北4省在2015年下半年相继出台关于坚决打赢脱贫攻坚战的决定，按照国务院的要求制定相关措施和保障政策，措施制定得较合理，在精准措施实施方面工作量和难度较小。从江苏、福建、山东、广东出台的精准扶贫政策措施中可看出，这些地区都将措施的重点放在发展特色产业和教育就业等方面，而在道路、水利、交通等基础设施建设脱贫方面并没有特别强调，但在广西的政策措施中，由于其贫困面较大、程度较深，实施精准扶贫必然首先强调加强基础设施建设，为了能在2020年达到脱贫目标，广西还专门制定了四个专项文件（《关于整合资源支持和推进扶贫生态移民工作的实施意见》《关于开展教育精准扶贫扶持贫困家庭子女上学就业的实施意见》《关于加强金融支持扶贫开发的实施意见》《关于改革财政扶贫资金管理机制的实施意见》），从生态、教育、金融、财政资金等方面切实保障扶贫措施的顺利实施。基于河北、山东、广西三省区在2015年中央工作会议中明确了2016年脱贫人口百万以上的目标，这三个省区在精准扶贫的措施中也体现了这种决心。河北精准扶贫侧重通过发展有特色、有成效的产业，实施“一村一品”扶贫计划，培育蔬菜、优质林果、特色养殖和手工业等脱贫产业，同时提倡电商、旅游、光伏、生态等新业态扶贫，支持每个贫困县打造一个现代农业园区。山东主要通过发展生产、转移就业、易地搬迁和生态补偿方式有序推进脱贫计划，明确提出的150万左右的贫困人口通过发展生产实现脱贫，60万左右的贫困人口通过转移就业实现脱贫，6万左右的贫困人口通过易地搬迁实现脱贫，4万左右的贫困人口通过生态补偿实现脱贫，其他农村贫困人口通过社会保障兜底脱贫，并在产业发展、教育就业、易地搬迁和生态保护方面立足于当地的实际情况，制定切实有效的政策。山东在《关于贯彻落实中央扶贫开发工作部署坚决打赢脱贫攻坚战的意见》中提出，在该意见出台后的三个月内，省有关部门要配套制定出专项实施方案，组成“1＋N”精准脱贫方案。值得注意的是，各省（区市）在精准扶贫政策措施中都积极借“互联网+”平台来助力精准扶贫。山东省提出大力开展农村电商扶贫，从资金、人才等方面鼓励贫困地区发展农村电商。河北省不仅提出对电商人员进行免费培训和给予资金补贴，还特别强调实施宽带乡村工程，确保到2017年80%的贫困地区行政村通光纤，实现4G基站网络全覆盖。

表1中第8至第19个省份全部处于集中连片特困地区，其经济发展水平较低，各省（区市）之间经济发展水平较均衡，差距不大，在精准扶贫措施中除了立足当地的资源大力发展产业外，还特别突出加强基础设施建设和生态保护。总体上，精准扶贫的政策措施制定方面更显复杂，难度也较大。湖北省精准扶贫政策措施制定得较全面，除了提出全力推进产业扶贫、要大力发展特色种植养殖及其加工业之外，还强调着力实施交通、水利、电力、危房改造等扶贫，明确到2019年实现县县通高速公路，解决贫困居民用水用电和住房安全问题。湖南的精准扶贫政策措施打出了一套政策组合拳，推出“1+10+17”政策组合，其中17个具体措施中包括产业扶贫、电商扶贫、旅游扶贫、饮水安全扶贫、农村道路扶贫、农网改造扶贫、危房改造扶贫等基础设施专项保障方案。内蒙古精准扶贫政策措施提出立足资源优势，重点发展贫困人口参与度高的乳、肉、绒、粮油、蔬菜、瓜果、林草、药材和旅游等特色产业，在产业选择方面具有灵活性，同时加快推进电力、水利、交通、网络等基础设施建设。与湖北省不同，内蒙古并没有明确完成这些基础设施建设的时间。吉林重点支持发展特色种植业、养殖业和园艺特色产业，带动发展农产品加工业，形成一户一项（目）、一村一品、一乡一业的产业发展局面，同时加快交通、水利、电力、人居环境、危房改造等基础设施建设，并且明确到2018年，解决贫困地区硬化道路80%以上，自来水普及率达到85%，电压合格率达95%以上。黑龙江继续实施“一村一品”产业行动，但在交通、水利、电力、危房改造等基础设施建设的措施中没有明确完成的时间和程度。安徽省明确了到2018年全面完成农村道路畅通，实现自来水村村通，2020年贫困村宽带网络全覆盖以及供电自动化、信息化和服务水平显著提高。河南基础设施建设有明确的负责主管部

门，涉及省交通厅、水利厅、住房城乡建设厅、能源局、发改委等部门。明确提出到2020年解决贫困地区村级道路、电力、饮水、危房改造问题。中部某些省份在精准扶贫方面注重生态环境的保护，特别是一些贫困程度较深的地区，比如安徽省提出在一些生态脆弱地区，不具备基本发展条件的地方实施移民搬迁，加大对贫困地区重点生态功能区的投入和修复力度，开展贫困地区生态综合补偿试点。黑龙江的措施是提出结合生态保护转移就业，加大对贫困地区退耕还林、退耕还草、天然保护、湿地保护等重大生态工程的支持力度，优先保证贫困地区生态高产标准农田、土地综合治理、小流域治理、生态修复等项目建设。内蒙古在贯彻落实《中共中央、国务院关于打赢脱贫攻坚战的决定》的意见中指出，要坚持“保护生态，实现绿色发展”的原则，加大生态保护力度，坚持脱贫攻坚与生态保护建设相结合。从表1可看出，湖南在精准扶贫政策措施上推出“1＋10＋17”政策组合，在各省（区市）扶贫攻坚中力度和决心较大。湖北省在《湖北省委省政府关于全力推进精准扶贫精准脱贫的决定》中提到要充分发挥“1＋N”支撑体制机制的指挥棒的作用，建立约束机制、帮扶机制、考核机制、退出机制、激励脱贫机制、扶贫责任制、精神支撑机制和用人导向机制。除此之外，吉林、江西两省也明确了建立考核机制、退出机制、激励脱贫机制。值得注意的是，一些省份积极借用互联网，推进农村电商扶贫，湖北、黑龙江、安徽、河南四省明确提出了在2020年前实现贫困村网络的全覆盖，以保证电商扶贫在农村能够顺利运营。

表1中最后8个省（区市）由于所处的地理条件、经济发展水平、贫困现状具有相似之处，因此在精准扶贫的政策措施中也有共同点。它们是我国经济发展水平最低、贫困面积最广、贫困程度最深的地区，贫困人口大多生活在基础设施不完善、生态环境良好但生态脆弱区，因此要从根本上消除贫困只能进行造血式扶贫而非以往的输血式的扶贫，更加注重产业扶贫、教育扶贫、基础设施建设扶贫和生态环境保护。

贵州省专门出台《关于扶持生产和就业推进精准扶贫的实施意见》，指出要立足贵州资源禀赋优势，大力发展山地特色高效农业、农产品加工业、乡村旅游业、农产品流通业等帮助农户增产增收。《关于进一步加强农村贫困学生资助推进教育精准扶贫的实施方案》提出对农村贫困地区的普通高中和中职学校学生实行“两助三免（补）”，对普通高校的学生（不含研究生）实行“两助一免（补）”。关于基础设施建设方面，提出对贫困地区实行倾斜，实施农村公路建设三年会战、水利建设“三年行动计划”。

甘肃在发展产业扶贫方面明确提出完成的年限，在时间上更加精准，注重政策措施实施的效果。主要有：重点发展特色农牧业，加快“一县一业”和“一村一品”产业发育，推动农业标准化示范项目向贫困县倾斜、向贫困村覆盖，到2017年主要产品标准化覆盖率达到80%，“三品一标”农产品覆盖90%以上贫困村；大力发展农产品加工业，2017年贫困县农产品加工业总产值比2014年增长40%，2020年实现翻番；加快发展现代服务业和新兴经营主体，到2017年分别实现物流基本服务覆盖贫困村和每个贫困村至少建立1个产业组织和1个资金互助协会，贫困户的每个劳动力至少参加1个合作组织。在教育扶贫方面，到2020年实现有需求的贫困村幼儿园全覆盖，贫困地区农村学校办学条件均达到义务教育办学标准，免除贫困家庭学生就读职业学校、高职（专科）院校学费和书本费，给中职学生每人每学年发放2000元助学金。基础设施扶贫方面也同样注重时效性，2016年底实现贫困村户户通电，2017年所有建村制通水泥路，实现26万群众通水入户，实现贫困村宽带信息网络全覆盖，2020年前完成63万贫困户危房改造，基本消除农村危房。

四川省提出的“3+10”扶贫攻坚政策组合拳，“10”是指基础、产业、财政金融等专项方案。四川省《关于集中力量打赢扶贫开发攻坚战，确保同步全面建成小康社会的决定》中提出发展特色农业、乡村旅游、商贸流通、县域工业等；加强贫困地区交通、供水、电力和信息网络全覆盖，并出台《四川省基础设施建设扶贫专项方案》。教育方面，提高贫困地区幼儿园减免比例，免收贫困家庭子女的保教费，办好或恢复确需保留的村小学和教学点，发展寄宿制，改善普通高中办学条件，实施民族地区15年免费教育计划。

云南省同样提出实施贫困村“一村一品、多村一品”，每个贫困村有1~2

个产业发展项目，贫困户至少参与 1 个增收项目。在基础设施建设方面，到 2017 年实现所有村道路硬化，2020 年，农村自来水普及率达 80% 以上，村级宽带基础设施建设完成率和农村地区供电可靠率不低于 99.7%。在教育扶贫方面，帮助农村贫困家庭幼儿接受学前教育，对贫困户子女实施普通高中、中等职业教育免学杂费，高中阶段每人每年给予 2500 元助学金。陕西、青海、新疆、重庆等四省（区市）也在产业发展、教育和基础设施方面做了指导。

这 8 个省（区市）注重生态保护，特别是一些贫困程度较深的贫困地区。主要体现在贵州、四川、云南、陕西四省。贵州喀斯特地形地貌明显，石漠化区域范围广，生态极其脆弱，在精准扶贫政策措施中体现了坚持环境保护的原则。《关于进一步加大扶贫生态移民力度推进精准扶贫的实施意见》中提出特别关注深山区、石山区和生态位置重要、生态环境脆弱的贫困村组，优先搬迁建档立卡的贫困户，通过土地流转或专业合作社等方式，扶持移民对原有承包地退耕改种经济林、果树或中药材，实现生态恢复。

四川省提出持续推进生态扶贫工程，加大对重点生态功能区的投入力度，筑牢贫困地区可持续发展的生态底线，并且要出台和实施党政干部生态环境损害责任追究办法，对责任人严肃追责。

云南省结合生态保护脱贫，争取国家实施的新一轮退耕还林还草、防护建林、石漠化治理等重大生态工程向贫困地区倾斜，对“三江并流”地区、大江大河上游生态屏保区、生物多样性保护区加大财政转移支付力度。陕西创新生态保护脱贫，强调要加大对贫困地区生态保护修复的力度，创新使用生态资金，开展贫困地区生态综合补偿试点，实行生态环境审计等。

西部部分省份关注了民族地区的扶贫、脱贫问题。贵州《关于加快少数民族特困地区和人口数量较少民族发展推进精准扶贫的实施意见》指出在少数民族地区优先安排基础设施建设、优先安排生态移民、优先发展生产、优先安排技能培训、优先发展电子商务、优先安排组织建设等。对民族贫困地区给予更多的政策优惠和关注。四川在交通、教育等方面对民族地区实行倾斜政策，省级农村公路建设资金主要投向民族地区，实现民族地区首府所在地都有高速公路，实施民族地区十五年免费义务教育。

三　总结与启示

通过分析对比我国各省（区市）精准扶贫政策措施，得出以下结论与启示。

第一，更加注重造血式扶贫。造血式扶贫是区别于输血式扶贫的一种扶贫方式，是指通过多种扶贫措施让贫困户有能力扩大再生产的方式。长期以来，我国扶贫开发注重的是开放式的“一刀切”式扶贫，没有对贫困地区和贫困户进行精准界定和管理。随着我国经济社会的发展，贫困人口大量减少，现阶段剩下的贫困人口都是扶贫开发工作中“最难啃的硬骨头”，精准扶贫的思想便应运而生。2015 年 11 月 27 日，习近平在中央扶贫开发工作会议上指出，精准扶贫要实施“五个一批”工程，其中“发展生产脱贫一批”和“发展教育脱贫一批”正体现了我国精准扶贫要更加注重造血式扶贫方式。通过以上对我国各省（区市）精准扶贫政策措施的比较分析，我们认为，无论是东部还是中西部的贫困地区，只有推动经济发展才能实现真正的脱贫，各省份精准扶贫措施注重发展产业和强化就业扶贫，突出水、电、道路等基础设施建设，加大教育扶贫力度等，这些措施能够拓宽贫困户增收渠道、提高其自我发展能力，引导贫困农户依靠自身力量脱贫致富。

第二，借助大数据平台，探索“互联网 + 扶贫”模式。随着时代的发展，互联网已经渗透到经济社会的方方面面，互联网具有分享、远程、高效的特点，基于互联网能够有效合理地配置资源。在推进精准扶贫的政策措施中，各省（区市）积极搭建互联网平台，大力发展“互联网 + 扶贫”，河北、江苏、山东、辽宁、湖北、黑龙江、安徽、河南、山西等明确提出要大力发展电商扶贫，并且在 2020 年前实现贫困村网络的全覆盖，以保证电商扶贫在农村能够顺利运营。另外，湖北、安徽、江苏、河北、山东、江西等地区在保障措施中还提到要运用互联网搭建扶贫云平台，建立精准扶贫的信息系统，完善贫困对象的建档立卡信息，实现精准扶贫信息的动态化管理，互联网将为精准扶贫发挥巨大的作用。

第三，精准扶贫政策措施体现了区域差异性。我国国土面积广阔，东中西部地区在自然地理条件、经济社会发展水平等方面存在一定的差异性，各地出台的精准扶贫政策措施有所侧重，各省（区市）立足区域特点、资源禀赋和发展定位制定推进精准扶贫的政策措施。东部地区由于经济发展水平较高，贫困人口较少，贫困程度较浅，精准扶贫的政策措施主要在产业扶贫方面，重视“自我造血”式的扶贫，而中西部地区由于经济发展水平较低，多数地区长期处于交通不便、信息闭塞状态，精准扶贫需要注重基础设施的配套建设，而对西部一些生态脆弱的贫困区则要更加注重生态保护。从以上分析可看出，东部省份由于经济条件比中西部好，因此措施的实施效果比中西部要好，而中西部由于面临的贫困情况较复杂，加之受限于当地经济发展水平，政策措施较复杂并且必须有与之配套的专项方案。

综上所述，各省（区市）能够针对自身发展水平和贫困现状制定出符合实际的精准扶贫政策措施。东部地区有独特的地理环境及政治、经济和体制上的优势，是其他地区所不能比的，尤其是西部集中连片特困地区不具备的，因此东部贫困地区的扶贫措施比较简单，并且实施难度不大，有些经验值得中西部地区学习和借鉴。中西部地区经济社会发展水平较低，贫困面广和贫困程度较深，在一定程度上要求精准扶贫的政策措施更复杂，但实施的难度较大。精准扶贫的政策措施需要与之配套的财政、投资、金融等方面的倾斜和优惠政策以及各个部门的大力支持，中西部贫困地区是我国扶贫攻坚的主战场，但部分省份的政策措施还不够健全，比如重庆、新疆、陕西等这些集中连片特困地区出台的政策，导向不是很明确，相关专项政策也不够系统，未能形成合力。

参考文献

贺东航、牛宗岭：《精准扶贫成效的区域比较分析》，《中共福建省委党校学报》2015 年第 11 期。

大数据技术支撑下的黔茶产业扶贫研究

罗以洪 *

摘 要： 本文以如何运用大数据技术助力黔茶产业发展为中心，通过黔茶产业链分析及黔茶大数据技术综述，描绘出黔茶运用大数据战略的蓝图和基本框架，提出黔茶大数据平台建设路径和策略，加强大数据在黔茶产业发展及茶产业扶贫方面的应用，基于茶产业扶贫加快实施贵州省大扶贫战略行动。

关键词： 产业扶贫　大数据技术　黔茶　大扶贫战略行动

一 引言

中国是茶的故乡，也是世界最大的茶叶生产和消费国，贵州茶（黔茶）自古就享有盛名。以“三绿一红”（都匀毛尖、湄潭翠芽、绿宝石、遵义红）品牌为主要代表的黔茶知名度和综合影响力不断提升，黔茶出山的步伐更快更稳。全省茶加工企业实现集群集聚，产品性价比不断提高，竞争力不断增强，初步奠定了贵州作为中国茶叶原料中心、加工中心的地位。2015年贵州茶产业实现了茶园面积全国第一、茶叶产量增幅全国最大、茶叶总产值增长全国最快、区域性公用品牌影响力大幅提升，黔茶品牌知名度、综合影响力呈现节节攀升的良好局面。

* 罗以洪，贵州省社会科学院区域经济研究所副研究员，博士，主要研究方向为区域经济、茶产业发展、生态文明、技术创新。

产业扶贫以市场为导向，以贫困户的经济效益为中心，以产业发展为杠杆，是促进贫困地区发展、增加贫困户收入的有效途径。产业扶贫促进贫困个体与贫困区域的协同发展，是阻断贫困发生的主要动因。近年来，在贵州省委、省政府大力支持下，黔茶产业获得了快速发展，品牌价值不断提升，品牌影响力不断增强，茶园面积全国第一，茶园种植规模不断扩大，但贵州扶贫任务艰巨，通过茶产业扶贫是精准扶贫的重要抓手。就综合实力而言，贵州茶产业与国内其他知名茶品牌相比仍然有较大差距。在经济发展步入新常态背景下，在互联网经济席卷全球的浪潮中，黔茶的整体发展面临着新的挑战和机遇。

一是综合竞争力不强。通过数据调查分析可知，贵州茶产品的竞争力主要体现在绿色有机茶受环境污染程度低、茶树种植地理条件及气候环境好方面，在综合竞争力、品牌影响力、公众知名度上，位于十大名茶之后。二是传统的发展模式存在瓶颈。茶产业是个非常古老的产业，消费者习惯和理念的改变，以及电子商务、移动互联网消费方式的兴起，倒逼传统经营方式的变革。三是人才与技术储备不足。面对“互联网＋”浪潮的来临，还没有充分做好茶产业转型升级的人才储备与技术积累。四是茶产业扶贫面临挑战。目前的茶产业扶贫，已经不是简单的农户种茶问题，而是一个综合的系统工程，扶贫行动需要各个产业的联动发展，需要先进科学技术的支撑。

机遇总是与挑战并存，黔茶产业仍然面临着重大的发展机遇，具体表现在：第一，随着人们健康消费理念的改变，天然有机茶获得诸多消费者的喜爱，黔茶具有的独特种植环境优势越来越明显；第二，随着以云计算、大数据、物联网（IOT）、VR虚拟现实以及人工智能等新一代IT技术为代表的第四次工业革命的快速发展，黔茶产业正面临一场前所未有的重大变革机遇；第三，大数据已成为贵州的重要名片。通过国家首个大数据综合试验区建设，贵州在大数据综合试验方面已经实现多项全国第一，成立了国内第一家大数据交易中心，建立了“云上贵州”系统平台，抢占了大数据时代的发展先机，为以大数据带动茶产业发展，以茶产业促进精准扶贫、精准脱贫行动奠定了基础。

茶产业属于传统产业，也是新兴产业，充分运用大数据技术助推黔茶品牌价值提升及产业转型升级已成为黔茶跨越式发展的关键，本文在做黔茶大数据应用研究的同时，提出黔茶大数据应用路径与策略，为政府产业扶贫、企业生产提供决策参考。

二 黔茶大数据应用设想

（一）大数据概述

人类已步入大数据（Big Data）时代，也就是DT时代。大数据，通常的定义是指无法用现有软件工具提取、存储、搜索、共享、分析和处理的海量的、复杂的数据集合。大数据一般具有3个基本特征，俗称3V，包括数据体量（Volumes）大，一般至少在PB级别；数据类型（Variety）多，数据类型涵盖结构化数据、非结构化数据和半结构化数据；处理速度（Velocity）快，数据快速产生并且能够实现快速运算。大数据技术的关键在于从不同类型的巨量数据中，通过关联分析快速获得有价值的关键信息。大数据技术是处理大数据问题的核心，伴随互联网、移动互联网、社交网络、云计算、物联网等技术的快速发展而快速发展。根据IDC公司的研究，大数据市场分为三类业态，其中大数据核心业态包括大数据采集、加工、存储、分析、交易、安全、运营、人工智能等。大数据技术基本原理如图1所示。

在大数据时代，大数据不仅是一种新的技术手段，更是一种新的决策分析模式，大数据已经撼动从商业科技到医疗、政府、教育、经济、人文以及社会的其他各个领域。DT时代与IT时代的显著差异集中体现在对生产力的深层次影响上。根据美国学者对179家大型企业进行的研究，采用“数据驱动型决策”模式的企业生产力普遍可以提高5%~6%。相对于传统的实物经济，数据经济愈发显示出其不可估量的价值。2015年8月31日，国务院印发了《促进大数据发展行动纲要》（以下简称《纲要》）的通知，

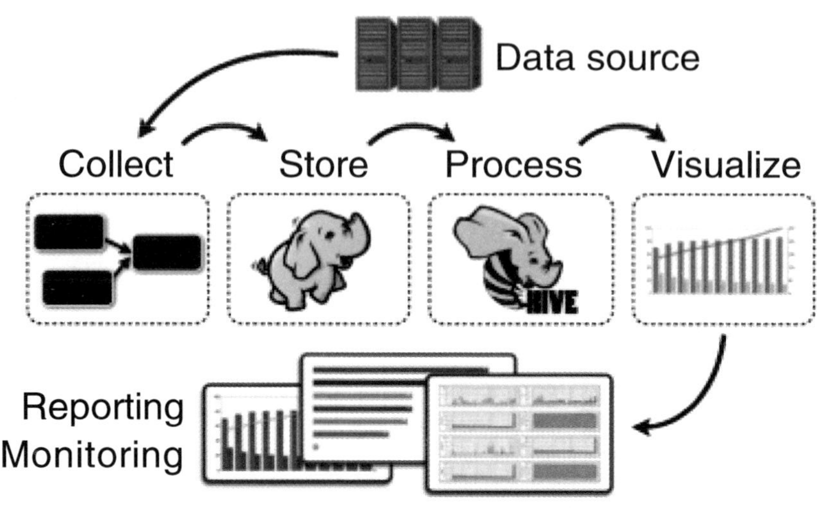

图1 大数据技术基本原理

吹响了全面推进我国大数据战略发展和应用、建成数据强国的号角。《纲要》明确指出，坚持创新驱动发展、加快大数据部署、深化大数据应用、发展大数据已成为供给侧结构性改革和推动政府治理能力现代化提升的必然选择。

面对黔茶发展机遇与挑战，在大数据时代，全省各级政府相关部门和企业主体有必要充分运用大数据原理、技术和理念，抓住时机、勇于创新，重塑黔茶全产业链结构，以数据驱动茶产业的转型升级，提升黔茶产业竞争力、品牌影响力、市场占有率。

（二）黔茶大数据技术应用的蓝图设计

1. 黔茶产业链分析

茶产业是中国的传统特色产业，也是生态农业的重要组成部分。茶叶行业全产业链可以从四个不同的方面来定义，包括价值关联、企业关联、部门关联、产品关联；茶叶企业的产业链属于产品关联一类。茶企在提供茶叶消费品时，从茶园投入开始，再到茶叶生产、加工、销售，都是围绕茶叶进行。从茶叶行业全产业链精准扶贫内容来看，茶叶种植环节主要解决贫困户家庭种植及打工就业，生产环节主要解决贫困户打工问题，对条件好的贫困户支持自主创业，流通环节助力贫困户就业和实现自主创业。茶叶行业全产业链扶贫构成如图 2 所示。

通过以上分析可知，我国茶叶产业链一端连接着茶农和种植户以及茶叶加工企业，另一端连接着消费者，中间包括流通环节的批发商和经销商，还有政府监管部门。在整个茶叶生态体系中，整个产业链流动起来的核心则是茶叶本身。随着茶叶不同产品在整个产业链各个环节的流转，每个环节都在产生数据的同时也在消费着数据，数据成为传递信息的最基本沟通元素，可见黔茶大数据技术应用的核心就是建立大数据平台。

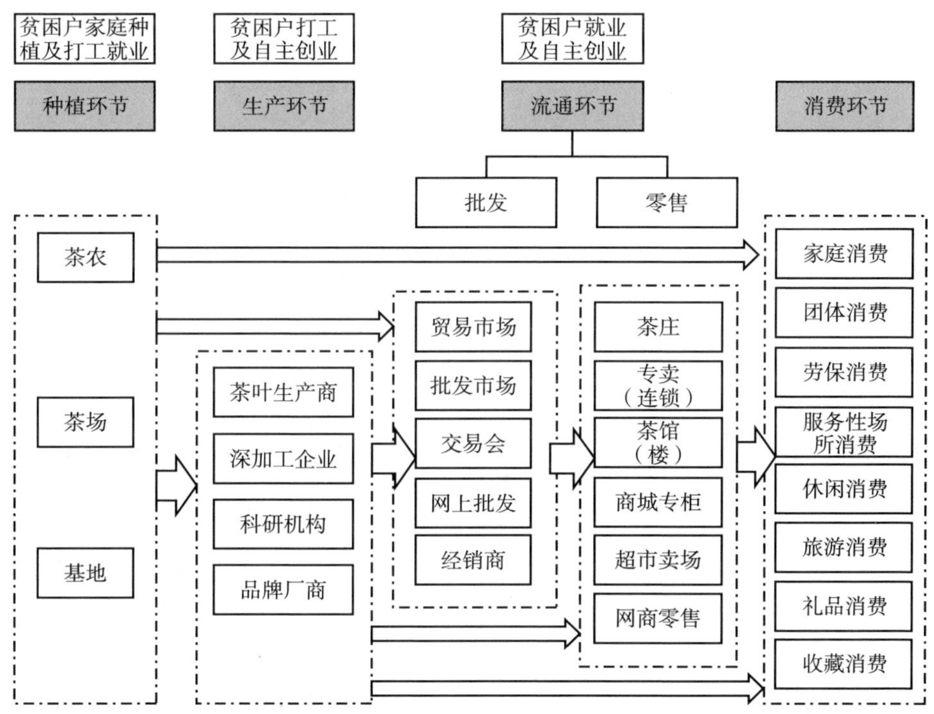

图 2　茶叶行业全产业链扶贫构成

2. 建立大数据平台的目的

通过大数据技术来构建黔茶发展策略的主要目的，就是充分发挥大数据技术的核心作用和技术特点，结合黔茶既有核心优势，重新构建基于数据驱动的黔茶产业发展新业态、新模式和新经济。具体的应用目标主要包括：第一，为地方政府提供茶产业发展的决策支持平台；第二，为茶叶的科学种植提供技术指导与管理支撑；第三，为上下游茶叶行业产业链的高效协同运行提供运营监管支撑；第四，为消费者提供统一的消费互动；第五，为贵州省茶产业运用大数据实现创新式发展提供改革创新模式。

为有效发挥大数据平台的作用，整个平台建设要体现服务化、智能化、定制化和高端化。服务化，就是体现数据为政府决策者、企业管理者、加工经营者、种植户、消费者提供所需服务；智能化，就是要充分运用大数据技术特点，通过整合、运算、挖掘与分析，让机器发现潜在的茶叶消费、流通中的规律和价值，从而指导茶叶的产品研发、加工与种植，形成一个数据驱动的有效反馈系统；定制化，就是在 DT 时代，消费呈现客户化定制的特点，通过数据为消费者实现个性化定制；高端化，是指通过大数据技术应用，通过差异化战略，重新打造基于“互联网＋”的黔茶品牌。

（三）茶叶大数据平台的框架体系和基础架构

大数据技术的基础首先是要有足够多的数据，大数据的大不仅是指数据体量的大，更是指多源数据和关联数据，这样才能在数据中找到潜在的商业价值。茶叶大数据系统结构按照产业链结构不同分为两大部分：一是内部数据，主要包括种植数据、加工数据、流通数据、消费数据；二是外部数据，主要包括供应商数据、竞争对手经营数据等。图 3 所示为贵州茶叶大数据平台基本框架构成。

大数据平台的基础架构如图 4 所示，大体包括数据集成（包括数据的采集以及多种数据源的集成）、数据存储（结构化数据、非结构化数据、半结构化数据）、数据运算（数据整合、萃取和加载）和数据分析（数据挖掘、可视化分析及应用）。

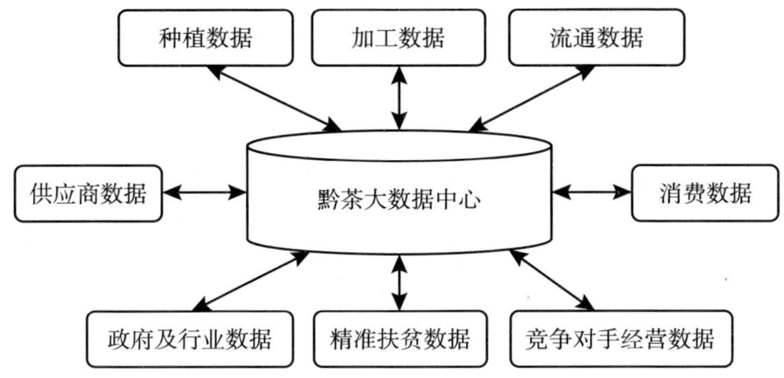

图 3　黔茶大数据平台的基本框架构成

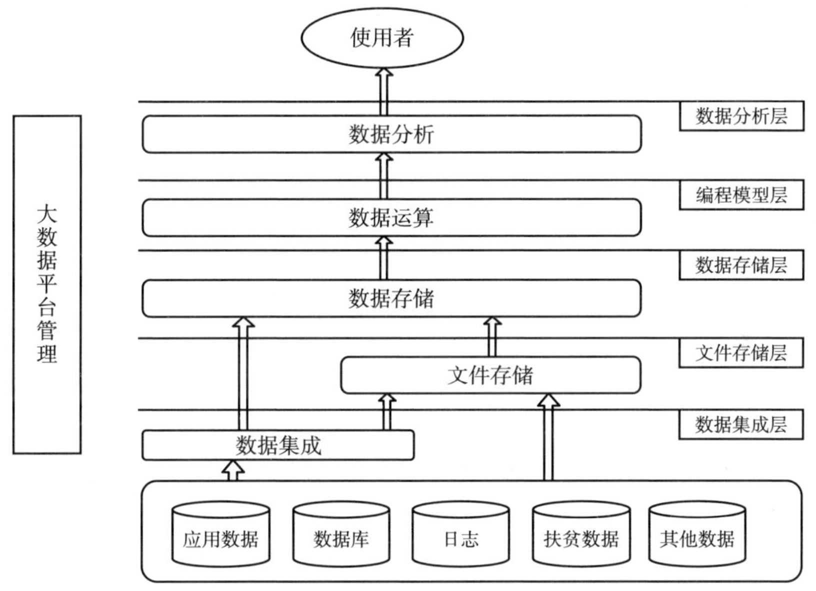

图 4　黔茶大数据平台的基础架构

（四）大数据平台的几个关键应用

黔茶大数据平台的建设是一个系统工程，是为整个茶叶产业链服务的，在建设过程中一方面要结合茶叶产业链分析，另一方面要发挥大数据技术在几个关键领域应用的突出成效、规划大数据技术在茶产业发展中的应用。

1. 助力政府部门实现科学决策

政府科学决策和政策制定的精准对区域发展的重要性不言而喻。面对瞬息万变的世界，传统的基于经验和直觉的决策方式已经成为过去，如何实现科学决策和预测成为一种挑战，在大数据时代，大数据技术提供了科学决策的依据。舍恩伯格在《大数据时代》一书中提到，大数据时代最大的转变是放弃对因果关系的探寻，取而代之关注相关关系，面对发展过程中的问题不是传统的出现问题、逻辑分析、找出因果关系、提出解决方案的逆向思维方式，而是在发展过程中通过收集数据、量化分析、找出相互关系、提出优化方案的正向思维。

政府对茶叶产业发展规划的制定，以及相关扶持政策的制定，都要以数据为依据，以数据为准则，助推政府决策科学化，构建“用数据说话、用数据决策、用数据管理、用数据创新”的全新政府决策机制。

2. 助力茶叶产品实现精准营销

大数据技术为精准营销提供了更为先进的技术手段。精准营销，通过正确的信息在正确的时刻、通过正确的管道传递到正确的顾客手中，真正对目标客户购买决策构成影响，促进营销目标有效达成。一是对市场准确定位，二是依赖科技手段，三是个性化服务，四是提高营销的正确性。在 DT 时代的精准营销体系，通过大数据技术的应用，取代传统的主观营销方式，是现代企业市场细分下精准营销的新趋势。

黔茶拥有国内十大名茶茶叶品牌之一，贵州茶产品在茶叶本身的生长环境、生物特性和化学成分方面，都具有典型特点，通过大数据应用，一方面挖掘茶叶自身优势，另一方面通过消费者和市场数据分析，为黔茶实现精准化营销建立一套完整的机制，实现从客户细分、市场定位、品牌策划到加工种植的以客户为中心的产业体系。在此过程中，需要充分利用电商平台、移动互联网、微信微博获取大量的消费数据和市场信息，通过数据挖掘与分析，按照消费者的不同维度，如性别、年龄、学历、职业来分析其不同消费时间、不同关注内容情况，实现产品的精准定价和精准化传播，提高销售收入，提升市场占有率，提升品牌知名度。

3. 实现茶叶加工过程的智能化

在 DT 时代，加工制造业向智能制造发展。通过对各种生产相关数据的全面感知、收集、分析、处理等，实现茶叶加工过程的智能化。

（1）通过大数据技术实现茶叶加工的智能化。在茶叶深加工中强化“工业 4.0”理念。以信息物理系统（CPS）实现数据与企业信息系统（IS）的融合，在云计算数据中心存储、分析生产信息系统传输来的生产大数据，用大数据分析后形成的决策反过来指导生产。在茶叶生产线、茶叶生产设备上配备传感器，通过物联网或无线互联网，采集传输生产实时数据，实时监控调控生产流程。在生产数据快速传递到数据中心处理后形成的决策信息反馈至生产过程，实现工厂智能化管理，提高工业控制效率，优化管理流程，实现资源的有效使用，降低工业和资源配置成本，提高生产效率。通过各种传感技术实时感知数据，了解产品线故障情况，智能维护，精确控制生产过程。利用传感器集中监控生产过程，实时优化能源消耗，对流程数据进行大数据分析、提供能源消耗决策，大幅降低生产能耗，节约生产成本。

（2）通过大数据实现茶叶生产的大规模定制。在制造业智能化中大数据是基础，大规模定制包括数据采集、管理，订单管理、定制平台等，核心是定制平台。利用大数据进行分析，大幅提升茶叶加工中的仓储、配送、销售效率，降低制造成本，极大地减少库存，优化茶叶生产供应链。利用茶叶销售数据、传感器数据、供应商数据等，制造企业可准确地预测不同人群对茶叶的需求，指导茶叶生产、加工、新产品开发、技术改进等。由于实现了库存和销售价格的动态跟踪，茶叶生产企业可节约大量成本。茶叶大数据智能制造应用如图 5 所示。

通过数据不仅可实现茶叶加工过程智能化，还可实现加工与茶叶产品研发、精准化营销的无缝连接，从研发、加工、流通过程出发，建立面向消费者、基于数据驱动的生产销售一体化系统。

4. 实现茶叶的科学种植

通过大数据以及物联网技术的综合应用，提升茶叶种植的科学化和精准化水平。茶叶的种植是确保茶叶品质的源头，是一个投入大、回报周期长、

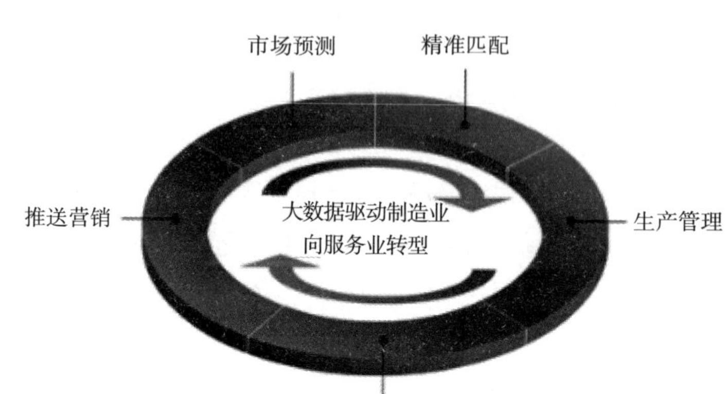

图5 茶叶大数据智能制造应用

过程复杂的工程，不仅受茶叶种植地自然条件制约，跟茶叶栽培技术和管理手段也有很大关系。通过搭建基于云计算技术的黔茶产业种植数据采集与服务平台，包括茶叶基础设施建设和云计算综合服务平台建设，构建贯穿种植栽培、加工、仓储、物流和销售等环节的实时数据库。

通过物联网系统部署，实现茶园的温度、湿度、视频等数据信息实时采集，有效监控土壤和空气状况的变化及茶园病虫害等情况，结合远程诊断确定防治的最佳时期，确定精准施药时间和方案，为现代农业综合信息监测、环境控制以及智能管理提供科学依据，提高劳动生产率，提升茶叶产品质量。通过茶叶种植服务云平台建设，为加工、物流、销售等各个环节提供实时种植数据，便于加工生产计划调整、物流效率提升、销售收入提高。以大数据技术，提升客户体验感和信任度，提升黔茶品牌在消费者心目中的地位。

5.实现茶叶质量安全溯源

质量是产品的生命，茶叶质量直接关乎消费者健康及品牌忠诚度。随着人类环境变化和人们对健康的日益重视，茶叶作为日常饮品，对品质管理提出了更高要求。从某种角度看，质量安全溯源就是在生产者与消费者之间建立一条透明监督与信任关系的重要纽带。随着智能手机二维码扫描技术的发展，建立基于云端的质量安全溯源系统，通过数据采集实现茶叶从种植、加工、流通、销售到消费整个过程质量的实时追踪、分析与监管。通过质量安全溯源系统，让消费者放心，让监管者放心。通过全过程质量数据管理，动态调整种植环境，实现加工工艺优化，物流运输、存储环境及产品包装优化调整等。

6. 为茶产业学术研究提供支撑

数据只有共享和开放才会产生更多价值。大数据背景下，依托政府数据、产业数据、行业数据的开放共享，将大数据应用于茶产业学术研究，为研究人员提供强大的数据支撑。将大量与茶产业相关的学术研究成果融入大数据，有效促进茶产业的科学发展、快速发展。

三　黔茶大数据产业扶贫应用的路径与策略

（一）实现路径

黔茶大数据平台建设不仅是一个系统工程，也是一个庞大的生态系统，要遵循总体规划、分步实施、问题导向、效益驱动、快速迭代、绿色生产、敏捷式建设等原则。综合黔茶现有优势，建议通过三步走战略来实现黔茶产业的大数据应用，如图 6 所示。

1. 实现全产业链过程的数字化与互联互通

数字化是实现大数据的基础，只有互联互通才能释放大数据能量。充分运用云计算技术、物联网技术、大数据存储与整合平台技术等，实现种植环节、加工环节、流通环节和销售环节的数字化，完成数据的采集、整合和存储。以消费者为中心，建立黔茶统一的电商云平台，实现种植端、加工与流通消费端各个阶段信息的融会贯通。

2. 基于数据挖掘与分析的管理与决策

以客户为中心，以延伸至消费端的电商平台、App、微信/微博为触角，通过对消费数据的实时获取与分析，为产品研发、种植、品牌策划、包装设计、流通、加工提供准确、及时的决策依据，快速响应消费者需求和市场动向，以柔性方式和基于数据定制的方式，提升产品竞争力。通过数据挖掘与分析及可视化，为政府、企业、投资者提供决策支持和有效监管。

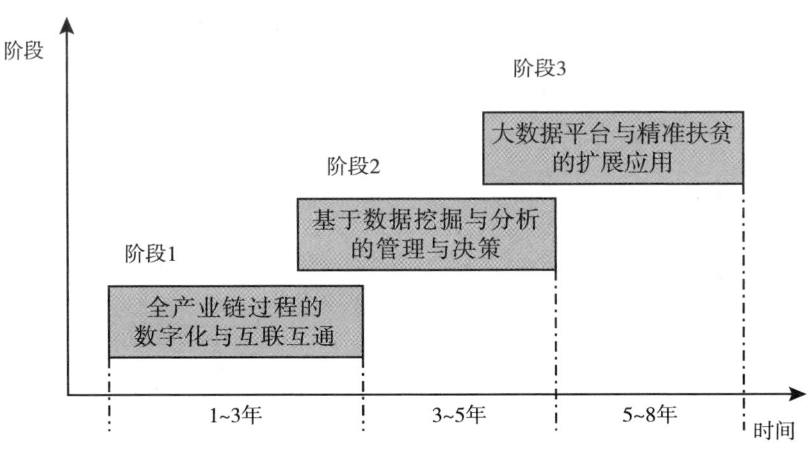

图6　大数据平台实施路线

3. 实现大数据平台与精准扶贫的扩展应用

通过全产业链过程数据的不断积累和丰富，加强技术平台完善和技术手段升级，实现产业与资本融合、数据与资本融合、数据与创新创业融合、数据与精准扶贫融合。将大数据平台与精准扶贫技术系统平台紧密耦合，通过持续不断地挖掘数据价值，让大数据平台为脱贫群众、贫困地区服务，挖掘产业链中潜在的商业机会。

（二）实现策略

对大多数茶叶企业而言，大数据更多还停留在概念和理论层面，大数据技术应用还面临窘境。茶叶大数据应用还面临三大难题：第一是没有大数据，第二是缺乏大数据人才及技术积累，第三是政府、企业及相关利益者没有开放大数据。顺利实现大数据对黔茶产业发展的应用，还需从以下几个方面予以突破。

1. 全产业拥抱大数据

谁能够以开放的心态积极快速拥抱大数据、改造原有商业模式、改变原有思考方式，谁就能在大数据时代浪潮中傲立潮头。贵州省委、省政府，茶区地方党委政府需要将茶产业的大数据全面应用放在首要位置，坚持政府引导、行业应用、市场检验、消费者认可，先行先试、高瞻远瞩，将大数据技术在黔茶产业发展中的应用作为精准扶贫、黔茶出山、全省茶产业转型升级和茶产业供给侧结构性改革的重要举措。

2. 建设黔茶大数据中心

依托贵州省大数据产业发展优势及茶产业发展条件，建设以黔茶产业为示范引领的贵州省黔茶大数据中心。建设立足贵州、面向全国、放眼世界的茶产业大数据中心，为全省服务、全茶产业行业服务。

3. 打造强有力的大数据人才队伍

大数据离开懂大数据的人才，就变得毫无价值。茶产业大数据人才队伍建设，不仅需要懂大数据应用的技术人才，还要懂茶叶的行业数据分析人才，要懂经营管理的管理人才，打破人才引进条条框框，创新人才引进机制，建立并共同组建黔茶大数据应用人才队伍，为黔茶大数据深入应用提供人才支撑。

4. 建立黔茶大数据共享机制，加强技术应用积累

将黔茶大数据技术与互联网云计算、物联网、人工智能等新兴技术紧密结合，总体规划、分步实施、开放平台，把握各个子系统之间的数据结构标准，避免形成信息孤岛。加强数据共享与开放，促进区域内、区域间的大数据共享与应用，加强大数据技术应用与交流，促进黔茶大数据深度应用。

5. 抓住关键，实现敏捷式发展

IT 技术发展日新月异，大数据、块数据、HADOOP、SPARK、AI 人工智能、VR 虚拟现实等新技术层出不穷，在建设大数据平台过程中，加大技术创新力度，充分运用迭代思维和敏捷方式，选择恰当的技术进行快速应用，在具体应用过程中不断完善与迭代，以技术为后盾，以应用为基础，强化大数据技术对茶产业的支撑作用，促进茶产业降成本、增效益、避风险、增信誉。

6. 实现大数据技术与精准扶贫工作的共建共享

黔茶大数据中心平台与精准扶贫云平台共享数据，以产业扶贫为主线，通过精准识别、精准确认、精准帮扶，有针对性地帮扶贫困地区人口，实现贫困人口扶贫方式的多样化和精准化，实现对帮扶成效的实时掌控。

四　结论

在大数据时代，大数据技术应用对推动黔茶产业发展意义重大、影响深远，对扶贫工作的影响也不是简单的对贫困农民的扶贫，而是通过大数据技术的支撑实现全产业链效能的提升，是对全区域经济发展模式的改变。面对茶产业消费市场更加激烈的竞争，黔茶发展需要积极创新。在大数据时代，黔茶产业创造未来较好的途径就是积极拥抱大数据，使大数据技术为黔茶发展所用，为精准扶贫精准脱贫服务。大数据技术在黔茶产业中的科学应用，将为贫困群众脱贫致富创造更多的条件，为黔茶产业做大做强奠定坚实基础，为黔茶出山开拓一条创新发展的新路。

参考文献

肖运喜：《茶陵县积极探索产业扶贫》，《湖南农业》2016 年第 10 期。

刘正强：《贵州茶产业助力精准扶贫的启示》，《中国茶叶》2016 年第 6 期。

梁尧：《茶产业扶贫模式研究》，《江西农业》2016 年第 7 期。

孙国梁、杨春雨：《黄金茶里的脱贫“密码”——江西省宁都县钓峰乡积极探索产业与扶贫深度融合之路》，《老区建设》2016 年第 3 期。

林宏伟、罗以洪、李应祥、罗洪富：《基于互联网 + 的贵州省茶产业转型升级研究——以中国十大名茶“都匀毛尖”品牌营销策略为例》，《经营管理者》2015 年第 26 期。

曹宝欣：《精准营销下的两种广告投放模式的比较研究》，《经营管理者》2015 年第 23 期。

王艳霞：《让乡村因茶而“美”——“茶与扶贫”论坛为贵州扶贫支招》，《当代贵州》2015年第23期。

刘大泯、梁宁：《打造贵州生态茶叶主体品牌助推贵州茶产业壮大发展——关于贵州茶产业发展的现状及对策研究》，《贵州师范学院学报》2014年第10期。

刘正强：《贵州发展茶产业的调查与思考》，《理论与当代》2014年第6期。

贵州省人民政府办公厅：《关于印发〈贵州省茶产业提升三年行动计划（2014－2016年）〉的通知》，2014。

谢春芳：《国内茶叶发展成功经验对贵州茶产业的启示》，《现代商贸工业》2013年第23期。

刘平、黄绍进、黄彦媛、罗述武、黎怀敬、黄芳蕊、黄猛、邱煦洪：《新形势下金融支持扶贫开发模式研究——昭平茶产业案例》，《区域金融研究》2013年第12期。

卢天国：《贵州现代茶产业新商业模式——贵州茶产业的变革之路》，《贵州茶叶》2012年第1期。

李丽：《实现中国茶叶公用品牌与企业品牌共赢的博弈研究》，安徽农业大学硕士论文，2009。

田茂霞：《贵州的比较优势与产业发展》，中南民族大学硕士论文，2009。

刘永娟：《我国茶叶产业的国际竞争力分析》，中国海洋大学硕士论文，2008。

管家骝：《从茶叶广告史看广告与发展贸易的关系》，《贵州茶叶》2002年第3期。

案例篇

Case Reports

河北脱贫攻坚思考

张彤　方正*

摘　要：　习近平总书记在2016年7月20日东西部扶贫协作座谈会上明确指出："扶贫开发到了攻克最后堡垒的阶段。"河北省全面贯彻落实习近平总书记十八大以来关于扶贫开发一系列重要思想，创新与统筹并重，构建了"五位一体"扶贫新格局、分类精准推进新路径、可持续脱贫新产业、要素支撑新机制、股份合作新模式、社会帮扶新局面，以"八八战略"为统领，在真扶贫、扶真贫、真脱贫上聚焦发力，强力推进脱贫开发河北新实践。

关键词：　精准扶贫　八八战略　河北

* 张彤，河北省委办公厅调研员，中国社会科学院研究生院马克思主义学院博士研究生，主要研究劳动经济、贫困人口发展等问题；方正，中国社会科学院研究生院马克思主义学院博士研究生。

党的十八大以来，习近平总书记从全局和战略的高度就扶贫开发提出了一系列重要战略思想，既完全契合当今中国贫困地区发展现状，更科学彰显了我们党运用马克思主义世界观和方法论指导中国发展的具体实践，已经成为指导全国脱贫攻坚工作的科学指南和基本遵循。让“弱鸟可望先飞，至贫可能先富”，是河北省努力探索并创新实践脱贫攻坚道路的最终目的。

河北省共有扶贫开发工作重点县62个，其中列入国家燕山－太行山集中连片特困地区的县22个，片区外国定重点县23个、省定重点县17个；建档立卡贫困村7366个，建档立卡贫困人口310万，贫困发生率5.4%。近年来，河北省委、省政府认真贯彻习近平总书记脱贫攻坚战略思想，全面落实党中央、国务院关于打赢脱贫攻坚战的决策部署，因地制宜，紧密结合全省实际，把扶贫开发作为战略性任务来抓，真抓实干，攻坚克难，取得了新成效。“十二五”期间，河北省贫困人口共减少500万人，平均每年减贫100万人左右，贫困发生率下降了10个百分点。2016年上半年，贫困县农村居民人均可支配收入4811元，同比增长13.3%，增幅高于全省平均水平5.1个百分点。根据初步评估，预计2016年有19个贫困县脱贫摘帽，100万左右贫困人口稳定脱贫。

一　全面贯彻习近平总书记扶贫开发战略思想，构建打赢脱贫攻坚战的新理念新思路新机制

河北省坚决以总书记脱贫攻坚重大战略思想指导全省脱贫攻坚全过程、各环节，省委主要领导亲自谋划、亲自推动，全省上下积极探索、改革创新，努力走出一条具有河北特点的脱贫攻坚新路子。

（一）构建了“五位一体”统筹推进的新格局

总书记指出，发展是甩掉贫困帽子的总办法，强调扶贫开发要同做好农业农村工作结合起来，同发展基本公共服务结合起来，同保护生态环境结合

起来，向增强农业综合生产能力和整体素质要效益。河北充分认识到，解决贫困问题，归根结底要靠农业农村的发展，要靠把河北丰富独特的农业资源、山地资源、旅游资源等优势发挥出来。在实践中，各级党委政府主动摆脱就扶贫抓扶贫的工作惯性，坚持脱贫攻坚与现代农业发展、美丽乡村建设、山区综合开发及生态建设、乡村旅游“五位一体”统筹推进，有效提升了扶贫工作资源整合能力，形成了融合式、整体性扶贫工作格局。

（二）构建了分类精准推进的新路径

总书记指出，精准扶贫，一定要精准施策。要坚持因人因地施策，因贫困原因施策，因贫困类型施策。对不同原因、不同类型的贫困，采取不同的脱贫措施，对症下药、精准滴灌、靶向治疗。河北认真落实总书记的要求，坚持分类推进，根据贫困状况、致贫原因，因村施策、因户施策，做到“十三个精准”，即精准摸清底数，精准发动和培训群众，精准制定脱贫措施，精准确定扶贫产业，精准构建贫困户利益联结机制，精准确定改善生产生活条件项目，精准筹措扶贫资金，精准抓好社会保障兜底，精准选好乡镇党委书记、村支部书记和第一书记“三支队伍”，精准搞好扶贫成果评估，精准搞好社会帮扶，精准推广成功经验，精准兑现奖惩。

（三）构建了可持续脱贫的新产业

总书记指出，贫困地区发展要靠内生动力，如果凭空救济出一个新村，简单改变村容村貌，内在活力不行，劳动力不能回流，没有经济上的持续来源，这个地方下一步发展还是有问题。一个地方必须有产业，有劳动力，内外结合才能发展。河北把产业作为脱贫攻坚的主攻方向，积极引进战略投资者，培育带领农民致富龙头企业，创新企业与农民利益联结机制，构建产业扶贫“五大支撑”，即特色农业扶贫、旅游扶贫、光伏扶贫、家庭手工业扶贫、电商扶贫，做到村村有产业项目、户户有增收门路，增强贫困地区和贫困群众造血功能，提升贫困群众收入水平，实现稳定脱贫、可持续脱贫。

（四）构建了要素支撑的新机制

总书记反复强调，要坚持政府投入在扶贫开发中的主体和主导作用，增加金融资金对扶贫开发的投放，多渠道增加扶贫开发资金。总书记的论述，指出了破解脱贫攻坚要素瓶颈制约的关键所在。河北把突破要素瓶颈作为脱贫攻坚的重要着力点，推动资金、土地、人才等要素向贫困地区集中，为脱贫攻坚提供有力支撑。针对贫困地区贷款难、贷款贵的问题，推广隆化县“政银企户保”金融扶贫机制，政府搭台增信，银行降槛降息，企业农户承贷，保险兜底保证，实现了贫困群众和扶贫企业想贷就能贷。探索土地扶贫机制，每年拿出专项指标用于支持贫困县重点扶贫项目建设，用足用好土地占补平衡和城乡建设用地增减挂钩政策，筹措扶贫开发资金。探索科技扶贫机制，组建产业扶贫专家服务团，分包 62 个贫困县，实现了贫困县和扶贫产业科技专家全覆盖，为产业扶贫注入了强大的科技动力。

（五）构建了股份合作的新模式

总书记强调，要通过改革创新，让贫困地区的土地、劳动力、资产、自然风光等要素活起来，让资源变资产、资金变股金、农民变股东，让绿水青山变金山银山，带动贫困人口增收。河北把股份合作制作为产业扶贫的主攻方向，推行政府 + 龙头企业 + 金融机构 + 科研机构 + 合作社 + 农户等多元股份合作模式，支持贫困村组建股份合作体，实现了自然人农业变法人农业、资金变股金、农民变股东，使贫困群众成为分股金、领租金、挣薪金的“三金”农民。同时，让村集体享有一定股权，壮大贫困村集体经济，提高村集体服务能力和脱贫帮扶能力。

（六）构建了社会帮扶的新局面

总书记指出，脱贫致富不仅仅是贫困地区的事，也是全社会的事。扶贫开发是全党全社会的共同责任，要更加广泛、更加有效地动员和凝聚各方面力量，鼓励支持各类企业、社会组织、个人参与脱贫攻坚。在东西部扶贫协作座谈会上总书记又专门强调，东西部协作和对口支援，是实现先富帮后富、最终实现共同富裕的大举措。《中共中央国务院关于打赢脱贫攻坚战的决定》明确要求，“引导社会扶贫重心下移，自愿包村包户”，“工商联系统组织民营企业开展‘万企帮万村’精准扶贫行动”，“完善扶贫龙头企业认定制度，增强企业辐射带动贫困户增收的能力”。河北省委、省政府广泛动员各种力量开展对口帮扶，启动京津对口帮扶张家口、承德市贫困县，完善省内对口帮扶、驻村帮扶，开展“千企帮千村”行动，组织动员武警和驻冀部队、志愿者广泛参与，形成了各方面关心支持脱贫攻坚的浓厚氛围。

（七）构建了党建扶贫的新保证

总书记在阜平考察扶贫开发工作时强调，要把扶贫开发同基层组织建设有机结合起来，抓好以村党组织为核心的村级组织配套建设，把基层党组织建设成为带领乡亲们脱贫致富、维护农村稳定的坚强领导核心。全省推广了承德市开展“脱贫攻坚党旗红”活动的做法，组织贫困村党组织书记“万人示范培训”，调整配强乡镇党委书记，精准选派驻村第一书记，整顿软弱涣散村党组织，形成了党组织建在产业链、党员聚在产业链、群众富在产业链“三在产业链”等党建扶贫新模式。

二　创新实施脱贫攻坚“八八战略”，把精准要求落实到脱贫攻坚全过程

近两年来，河北省委、省政府深入贯彻党中央、国务院关于打赢脱贫攻坚战的决策部署，认真落实总书记在唐山视察时的重要讲话精神，按照“四个切实”“六个精准”“五个一批”要求，大力实施“八八战略”（即“八项行动”：产业和就业脱贫行动、易地搬迁和危房改造脱贫行动、生态保护脱贫行动、教育脱贫行动、社保政策兜底脱贫行动、医疗保险和医疗救助脱贫行动、基础设施脱贫行动、“互联网＋”扶贫行动；“八项举措”：财

政支持、金融支持、土地政策支持、贫困户收益落实到人头、定点扶贫、选派第一书记和驻村工作队、社会扶贫、考核指挥棒），推动脱贫攻坚取得明显成效。

（一）精准建好建档立卡“明白账”

首先，扎实开展建档立卡“回头看”。在坚持把农户收入作为基本指标的基础上，将“两不愁、三保障”作为综合考量标准，采用“五看、五不录、六优先”（看住房，看大件，看劳力，看产业，看负担；有机动车的不录，有新建住房的不录，有城镇商品房的不录，有公职人员的不录，有较大实体产业的不录；有重病人的优先，有重度残疾的优先，有在校学生的优先，无壮劳力的优先，住危房的优先，重灾户优先）的识别办法，开展建档立卡“回头看”，进一步摸清了贫困底数。其次，建立精准扶贫大数据平台。依托国家建档立卡信息系统，研发了河北精准扶贫大数据平台，实现省市县乡村五级纵向联通、各有关部门横向共享，为脱贫攻坚动态管理提供了信息支撑和技术保障。再次，精准实施贫困退出。出台了《关于建立贫困退出机制的实施意见》及《实施细则》，为全面把握脱贫标准、提高脱贫质量、实现精准退出提供了规范和依据。近期全省将启动年度贫困退出工作。

（二）精准打好易地扶贫搬迁“当头炮”

在规划编制上，出台《“十三五”易地扶贫搬迁实施方案》，计划用五年时间，对7个市38个县（区）1955个村的14万户42万农村人口实施易地扶贫搬迁，向县城、小城镇和园区、景区周边有序转移。制定《易地扶贫搬迁2016年实施计划》，确定年内启动12.6万人的搬迁工作。在平台建设上，省级建立了易地扶贫搬迁开发投资有限公司，有搬迁任务的38个县全部组建县级投融资平台并负责项目实施。在项目实施上，2016年4月6日，省委、省政府在涞源县举行了全省易地扶贫搬迁启动仪式；10月8日，在沽源县召开了全省易地扶贫搬迁现场观摩调度会，强力推进易地扶贫搬迁工作。截至目前，共启动31个县、15.2万人（贫困人口9万人、同步搬迁6.2万人）的搬迁工作，超出计划数2.6万人；194个集中安置项目全部开工。严格执行贫困人口每人25平方米的建设标准，不给贫困户造成负担。在配套建设上，坚持“两区同建”，在建设安置小区的同时，配套建设工业园区、现代农业园区，实现改善居住条件与增加创业就业机会同步推进，确保贫困群众搬得出、稳得住、有事做、能脱贫。

（三）精准唱好产业扶贫“重头戏”

坚持因地制宜，科学规划，因势利导，探索多样化的产业扶贫路径。实施特色农业扶贫，发展设施蔬菜、食用菌、优质林果、中药材和畜牧养殖等产业，预计带动97万人脱贫。实施旅游扶贫，大力推广旅游就业带动脱贫、旅游创业带动脱贫、旅游商品带动脱贫、旅游资产收益带动脱贫、旅游资源折股量化带动脱贫，预计带动50万人脱贫。实施光伏扶贫，在具备条件的4000个贫困村每村建设一个100～500千瓦的村级光伏电站，预计带动32万贫困户脱贫。实施家庭手工业扶贫，62个贫困县从业人口9万多人，预计带动18万人脱贫。实施电商扶贫，通过在贫困县建设农村电商公共服务中心，在贫困村建设电商服务站，预计带动12万人脱贫。制定了鼓励用人单位吸纳就业、积极开展就业转移等十项政策措施，引导企业扶贫与职业教育相结合，鼓励职业院校和技工学校招收贫困家庭子女，确保贫困家庭劳动力至少掌握一门致富技能。目前，全省各级扶贫龙头企业达2.1万家，农民合作社达10.1万家，新型经营主体对贫困户带动率达到50%。

（四）精准织牢社保兜底“保障网”

提高农村低保标准，全省实现农村低保线与扶贫线“两线合一”、动态管理，低保标准全部达到2855元/年以上，最低补差标准提高到150元/月，强化了低保兜底的刚性保障。提升医疗保障救助水平，出台《关于提高贫困人口医疗保障救助水平解决因病致贫返贫问题的实施方案》，8月1日起在全省全面实施，确保织好“三重保障网”：织好基本医保“保障网”，取消门诊起付线、报销比例由50%提高到70%，住院报销起付线降低50%、报销比例为90%，特别是强化慢性病医疗保障，普通慢性病报销比例为75%、封顶线每年6000元，重大慢性病报销比例为90%；织好大病保险“保障网”，取消住院报销起付线，封顶线提高到每人每年50万元；织好医疗救助“保障网”，大额慢性病门诊费用按70%救助，住院救助不设起付线且在年度限额内救助80%，重特大疾病经住院救助后超出部分按90%救助。扎实推进教育扶贫，实现了22个燕－太片区县实施义务教育学生营养餐全覆盖，惠及学生52.7万人；对省内公办普通高中、中职学校、普通高校就读的贫困家庭学生进行资助，实现“三免一助”全覆盖；认真实施“雨露计划”，对18463名参加职业教育的贫困家庭学生，给予每人每年3000元的助学补助，实现职教扶贫全覆盖。

（五）精准打好基础设施和生产生活条件改善“组合拳”

规划编制引领脱贫攻坚。注重扶贫规划与全省“十三五”经济社会发展规划、行业部门专项规划有效衔接，加快编制贵州“十三五”脱贫攻坚规划和燕－太片区规划，以规划精准确保项目安排精准、资金使用精准、脱贫攻坚精准。基础设施支撑脱贫攻坚。出台“十三五”交通扶贫规划，太行山高速控制性工程6月底全线开工；贫困地区普通干线公路和农村公路补助标准提高50%，前三季度开工建设贫困地区普通公路1042公里、县域通道1212公里。制定农村饮水安全巩固提升“十三五”规划，加快贫困地区灌区续建配套工程建设，推进农田“五小水利”等工程向贫困村倾斜。制定贫困地区农网改造升级专项规划，重点推进南部地区42个贫困县910个贫困村的电力设施建设，实施北部地区2700多个农网升级改造项目。在张家口、承德、保定3700个贫困村实施通信普遍服务试点工程，年内全省贫困地区75%的行政村实现通光纤、90%的行政村实现通宽带4G网络。生态建设促进脱贫攻坚。推进贫困地区重大生态工程建设，新增公益林优先向贫困地区倾斜，目前已安排155万亩，占77.5%。国家初步确定贵州建档立卡贫困户护林员规模 1.3 万人，可带动 4 万人稳步脱贫。美丽乡村助力脱贫攻坚。按照环境美、产业美、精神美、生态美要求，将 1000 个贫困村纳入美丽乡村建设范围，进行重点打造。通过省级扶贫开发融资平台，对 3269 个贫困村每村支持 50 万元，重点用于垃圾处理、污水治理、村庄绿化美化和改房、改厕、改厨等方面建设，贫困地区人居环境明显改善。支持革命老区、民族地区脱贫攻坚。

（六）精准奏响对口帮扶“协奏曲”

推动京津对口帮扶工作，认真落实国家六部委《京津两市对口帮扶河北省张承环京津相关地区工作方案》，京津对口帮扶贵州 15 个贫困县的工作近日全面启动。组织省内对口帮扶，组织省内廊坊、唐山经济实力较强的县（市、区）帮扶张承两市贫困县，其他 7 个市开展市内对口帮扶。扎实开展“千企帮千村”行动，1000 家民营企业与 1020 个贫困村结成帮扶对子，开展“村企共建”，目前共实施帮扶项目 210 个，投入帮扶资金 5010 万元。动员社会力量对口帮扶，引导民营企业和社会各界捐赠或投资 200 万元扶持一个贫困村发展特色产业、捐赠 3000 元扶持一个贫困户发展家庭手工业等活动，使社会帮扶扶到点上、扶到根上。

（七）精准建强脱贫攻坚“突击队”

驻村工作全覆盖，省市县三级精准选派驻村干部 22164 人，担任第一书记的厅级后备干部占省派干部的 68.1%，7366 个贫困村全部派驻了第一书记和驻村工作队。管理监督全过程，开发手机客户端签到考勤，开展突击检查、明察暗访、督导调度，对经常脱岗、群众反映不好的实行召回，对管理不到位的省直派出单位、市县负责同志进行约谈。工作指导全方位，省扶贫开发领导小组每季度直接给驻村工作队员写一封信，提出阶段性工作重点和目标任务；市委市政府每季度组织一次专题培训，提高工作队员政策水平和业务能力；县委县政府主要负责同志每两个月与驻村工作队员进行一次座谈交流，指导帮助他们做好有关工作。

（八）精准用好成效考核“指挥棒”

制定出台了贫困县党政领导班子和领导干部实绩考核办法，提高减贫成效考核权重，其中45个片区县和国定县考核权重提高到70%以上，17个省定县考核权重提高到50%以上。在此基础上，精心组织实施2015年度贫困县考核工作，进一步强化了贫困县党委、政府的主体责任，调动了脱贫攻坚积极性。近日又将贫困发生率超过10%的35个国定县和片区县考核权重提高到80%。强化行业部门责任。制定出台了《省直单位脱贫攻坚工作考核办法（试行）》，引导行业部门把脱贫攻坚作为份内职责，加强对本部门本行业脱贫攻坚的组织领导，运用部门职能和行业资源做好工作，做到扶贫项目优先安排、扶贫资金优先保障、扶贫工作优先对接、扶贫措施优先落实。强化资金监管导向。市县扶贫部门每年对扶贫资金使用和项目安排情况进行公告或公示，每个贫困村都建立扶贫项目领导小组、实施小组、监督小组，全过程监管资金使用，县乡两级设立专户，确保专款专用、封闭运行。

三　激发脱贫攻坚的精神动力，以科学务实作风推进各项工作落实

打赢脱贫攻坚战，赢在精神状态，赢在工作作风。为了确保“十三五”开局之年首战告捷，河北在理清路子、完善政策的同时，结合“两学一做”专题教育和机关作风整顿，在全省上下大力弘扬高度负责的精神、攻坚克难的精神、自强不息的精神，引导各级按照习近平总书记强调的“领导工作实、任务责任实、资金保障实、督查验收实”的要求，在真扶贫、扶真贫、真脱贫上精准聚焦精准发力，推动各项工作落实落地，不断取得新的进展。

（一）党委政府责任上肩，以脱贫攻坚统揽经济社会发展全局

签字背书强化责任，省市县乡村层层签订责任书，建立了五级书记一起抓、党政一把手负总责的纵向责任体系；制定了2016年度全省脱贫攻坚工

作计划表，把全年工作梳理为64项要事，任务分解到部门，责任落实到人头，时限明确到月份。排队亮相传导责任，举办县委书记擂台赛，省委书记、省长亲自点评；定期开展阶段性工作评价，对9个市62个贫困县的脱贫攻坚重点工作情况进行排名，并在《河北日报》公示。督查约谈落实责任，制定了督查巡查工作实施办法，实行一季一督查、一季一调度；省委分管领导对2015年度考核排名靠后的3名贫困县的县委书记进行约谈。通过一系列硬措施，增强了贫困县党委、政府抓脱贫攻坚的责任和压力，促使他们把脱贫攻坚作为头等大事，多数贫困县党政主要领导拿出主要精力抓扶贫。

（二）各级领导走上一线，以亲历亲为的作风攻坚克难

一线蹲点调研指导，实行省领导帮县联乡驻村、市领导帮乡联村驻户、县乡干部包村包户，36名省级领导每人分包1个国定贫困县、联系1个建档立卡贫困村。当年元旦前夕，省委书记利用4天时间到阜平县龙泉关镇顾家台村开展蹲点调研，其他省领导分别深入联系点开展了蹲点调研。一线办公解决问题，采取项目观摩会、现场办公会等形式，发现问题，破解难题，推动工作。省长深入张北、崇礼等贫困县现场办公，研究解决重点问题。省委、省政府先后在承德、保定、张家口和阜平县召开4次环首都扶贫攻坚示范区现场办公会，协调解决重大问题。一抓到底研究政策，为推动中央脱贫攻坚决策部署在河北落地生根，省扶贫开发领导小组负责同志组织有关部门，一项一项地深入研究，一个问题一个问题地协调政策，形成了含金量高、针对性强的“1+26”脱贫攻坚政策体系，强化了顶层设计。为推进健康扶贫工作，组织省社科院、省人社厅等部门，深入走访调研，制定出台了《关于提高贫困人口医疗保障救助水平解决因病致贫返贫问题的实施方案（试行）》及《实施细则》，为有效解决因病致贫返贫问题提供了有力的政策保障。

（三）广大干部激情工作，以奋发作为的精神状态投入脱贫攻坚

各级干部满负荷工作、超常规干事，把脱贫攻坚作为检验“两学一

做”专题教育的重要内容，大力发扬吃苦奉献精神，以自己的辛苦指数换取贫困群众的幸福指数。市县扶贫部门和扶贫干部全年在基层工作的时间达到60%以上。各级各单位事争一流、比学赶超，积极对标本系统、本行业先进，制定增比进位计划，定期排名通报，形成相互较劲、你追我赶的良好态势。

（四）先进典型示范带动，以榜样力量营造脱贫攻坚浓厚氛围

认真贯彻习近平总书记重要指示精神，深入开展了向全国脱贫攻坚模范李保国同志学习、争做“李双星式”好党员好干部活动，用典型的力量鼓舞人、感召人，全省近千支“李保国式服务队”常年活跃在贫困乡村。深入开展“扶贫日”活动，在全省表彰了今麦郎公司、省司法厅驻村干部任建庆、隆化县南营村自力更生模范庞瑞等一批先进集体和先进个人，为脱贫攻坚营造了浓厚氛围。注重抓点示范，编写包括涞水旅游扶贫、曲阳光伏扶贫、隆化“政银企户保”金融扶贫、威县资产收益扶贫等典型经验在内的脱贫攻坚十大范例，在全省推广，以抓点示范活跃全省扶贫开发工作全局。

下一步，河北为坚决打赢脱贫攻坚硬仗，重点将实现五个全覆盖：一是产业扶贫全覆盖，把脱贫产业项目精准到村、精准到人。二是社保兜底全覆盖，把该保的保好、该兜的兜住，推动政策精准落实、有效落地。三是易地扶贫搬迁全覆盖，加快易地扶贫搬迁项目建设进度，确保完成一批“交钥匙”搬迁安置任务，确保该搬迁的贫困群众全部搬迁到位。四是股份合作制经济组织全覆盖，使有劳动能力的贫困群众成为拿租金、股金和薪金的“三金”农民，使无劳动能力的成为拿租金和股金的“两金”农民。五是金融扶贫全覆盖，每个贫困县成立扶贫贷款担保中心，设立不少于1亿元的贷款担保基金、不少于3000万元的风险补偿基金，解决好贫困群众和扶贫企业“想贷就能贷”的难题。同时重点实施两大工程：一是重点贫困村攻坚拔寨工程，对贫困发生率高于50%的600多个重点贫困村，逐村研究制定帮扶工作方案，加大政策、资金支持力度，加快整村脱贫步伐。二是孝心扶贫工程，针对建档立卡贫困户中贫困老人子女不尽赡养义务问题，倡导敬老

爱老孝老新风尚，对子女不履行赡养义务的及时进行批评教育和相应的约束，同时探索设立家庭养老孝心基金，确保贫困老年人老有所养。

参考文献

习近平：《摆脱贫困》，福建人民出版社，1992。

习近平：《在贵州召开部分省区市党委主要负责同志座谈会上的讲话》，2016 年 6 月 18 日。

习近平：《在河北省阜平县考察扶贫开发工作时的讲话》，2012 年 12 月 29、30 日。

习近平：《在部分省区市党委主要负责同志座谈会上的讲话》，2015 年 6 月 18 日。

习近平：《在中央扶贫开发工作会议上的讲话》，2015 年 12 月 25 日。

基于“多规合一”的脱贫攻坚研究

——以丹寨县兴仁镇为例

王彬　王前　蔡伟　陈绍宥　苟以勇　罗以洪*

摘　要： 兴仁镇位于贵州省黔东南州丹寨县北部，是丹寨县农业大镇。2015年贫困人口2017户7921人，贫困发生率高达21.57%，比贵州全省高7.17个百分点。为引导和规范兴仁镇空间利用秩序，促进发展要素、公共资源合理配置，统筹经济发展、土地利用和城乡建设等规划关系，打赢扶贫攻坚战，经实地调查研究，按照“守底线、走新路、奔小康”的要求，坚持科学治贫、精准扶贫、有效脱贫理念，主要从空间管控、脱贫攻坚、产业发展、城镇与美丽乡村建设、基础设施、生态建设与环境保护、公共服务等方面提出脱贫攻坚重点任务和具体帮扶项目，确保兴仁镇2018年脱贫，到2020年与全国同步建成全面小康社会。

关键词： “多规合一”　脱贫攻坚　兴仁镇

* 王彬，贵州省社会科学院副研究员，云南财经大学博士研究生；王前，贵州省社会科学院助理研究员；蔡伟，贵州省社会科学院助理研究员，经济学硕士；陈绍宥，贵州省社会科学院助理研究员，贵州大学经济学博士研究生；苟以勇，贵州省社会科学院对外经济研究所所长、研究员；罗以洪，贵州省社会科学院副研究员，管理学博士。

一　脱贫攻坚的形势和任务

（一）发展背景

1. 自然条件

兴仁镇隶属黔东南州丹寨县，位于丹寨县北部，东与雷山县丹江镇接壤、南与丹寨县龙泉镇相连、西与麻江县宣威镇和都匀市坝固镇隔清水江相望、北与凯里市舟溪镇毗邻，是两市三县5个乡镇的交界中心地，距县城13公里，距凯里市（黔东南州府）26公里，距都匀市（黔南州府）50公里，辖16个行政村、1个居委会、1个社区、172个村民小组，土地总面积189.3平方公里，耕地总面积26010亩，森林面积7749.93公顷。

兴仁镇地处摆泥河、清水江分水岭台地上，处于长江和珠江两大流域分水岭，海拔最高处1328米，最低处370米，属亚热带季风湿润气候，雨量充沛、气候温和、冬无严寒、夏无酷暑，拥有吊洞大峡谷、兲坝长官司、夹岩风光、宰雅营盘、三岔河、摆泥石龙、城江写字岩和杉堡溶洞等自然旅游资源。境内已探明储量的矿产有铅、锌、煤、铁、铜、磷、重晶石、石灰石、高岭土、白云石等。

2. 贫困状况

全镇贫困面大、贫困人口多、贫困程度深，脱贫攻坚任务繁重。2015年，全镇贫困村17个（白头村、兲坝村、甲劳村、排佐村、王家村、乌佐村、卓佐村、乌地村、龙坡村、岩英村、点力村、城望村、者拉村、台辰村、城江村、烧茶村、摆泥村，以上各村均为未合并村），贫困人口2017户7921人，贫困发生率高达21.57%，比全省高7.17个百分点。中心村贫困发生率悬殊，最高的乌佐村达到47.54%，比全镇平均水平高25.97个百分点；最低的甲脚村11.69%，仅为全镇平均水平的54.2%。

3. 规划融合状况

《兴仁镇国民经济和社会发展第十三个五年规划纲要》《丹寨县兴仁镇

土地利用总体规划（2006－2020 年）》《丹寨县兴仁镇总体规划（2013—2030 年）》等涉及城乡空间的规划在目标、内容、层次和约束力等方面不尽相同，存在一个空间、多个规划共同管控且相互“打架”的情况，导致镇域土地资源利用低效。

4. 产业发展

2015 年，全镇完成工业总产值 3.35 亿元，农业总产值 1.91 亿元。农业发展、区域发展不平衡，兴仁镇作为丹寨县“一心两翼”的一翼，“果蔬、茶、药”等优势产业主要集中在中、西、南、西北部地区，东部及东北部产业规模小，发展较为滞后。由于丹寨县产业布局发生变化，落户烧茶工业园的三家规模企业搬迁，昌昊制药总部尚未落户，工业只有农产品加工、民族工艺品小微企业。“果蔬、茶、药”等种植业及以黑毛猪为主的特色养殖业所需的仓储、物流、检验检测等生产性服务企业尚未入驻；乡村旅游资源开发力度较小，经济效益还未显现。

5. 小城镇和美丽乡村建设

2015 年，兴仁镇户籍人口 9059 户 36051 人，少数民族人口占全镇总人口的 97%，其中苗族占总人口的 89%；镇区户籍人口 3960 人，户籍人口城镇化率 10.98%。2013 年兴仁镇被列为省级示范重点小城镇以来，基础设施和公共服务设施建设投入力度逐年加大，城镇风貌有所改观，乡村基本实现公路、网络“村村通”，村村建有卫生室、文化站，但距省级示范重点小城镇的要求相差较大，主要体现在：城镇建成区建筑密度较大且风貌不具特色，骨干路网道路等级较低，入地综合管网与文体设施欠缺，城镇绿化投入不足；乡村基础设施和公共服务设施建设未覆盖 50 户以上的村寨，村寨建筑密度大引发的消防隐患较为严重，村级文、教、卫所需人员不足。

6. 基础设施

兴仁镇交通便利，现有连接 G65 沪昆高速公路和 G76 厦蓉高速公路的凯羊高速南北穿镇而过并设有互通出入口，镇内 S311 线、X802 线的升级改造工程即将完工，镇区部分道路改造工程正在加快推进，全镇行政村水泥硬化路通达率达 100%，自然寨通组水泥路通达率达 96.8%。全镇的饮用水源以地表水源为主，除镇区水源引自兴仁镇甲脚村的地表水源外，其余各村均就近取水，镇区已建给水厂一座，供水规模 2000 米^3/天，农村饮水安全问题基本解决，已覆盖 8075 户 3.45 万人。兴仁镇 110 千瓦伏变电站已建成投入使用，农网改造全部结束，实现同网同价。16 个行政村均开通固定电话，基本实现宽带全接通，电视信号覆盖率已达 100%。

7. 公共服务

全镇九年义务教育巩固率 97.58%，镇域内有中学 1 所、小学 6 所、幼儿园 20 所，中小学生在校人数 2405 人。全镇在镇区设有卫生院、敬老院各一座，其中卫生院有卫生技术人员 62 人，敬老院有床位 46 张，各行政村均建有卫生室。镇区建有文化广场 2 个，各行政村“农家书屋”实现全覆盖、行政村农民体育健身工程覆盖率达 81.81%。

8. 主要致贫原因

全镇贫困人口致贫原因主要有以下几个方面。

部分村寨地理位置偏远，发展条件较差。全镇贫困发生率较高的排佐、乌佐、卓佐、龙坡、甲劳等中心村均远离镇区，位于全镇东部及东北部一带。这一片区地形陡峭、山高坡陡，属于典型山区，交通、水利等条件较差，发展比较滞后。

发展资金紧缺，自我发展困难。金融机构对贫困户的贷款授信率偏低，贫困户通过自筹和借贷资金发展产业、脱贫致富难度很大。全镇因缺发展资金致贫的贫困人口有 1474 户 5900 人，分别占全镇贫困人口的 73.1% 和 74.49%。

教育水平低，缺乏技术。全镇贫困人口中文盲及半文盲 689 户，占全镇贫困人口的 34.16%，因缺技能致贫的贫困人口 179 户 742 人，分别占全镇贫困人口的 8.87% 和 9.37%，劳动力文化素质低，加上缺乏技能，导致家庭经济增收渠道狭窄。

产业规模小，辐射带动能力弱。全镇经济以传统农业为主，二、三产业规模较小，吸纳就业的能力有限，从事第一产业的贫困户向二、三产业转移少。2015 年底，全镇集体经济“空壳村”10 个（甲劳村、者拉村、排佐村、王家村、台辰村、岩英村、夭坝村、白头村、乌佐村、卓佐村），占比高达62.5%。村级集体经济规模小，吸纳贫困户入合作社数量少，带动贫困户脱贫致富能力不强。

因残和缺乏劳动力致贫仍然存在。有残疾人、体弱或年老丧失劳动能力的成员的家庭易陷入贫困之中，难以脱贫。全镇因缺少劳动力致贫的贫困人口105户328人，分别占全镇贫困人口的5.21%和4.14%，因残致贫的贫困人口28户91人，分别占全镇贫困人口的1.39%和1.15%。

因学因病因灾致贫返贫比较明显。全镇因供养子女读书而致贫的有96户403人，占全镇贫困人口的4.76%和5.09%；因病致贫的46户182人，占全镇贫困人口的2.28%和2.30%；因自然灾害致贫的38户176人，占全镇贫困人口的1.88%和2.22%。

（二）总体要求

1. 指导思想

深入贯彻落实党的十八届五中全会和习近平总书记系列讲话精神，紧扣“四个切实”“五个一批”“六个精准”，守住发展和生态两条底线，坚持精准扶贫、精准脱贫基本方略，按照“一年一小变、三年一中变、五年大变化”的要求，构建城镇空间、农业空间、生态空间，壮大绿色生态产业，打造生态智慧公园小镇，建设美丽乡村，完善基础设施，巩固生态环境优势，提升公共服务水平，采取超常规措施，拿出过硬办法，创造一批可推广的“兴仁经验”，确保与全省、全国同步建成全面小康社会。

2. 基本原则

坚持脱贫攻坚与多规合一相结合。更加科学、更加务实推进多规合一，统筹协调布局全镇生活、生产、生态空间，不断改善生态环境，促进经济与生态良性互动发展，确保经济社会长远发展与城乡一体化可持续发展。

坚持全面统筹与突出重点相结合。统筹城乡资源，坚持开发式扶贫，以壮大产业为重点，以提高人的素质为核心，结合交通设施、城镇建设、产业扶贫、易地搬迁、基本公共服务等方面，系统谋划，综合施策，提出兴仁镇摆脱贫困、增强其自身发展能力的脱贫决战方案。

坚持整体扶贫与精准扶贫相结合。注重从各村寨的自然条件出发，选择适合各村寨、组发展的优势产业，以点带面地推动组、村寨、镇经济社会发展，为当地群众脱贫致富奠定产业基础。同时按照“六个精准”要求，大力实施“五个一批”扶贫攻坚计划，切实提高贫困户自我发展能力，使其摆脱贫困。

坚持国家支持与自力更生相结合。加大对兴仁镇的政策支持力度和财政投入力度，广泛动员和整合各类社会资源，大力支持兴仁镇发展；大力发扬不等不靠、自强不息和艰苦奋斗精神，不断增强其自我发展能力。

3. 发展定位

根据兴仁镇生态、资源、文化、产业等方面条件，建设“青香·兴仁”，打造生态智慧公园小镇。

4. 发展目标

围绕守底线、走新路、奔小康，努力建设一个经济快速发展、社会协调进步、民族文化繁荣、生态优势突出、人民幸福安康的“青香·兴仁”。

如表1所示，2020年目标：空间布局更加优化。按照城镇、农业、生态三类空间开发要求，构建以绿色生态空间为主体的空间开发战略格局，城镇空间占比1.78%，农业空间占比34.3%，生态空间占比63.92%。

绿色经济更加强大。农业现代化水平显著提高，农业总产值达2.93亿元，年均增长8%；工业总产值达到5.83亿元，年均增长10%左右；城镇核心服务功能进一步提升，常住人口达1万人，城镇化率达到45%。

基础设施更加完善。形成“三纵三横”路网骨架，村组公路99%以上实现水泥硬化路面；新建水库、山塘若干，更新、改造供水管网，信息基础设施进一步完善，自然村宽带普及率提升。

生态环境更加优美。人居环境持续改善，生态文明建设取得突出成效，建成区人均绿地面积达10平方米以上，森林覆盖率提高到67%，城镇污水处理率85%。

居民幸福指数更高。现行标准下农村贫困人口全部实现脱贫，农村常住居民人均可支配收入达 13200 元，城镇常住居民人均可支配收入达 40000 元；教育、医疗卫生、文化、社保等公共服务体系更加健全，九年义务教育巩固率提高到99%，每千人拥有卫生技术人员数达 2.5 人，基本社会保险覆盖率达到90%，公共文化服务设施实现城乡全覆盖。

表 1　2015～2020 年兴仁镇“多规合一”暨脱贫攻坚主要指标

类别	指标名称	2015 年	2020 年目标	年均增长率（%）	指标属性
空间管控	城镇空间占比（%）	1.25	1.78		约束性
	农业空间占比（%）	34.83	34.3		约束性
	生态空间占比（%）	63.92	63.92		约束性
经济发展	工业总产值（亿元）	3.62	5.83	约 10	预期性
	农业总产值（亿元）	1.91	2.93	8	预期性
	固定资产投资（亿元）	2	5	20	预期性
	城镇化率（%）	22.41	45		预期性
基础建设	通组（寨）水泥路（%）	96.8	99		预期性
	镇区人均道路面积（㎡）	7.9	10		预期性
	水库、山塘总数（个）	65	95		预期性
	自然村通宽带普及率（%）	50	67		预期性
生态环境	森林覆盖率（%）	65	67		约束性
	建成区人均绿地面积（㎡）	4	10		预期性
	城镇污水处理率（%）	45	85		预期性
民生改善	农村贫困人口脱贫（人）	2587	［7921］		约束性
	农村常住居民人均可支配收入（元）	6608	13200	15	预期性
	城镇常住居民人均可支配收入（元）	17099	40000	18	预期性
	九年义务教育巩固率（%）	97.58	99		约束性
	每千人拥有卫生技术人员数（人）	2.4	2.5		约束性
	基本社会保险覆盖率（%）	77.63	90		约束性
	参加新型农村合作医疗保险率（%）	95.01	97		预期性

二　着力推进多规合一，优化全域开发格局

强化“多规合一”，形成以主体功能定位为基础，以国民经济和社会发

展总体规划为统领，以土地利用规划、城乡规划、生态环境保护规划和其他专项规划为支撑，各类规划定位清晰、功能互补、统一衔接的空间规划体系，实现“一本规划、一张蓝图”。

（一）构建空间开发总体战略格局

按照“点上开发、面上保护”的要求，在全镇划定城镇空间、农业空间、生态空间三类空间，明确功能区布局，着力构建城镇化战略格局、农业战略格局、生态安全战略格局，到2020年基本形成全镇主体功能区布局。

1. 城镇化发展战略格局

以镇区便民利民服务中心为核心，以主要公路干线为发展轴，以城镇组团为支撑，按照“中改、北扩、西拓”战略，构建“一心一带三片区”为主体的城镇化战略格局。

2. 农业发展战略格局

以基本农田为基础，以特色农产品生产基地为主体，以林地为支撑，构建“茶叶、果蔬、中草药”的生态农业战略格局。

3. 生态安全战略格局

以长江流域、珠江流域山地森林为屏障，以点状分布的重要水源地为支撑，以提升防御自然灾害和应对气候变化能力为目标，构建“两屏多点”为主体的生态安全战略格局。

（二）合理划分城镇发展空间

1. 划分城镇空间

城镇空间由镇建成区、交通、工矿和其他建设用地组成。该区域是全镇未来城乡人口增长和产业发展集聚的核心区，土地利用功能主要定位于服务城镇化发展、基础设施建设，为全镇加快工业化和城镇化建设提供相对完备的城镇基础设施，提升城镇综合服务功能和承载力。根据对发展方向的判断，结合兴仁镇区发展实际，按照城镇自然边界、合理确定规模、预留适当的弹性空间等原则划分城镇空间，到2020年，城镇区域面积337.03公顷，占全镇土地面积的1.78%。

2. 明确城镇空间拓展方向

根据镇域地形条件、外部交通条件、兴仁在丹寨的重要地位以及现代高效农业示范园区建设等发展机遇，兴仁镇空间拓展方向可归纳为：“中改、北扩、西拓”。

3. 构建“一心一带三片区”开发格局

根据资源环境承载能力、现有开发强度和发展潜力，科学确定城镇人口、产业规模和功能布局，构建“一心一带三片区”城镇空间布局。

中心区。以现有镇区为主，重点推进“8 + X”项目中的基础设施、公共服务设施与民族文化街、棚户区改造建设，主要布局商贸、休闲娱乐、餐饮酒店、房地产、金融服务网点等产业，构建城镇政治、经济、文化中心。

“一带”。以湿地公园西面绿地、兴仁村区域山头绿地、兴仁大道防护绿地以及北部蓝莓基地形成生态景观带，重点加强环境保护和生态修复，构建环城镇生态廊道，形成城镇生态功能区，促进生态绿色示范小城镇建设。

北部拓展区。以兴仁大道两侧可开发地块与农业示范区区域为主，重点推进50米兴仁大道提升工程、绿海蓝星现代山地高效农业农文旅综合体、汽车客运站建设，主要布局休闲娱乐、农特产品加工、仓储物流、商贸等产业，构建“接二连三”功能示范区。

贝仙湖湿地公园拓展区。以兴仁水库周边区域为主，重点推进台下路镇区沿湖段民族饮食文化一条街、环湖景观康体步道、亲水平台、花海、草坪、景观林、生态停车场等建设，主要布局星级酒店、特色餐饮、休闲娱乐等产业。

城镇开发缓冲区。主要分布在城镇空间的西部和南部，根据城镇发展的需要可以调整功能布局区域。

（三）合理划分农业空间

1. 划分农业空间

农业空间在全镇各村寨均有分布，按照“因地制宜、耕地优先”的原则，严格保护耕地和基本农田，加大耕地整理力度，配套农田林网建设，改善生产条件，同时结合茶、经果林特色经济发展的需要，逐步提高园地和林地利用效益。农业区域面积 6579.43 公顷，约占全镇土地面积的 34%。

2. 优化农业空间布局

耕地布局。耕地主要布局在河谷坝地、山间平地、缓坡丘陵、山地边缘，与其他用地交错分布。主要布局在台辰、夭坝、甲脚、城望、翻仰等村寨。

基本农田布局。基本农田在全镇均有分布，主要布局在兴仁、摆泥、翻杠、王家、福亚、城江、烧茶村寨，多为集中连片分布。

园地布局。园地主要布局在排佐、兴仁、摆泥、中营、烧茶、龙坡、杉堡村寨，重点发展蓝莓、中草药、茶叶；新增园地主要在台辰等村。

3. 明确农业空间发展方向

围绕“果蔬、茶、药”等优势主导产业，加快农业产业化步伐，加大农业调整力度，大力发展特色和生态农业，打造生态农业品牌，努力形成竞争优势。

（四）合理划分生态空间

1. 划分生态空间

生态空间由林地、草地、水面等绿色空间及裸地等空间组成，在各个村寨均有分布，该区域自然生态条件优越，森林生态系统完整，生物类型多样，是重要的自然生态保护区和旅游区，具备良好的生态功能，是两江上游重要的生物多样性保护型和水源涵养型生态功能区之一。区域面积 12076.22 公顷，约占全镇土地面积的 63%。

2. 优化生态空间布局

林地布局。林地布局在全镇各村寨，以卓佐、翻杠、王家、福亚、摆泥、乌佐、排佐、白头新寨、翻仰为主。

草地布局。草地布局在全镇范围内，以城江、摆泥、甲劳、龙坡、甲脚、兴仁为主。

水域分布。以摆泥河、清水江、岩英河和吊洞水库、红岩水库、兴仁水库，野鸭塘水库、长塘水库等为主，含其他小山塘区域。

3. 强化生态空间管控

控制开发强度，探索空间开发管控的新模式。

维持生态稳定。采取严格的保护措施，构建生态走廊，促进自然生态系统恢复，增强生物多样性维护能力。建立野生动植物救护中心和繁育基地，禁止滥捕、乱采、乱猎等行为，加强外来物种入侵管理。

加强水源涵养。在水源涵养生态功能保护区内，结合已有的生态保护和建设重大工程，加强森林、草地的管护、恢复，严格监管矿山开采和查处毁林、毁草等破坏行为，逐步提高森林覆盖率。

强化水土保持。加强小流域综合治理，恢复退化植被，巩固和扩大退耕还林成果。严格对资源开发和建设项目的监管，控制人为因素对土壤的侵蚀，保护和恢复自然生态系统，增强区域水土保持能力。

发展特色产业。在不损害生态系统功能的前提下，依托山区资源优势，因地制宜地适度发展旅游、农（林）副产品生产和加工、观光休闲农业等产业，重点建设自然生态旅游基地、特色农产品和林产品生产基地。

实施生态移民。逐步引导人口向镇区转移，逐步降低区域人口密度，提高人口素质。

国土资源利用公共信息平台。加强数据更新与国土资源调查评价、规划、利用、监测和管理等业务工作的联动，确保数据的同步或实时更新。

三　实施大扶贫战略行动，打赢脱贫攻坚战

按照“四个切实”的总体要求，全面落实“1 + 10 + 10 + 2”治贫扶贫政策措施，深入实施“五个一批”工程，加快专项扶贫、行业扶贫、社会扶贫的有机结合，注重创新机制，切实增强贫困农户脱贫致富内生动力，推进由“输血式”向“造血式”的转变，由“大水漫灌”转变为“精准滴灌”，坚决打赢科学治贫精准扶贫有效脱贫这场输不起的攻坚战，在全县脱贫攻坚中走前列、做表率。

（一）精准实施“五个一批”

紧密结合丹寨县兴仁镇脱贫攻坚实际，围绕“五个一批”精准发力，坚持“开发式”扶贫和“救助式”保障有效衔接，确保在精准扶贫精准脱贫和全面建成小康社会的征程上，不漏一户、不落一人，到2017年2017户7921人通过“五个一批”脱贫致富，到2020年与全国、全省同步实现小康。

1. 实现发展生产脱贫一批

大力支持企业、农业园区、农村经济合作组织吸纳贫困户参与发展。大力发展畜牧、蔬菜、中药材等扶贫产业，推进“一村一品”产业发展，加快特色农业基地建设，大力发展农产品加工业，着力发展乡村旅游，着力发展农村电子商务，推进烧茶等村发展劳务经济。确保到2017年970户通过发展生产、转移就业脱贫致富。

2. 实现易地搬迁脱贫一批

按照“四坚持、五为主、四结合、一确保”的要求，以白头村高坡和大冲自然寨、乌哩村3组和4组、乌佐村1组和2组等3个村6个村民组（自然寨）整体搬迁为重点，加快推进兴仁镇16个行政村90个村民组（自然寨）713户3238人的移民搬迁，其中：建档立卡贫困户615户2965人、非贫困户98户273人，完成迁出区生态修复1411.56亩、宅基地复垦96.245亩。加快推进镇区内生态移民集中安置点建设，完善安置点配套基础设施和公共服务设施，探索和创新搬迁安置方式，积极培育后续产业，健全社会保障体系。确保到2017年196户通过易地搬迁脱贫致富。

3. 实现生态补偿脱贫一批

重点加快推进岩英、翻仰、王家、排佐、乌寿、卓佐、乌佐、乌哩、早开、夭坝、上寨、龙坡、甲劳、白头、者拉、乌地等村退耕还林、天然林保护、坡改地、生态治理等项目，着力提高当地贫困人口的参与度和参与水平，积极争取生态优惠政策，落实对重要生态区贫困人口的生态补偿机制，以生态补偿和生态保护工程资金为支撑将一部分贫困人口就地转成护林人员，确保到2017年178户通过生态补偿实现脱贫致富。

4. 实现发展教育脱贫一批

按照“扶贫先扶智，治贫先治愚”的扶贫理念，把教育作为“拔穷根”的治本之策，进一步加强兴仁镇教育基础设施和学生宿舍、学生食堂等配套设施建设，加强农村基层教师队伍建设，全面落实农村义务教育学生营养改善计划及贫困家庭学生资助政策，确保全镇 2017 户贫困家庭子女都能接受公平有质量的教育。着力提高贫困劳动者的素质和就业技能水平，实现农村建档立卡贫困户“1 户 1 人 1 技能”全覆盖。确保 2017 年 414 户通过发展教育实现脱贫致富。

5. 实现社会保障兜底一批

根据省、州、县关于不断提高农村低保标准、推进农村扶贫标准和农村低保标准“两线合一”的要求部署，精准核实低保对象，按农村低保收入补差的办法，全面落实增发补助政策。加快完善兴仁镇五保供养设施，切实满足五保对象的集中供养需求（床位数达五保户数的 60%）。全面实施医疗保险、大病保险、医疗救助“三重医疗保障”，医疗保障重点向特殊人群倾斜。切实加强村级劳动和社会保障平台建设，让劳动保障服务到村。到 2017 年，确保全镇鳏寡孤独残等无业可扶、无力脱贫的 259 户全部通过社会保障兜底脱贫。

（二）加快形成脱贫攻坚强大合力

加快构建“党委负责、政府主抓、干部主帮、基层主推、社会主扶”的精准扶贫工作大格局，形成脱贫攻坚强大合力，坚决打赢扶贫攻坚战。

1. 强化脱贫攻坚责任制

镇党委政府做好上下衔接、域内协调、督促检查工作，强化各级党政机关和领导干部联乡驻村包户帮扶责任制，通过层层落实责任制、签订责任书、立下军令状，确保扶贫攻坚各项工作顺利推进，按时序进度完成预期目标。切实强化干部帮扶责任，按照政策落实精准到户、产业扶持精准到户、帮扶措施精准到户的要求，全面明确干部包村、包户责任。强化群众主体责任，采取“政府引，干部带，大户帮”的模式，激发贫困户内生动力，量身定制发展项目，变被动发展为主动参与。强化驻村干部责任，探索创建每村选派驻村工作队模式。

2. 构建高效务实的扶贫机制

借力省政府办公厅、省财政厅、省水利厅、贵州电网公司、中铁五局、黔东南州有关部门帮扶兴仁，聚合各类优质资源，构建专项扶贫、行业扶贫、社会扶贫有机结合、互为支撑的“三位一体”大扶贫格局，形成强大的扶贫脱贫攻坚合力。积极搭建社会力量参与扶贫开发平台，鼓励和支持社会资本、资金参与扶贫开发，广泛调动社会各界力量参与扶贫攻坚，开展点对点精准包干扶贫，实现帮扶力量对全镇17个贫困村“一对一”帮扶全覆盖。通过产业带村、项目兴村、务工帮村、资金扶村等不同形式，促进贫困村整村脱贫。

（三）深入推进精准扶贫精准脱贫

充分利用现代科技手段，建立健全精准扶贫工作机制，为扶贫攻坚扎实有效推进奠定基础。

1. 切实加强贫困人口的精细化管理

继续按照“九不评、三不列、六优先”贫困户对象识别办法开展“回头看”工作，完善进退机制，实行动态管理，在保证“两不愁”“三保障”前提下，确实做到该退的一个不留，该进的一户不落，保证应扶则扶，确保每一户贫困户每一个贫困人口识别精准，把“扶持谁”真真正正做准确。加快绘制完成全镇贫困电子版“民情地图”，全面反映全镇社情民意。进一步强化对原有的精准扶贫农户的核实、分类梳理，落实好扶贫、民政“双线合一”工作。依托丹寨县“精准扶贫信息平台”，对全镇贫困人口进行精准化、动态化管理。加快建立贫困村扶贫落实平台，并通过驻村干部对帮扶工作进度信息及时更新、补录。

2. 切实做好贫困人口的精细化扶持

按照找准“穷”根、抓住“困”源要求，认真细化省委“1＋10”、州委“1＋10＋9”和县委“1＋10＋10”工作措施，建立、归类、整理各自到村到户的工作台账。出台具体的实施细则，实现目标、任务、资金和权责“四到位”，采取一事一议的方式，充分尊重项目区群众的意愿，科学合理安排扶贫项目，有效整合中央、省转移支付和专项扶贫资金，促进各类资源要素向贫困地区流动。精准聚焦“两有户”“两因户”“两无户”“两缺户”，做到精准滴灌、靶向治疗。

3. 切实做好贫困人口退出工作

对贫困村、贫困户的发展情况和脱贫进程进行有效的动态管理，科学合理设定脱贫时间表，实现有序退出。积极开展扶贫政策落实情况和扶贫成效的第三方评估，确保不出现建档立卡贫困人口“被脱贫”、贫困村“被摘帽”。扎实做好贫困户脱贫后续跟踪服务，对已经脱贫的农户在一定时期内让其继续享受扶贫相关政策，避免出现“边脱贫、边返贫”。

四　推进农业“接二连三”融合发展，壮大特色优势产业

坚持农业、特色轻工和服务业深度融合发展，大力实施特色种植业发展突破工程，做大做强果蔬、中药材、茶叶等农业主导产业，围绕规模化种植农产品和民族民间传统工艺积极发展特色优势轻工、服务业及乡村旅游，着力壮大带动扶贫开发的特色产业规模，夯实脱贫攻坚基础。

（一）加快以种植业为重点的特色高效农业发展

围绕“青香·兴仁”目标，加快农业产业结构调整，做大做强农业主导产业，夯实农业基础，加强农业科技创新，强化农业园区载体作用，促进农业提质增效、农民脱贫致富、农村繁荣发展。

1. 做强生态种植业

大力发展以蓝莓、西瓜种植为重点的精品果业种植。调整精品水果种植结构，大力发展蓝莓、西瓜等精品水果种植，确保精品水果种植规模达25000 亩以上。全面实施兴仁蓝莓基地提质增效工程，重点是加快推进绿海蓝星现代高效农业示范园区和茅台蓝莓种植基地建设，稳定兴仁、龙坡、烧

茶、甲脚等四村的蓝莓种植面积，在摆泥村和者拉村分别新增蓝莓种植面积260亩和3000亩，加强现代种植技术运用和精细化管理，进一步打造兴仁蓝莓品牌，确保到2020年，蓝莓种植面积达20000亩以上，将兴仁镇建设成为全省重要的蓝莓基地。大力实施城江西瓜提质发展工程，重点推进城江村荣武果蔬生产专业合作社发展，加强城江村、白头村等村西瓜轮种，有效扩大西瓜的种植规模，确保到2020年，全镇西瓜种植规模达3500亩以上，把兴仁镇建成全省重要的优质西瓜生产区。鼓励支持其他村落积极发展精细化、绿色化精品水果种植。

大力发展中药材种植。加强中草药规范化、标准化种植，重点开发石斛、金银花、灵芝等中药材，建设兴仁村、甲脚村铁皮石斛种植基地；支持白头村、乌地村积极发展金银草种植；支持龙坡、者拉等村发展钩藤种植；支持乌地、摆泥等村发展灵芝种植。到2020年，中药材种植面积达15000亩以上。

大力发展茶叶种植。依托“贵州最美茶乡”品牌，以排佐、卓佐、甲脚、甲劳等村为重点，构建“一带两区”茶叶发展格局。以排佐、卓佐等村为重点，打造“排－卓”茶叶产业带；以甲脚村为重点，加快清华启迪科技园铁皮石斛附生茶树生态栽培及石斛茶产业化，打造南部茶叶产业生产区；以甲劳村为重点，打造北部茶叶产业生产区；加快推进低产茶园改造，提升现有茶园的产出率，提升茶叶品质；着力打响“丹凤石斛茶”品牌。到2020年，全镇茶叶种植面积达30000亩以上，改造低产茶园5000亩以上，新建茶园3000亩以上。

大力发展硒锌米、蔬菜种植。支持兴仁村、城江村、甲脚村和夭坝村等推广优质硒锌米种植，力争全镇种植面积达到6000亩以上。深入推进与贵州长津农业生态科技有限公司的合作，加快建设台辰村农业产业发展园区。鼓励支持其他村落积极发展精细化、绿色化特色蔬菜种植。到2020年，蔬菜种植规模达3000亩以上。

2. 做特生态养殖业

大力发展林下养鸡。积极推动现有养鸡专业合作社强化管理，进一步壮大养殖规模。支持养鸡大户成立专业合作社，充分吸纳农户参与合作社运营。鼓励专业合作社、养殖大户共同开拓市场。以兴仁、摆泥、排佐、白头、烧茶、王家寨、卓佐、乌佐等村寨为重点，大力发展林下养鸡。到2020年，全镇养鸡规模达到150000羽左右。

大力发展黑毛猪养殖。坚持龙头企业带动、农户参与的原则，打造绿色生态黑毛猪品牌，做强黑毛猪产业。大力实施养猪示范点建设工程，做大做强俊健牧业、巨能养殖等企业，支持龙坡村、夭坝村、排佐村、卓佐新华片区发展黑毛猪养殖，积极推进家畜由家庭散养向集中饲养转变。到2020年，努力把兴仁镇建成全县主要黑毛猪生产区，建成5处1000头左右黑毛猪品种保种场、扩繁场。

大力发展肉牛养殖。通过企业帮扶、订单生产等模式，支持有养殖意愿的农户发展肉牛养殖，积极推进家畜由家庭散养向集中饲养转变。重点实施肉牛养殖“百千”工程，支持夭坝村、乌佐村贫困户养牛分别达200头、150头以上；支持龙坡村、烧茶村建设肉牛养殖基地，分别发展肉牛养殖1000头以上。到2020年，努力把兴仁镇建成全县重点山地畜牧业发展区，力争全镇肉牛养殖规模达到5000头以上。

大力发展稻田养鱼和河道养鱼。加强稻田养鱼和河道养鱼配套设施建设，加大对发展稻田养鱼和河道养鱼农户尤其是贫困农户的资金扶持力度，重点支持摆泥、兴仁、城江、烧茶、甲脚、台辰、夭坝、龙坡、岩英、王家等养鱼村进一步扩大养殖规模。到2020年，全镇稻田规范化养鱼2500亩以上。

3. 强化农业发展基础

切实加强基本农田保护。推进基本农田保护区立定界牌，推行基本农田保护目标责任制，严禁乱占滥用耕地，严查违法用地案件。切实推进土地开发、复垦、整理，增加有效耕地面积，提高土地质量。

全面实施耕地肥力提升工程。推进分类开展土壤改良、地力培肥，提高耕地基础地力和产出能力。大力推广秸秆腐熟还田、绿肥翻压还田和增施有机肥等提升土壤有机质技术，推进连片耕地肥力提升。大力实施聚土改土加厚土层、种植地埂生物篱、推广测土配方施肥等提升山区耕地肥力工程。充分将建设用地剥离的耕作层用于土地开发复垦、中低产田改造。

强化农业基础设施建设。实施农业园区高效节水灌溉示范工程，加快推进镇域内山塘、水库等农业灌溉水源建设，着力推进灌排沟渠、机井、节水灌溉设施、小型集雨蓄水设施、积肥设施、防涝抗旱设施等基础设施建设，实现连片耕地渠成网、沟相连，确保农田灌溉和养殖用水需求。以连片耕地、农产品种植基地为重点，着力推进机耕道和农业产业路建设，实现农用车和农机设备能够通达；进一步完善农村输配电设施建设，确保全镇农业示范园区、大型养殖企业、连片种植基地和农产品加工企业用电稳定、安全。确保到2020年农田有效灌溉面积达5000亩。

（二）培育发展特色优势轻工产业

培育壮大以农产品加工、民族工艺品加工为重点的特色优势轻工业，着力打造有机蓝莓、石斛茶、苗家刺绣兴仁“三张名片”。

1. 大力发展农产品加工

围绕特色有机蓝莓、茶叶、黑毛猪、特色肉牛、锌硒大米等规模种植养殖农产品，大力发展农产品加工业。重点引进和培育一批果蔬、肉禽、稻米加工企业，建设一批特色食品加工基地，鼓励企业加强技术创新和技术改造，创新产品品种，提升产品质量。大力实施基地、企业、产品“三位一体”品牌打造计划，着力提高兴仁镇农特产品品牌影响力。到2020年，建成丹寨县重要的农产品加工基地，特色农产品加工业实现工业产值1亿元以上。

2. 积极发展民族民间手工艺品加工

支持发掘民族民间传统工艺，着力引进一批旅游商品加工企业，培育和壮大一批民族民间手工艺品加工型专业合作社和本土企业，支持企业和个人创新研发兼具地方民族特色和时尚品位的旅游工艺品，加快推进民族民间工艺品产业化和品牌化发展。重点支持排佐村和王家村加快发展以刺绣、芦笙、鸟笼等为主的民族工艺品加工业。大力推进王家村专业刺绣村建设，建成一个集生产、展销和旅游等功能于一体的基地。到2020年，民族工艺品加工企业5家以上，民族工艺品加工业实现产值1000万元以上。

（三）着力加快服务业发展

围绕规模化种植农产品和民族民间传统工艺，着力培育新型业态，加强服务业平台建设，促进服务业加快发展。

1. 大力发展乡村旅游

依托美丽乡村建设，大力发展乡村旅游，着力构建“一园一带”的旅游发展格局，着力打造黔东南州农文旅一体化发展示范区。

加快建设省级生态农业主题公园。着力建设五大综合体，绿海蓝星现代山地高效农业示范园农文旅综合体重点发展现代农业观光及农耕文化体验游；城江亲水田园综合体加快建设水上娱乐中心，着力打造城江西瓜节，重点发展沿河亲水游和西瓜采摘体验游；甲脚民族竞技农旅综合体加快建设斗牛场、苗族文化广场、踩鼓场等民族竞技活动场所，重点发展苗族传统竞技赛事观看体验及康体游，打造全省一流苗族体育活动中心。

加快建设苗族民俗风情文化体验旅游带。加快推进王家村传统村落保护开发项目建设，以岩英、王家、排佐、甲脚等村落为重点，辐射宰雅、点列、夭坝、早开、翻仰、翻杠、福亚等片区，着力推进苗族村寨整治，凸显苗寨古朴和谐风貌，着力推进苗族文化的原味传承及现代化发展，重点发展苗文化体验游，打造苗族文化体验度假地。

加快开发乡村旅游产品。重点开发田园生态观光、农业休闲度假、农艺学习体验、康体健身、垂钓娱乐、露天营地旅游等乡村旅游产品，加快王家村等乡村旅游村寨建设，着力打造一批旅游景点，建设和完善旅游基础设施，加快乡村旅游饭店、旅店接待设施建设，着力提升旅游接待服务水平，到 2020 年，新建农家乐 510 家以上。

推进乡村旅游精准扶贫。加快旅游扶贫开发，深入推进乡村旅游富民工程，大力支持扶贫旅游村寨发展乡村旅游，打造一批各具特色的休闲农庄、家庭客栈、农家餐饮等，带动农民增收脱贫。突出抓好美丽乡村旅游扶贫重点村建设，实施旅游扶贫培训工程。

2. 积极培育农村电商

引导各类经营主体加大农产品网络营销力度，扩大销售规模，促进农民增收致富。着力开展“互联网＋助推农业行动”，加强电子商务平台建设，加快中心村电商示范项目建设，着力推进农业电子商务普及应用，加快电子商务人才培养与引进，深入实施电商扶贫工程，加快推进各中心村农村电子商务公共服务网点、农村电子商务物流配送中心、配送点建设。围绕蓝莓、西瓜等特色农产品和以刺绣为主的民族工艺品，打造一批适合网络销售的产品品牌。着力开展“互联网＋便民行动”，扩大村民办理电费缴纳、火车票代购、生活日用品代购等业务规模。

3. 积极发展商贸物流

优化商业网点结构和布局，推进镇区商贸功能区、特色商业街建设，加快商贸流通网络和节点建设。深入实施“万村千乡市场”“农超对接”等工程，加快建设农村商贸服务中心和城江村果品交易中心，鼓励和支持连锁经营、物流配送等流通方式向村寨延伸，畅通农产品进城和工业品下乡的双向渠道，提升全镇商贸水平。积极引进和培育物流企业，在凯羊高速公路兴仁互通出入口周边加快建成物流园区，集聚周边区域经321国道、凯羊高速公路、台下公路等骨干线路的客货运输。加快冷链仓储库建设，健全覆盖农产品集散、加工、运输、销售各环节的冷链物流体系，增强农产品分级包装、加工转换、冷链物流和仓储运输能力。

4. 加快大健康产业发展

加快资源整合，创新业态，加强大健康产业发展平台建设，努力把兴仁建设成为全州健康产业发展示范镇。做大健康养生产业，整合湖泊、森林、田园风光等资源，加快建设摆泥村杉堡和兴仁村中营大健康养生基地，着重发展以森林生态度假型、湿地公园生态型、农业休闲观光型、民族村落体验型等为重点的大健康养生产业。做精大健康医药产业，依托现有中药材种植产业园，积极发展以中药深加工和药园观光为重点的大健康医药产业。做优健康养老产业，加快建设甲脚村疗养院等健康养老产业基地，重点发展以养老、康复、健康体检、专业护理、心理健康等为主的健康养老产业。加快发展健康运动产业，大力发展山地户外和水上运动康体养生产品，打造一批民族竞技体育赛事品牌。大力发展药食两用产品，做大做强“药食同源”产品产业。

五　加快绿色示范小城镇建设，促进城乡一体化发展

坚持统筹城乡发展，把加快城镇和美丽乡村建设作为促进农民脱贫致富的重要途径，以人为本、道法自然，探索城镇空间开发管控的新模式，加快城镇改造和综合体建设，突出山水相融特色，打造生态智慧公园小镇，促进城乡一体化发展。

（一）打造生态智慧公园小镇

按照省级重点示范镇建设要求，加大城镇风貌改造、基础设施和公共服务建设力度，大力推进园区、镇区与休闲区产城景互动融合发展，加强城镇管理，提升城镇形象与品质。

1. 加快棚户区改造

按照“稀化、美化、亮化”的要求，围绕中心区“只拆不建、多拆少建、提升功能”的目标，抢抓国开行贵州分行支持兴仁镇棚户区改造机遇，加快镇区棚户区改造，着力降低建筑密度，优化中心区环境和功能。在原地块主要建设街心花园、文化广场、绿地。

2. 塑造“城在林中、湖在城中”总体风貌

强化镇区周围生态环境的保护，营造山水城相融的空间形态，加强公共设施配套，控制建筑密度，扩展公共开放、慢行活动空间。大力推进“湿地公园、山体公园、农业公园、街心公园”四位一体的公园城镇建设，以扮靓兴仁、美化环境、建设特色城镇风貌为目标，大力实施一批增绿、亮化市政工程，加快“两园一湖”建设，打造“城在林中”“湖在城中”并与以体验现代山地高效农业为核心的农业公园相容的产城景一体化发展总体风貌。

3. 加强城镇“数字化、网格化、智能化”管理

深入贯彻实施大数据行动计划，充分运用智能化手段对城镇各个环节进行管理，构建“以网格化为手段、以民族文化为灵魂、以民生改善为根本、以综合执法为保障”的城镇管理“数字兴仁”新模式，着力城镇天网工程与综合信息服务平台、社区综合信息平台建设，提升城镇管理和公共服务智慧化水平，增强城镇综合服务能力。推进数字化、网络化技术在城镇道路保洁、环境卫生、违法违章建设等城镇管理重点领域的广泛应用，建立健全各类预警、预报机制，提高应对突发事件和抵御风险的能力。提升城镇管理和公共服务智慧化水平。

（二）大力建设“四精品、三提升、九普及”美丽乡村

围绕“六项行动”计划，加强乡村规划指引，加快基础设施环境治理，改善农村生产生活条件和人居环境，着力打造 4 个精品型、3 个提升型、9 个普及型美丽中心村。

1. 着力打造精品型美丽示范村

大力推进城江、摆泥、甲脚、兴仁村建成“精品型”示范村。加大建设资金投入力度，重点加快建设摆泥、兴仁、城江、甲脚和绿海蓝星五大综合体，加快推进寨门、休闲长廊、凉亭、村内步道等基础设施建设，大力实施庭院综合整治和“三改”工程，加快完善公共服务实施，建成环境优美、功能完善、品质较高的精品示范村寨。

2. 着力建设提升型美丽乡村

着力推进岩英、王家、排佐连线三个村建成提升型美丽村寨。加强旅游基础设施与“一村一景”建设，促进村貌、环境改善；整合三村旅游资源，大力发展“一村一品”特色产业，打造兴仁西部民族文化、生态景观三点一线精品旅游带，促进村民创业增收。

3. 大力建设普及型美丽乡村

加快推进台辰村、烧茶村、卓佐村、甲劳村、乌佐村、白头村、夭坝村、乌地村、龙坡村建设成普及型美丽乡村。围绕“六项行动计划”，重点

加大基础设施、公共服务设施、乡村风貌建设力度，积极发展“一村一品”特色产业，着力增加村民收入。

（三）加快基础设施建设

把基础设施建设作为经济社会发展的重点和推进脱贫攻坚的抓手，加快推进以交通、水利、信息等为重点的基础设施建设，构建功能完善、城乡一体的基础设施体系，为经济社会发展提供强有力的基础支撑。

1. 加强交通设施建设

构建“三横三纵”交通格局。依托凯羊高速公路匝道，在兴仁镇逐步形成以“三纵三横”为重点，321 国道、省县乡村道、通村通组公路以及寨内道路为补充的全域交通路网新格局。

镇域主路网。“三纵”是贯穿镇域南北向的交通要道，分别为丹寨至凯里三级公路、丹寨至雷山三级公路、早开至南皋四级道路。“三横”是贯穿镇域东西向的交通要道，分别为宣威至上寨四级公路、城江至乌寿四级公路、宣威至乌里三级公路。

镇域辅路网。主要包括：8 条镇区重点道路，8 条重点乡村公路，7 条通村公路，28 条通组公路，9 条产业公路，以及若干串户路和寨内道路。

镇区重点公路。根据兴仁镇发展交通、带动流通、促进发展的总体思路，重点实施好“8 + X”项目路网建设，着力做好兴仁大道道路新建工程（拓宽 50 米，双向 6 车道）、兴仁镇大井路道路改造工程、兴仁东路改造工程（断头路）、兴仁镇弯街道路改造工程、兴仁镇农贸市场经大井边至场坝哑口道路建设工程、兴仁北路道路改扩建工程、镇区道路绿化及休闲景观工程及政兴路北侧安民小区道路新建工程、兴仁镇贝仙湖湿地公园环湖路道路建设工程。同时，积极争取凯里至都匀城际铁路过境并在兴仁镇设立丹寨站。到 2020 年，镇区公路路网建设达 5. 29 公里。

镇域重点乡道。新建卓佐至乌哩公路、烧茶至者拉公路、丹寨至三孔桥公路、岩英至湾寨公路、兴仁至杉堡公路、卡郎至乌养公路、卡郎至白元公路，同时重点打造东部民族文化、生态景观三点一线（兴仁村、岩英村、王家村、排佐村）精品旅游带公路。到2020年，新建重点乡村公路134公里。

通村通组公路。按照通村水泥路（沥青路）不低于四级标准建设或改造，中心村或交通流量大的村参照三级标准建设或改造的要求，加快新建城江村廉政繁华大道，摆泥村至城江村公路，乌哩村至乌地村公路，早开村至乌西村公路，卓佐大寨至上寨村、甲脚胡桥至下乌药公路，岩英村至龙坡村公路，提升改造新寨村至白头村公路。到2020年，新建通村公路30.72公里，提升改造通村公路1.5公里。

通组公路。重点推进白头村通组公路、甲脚村通组公路、甲劳村通组公路、龙坡村通组公路、排佐村通组公路、烧茶村通组公路、台辰村通组公路、王家村通组公路、乌地村通组公路、乌佐村通组公路、兴仁村通组公路、岩英村通组公路等提升改造，加强城江村通组公路硬化，新建白头村通组公路、摆泥村通组公路、卓佐村通组公路。到2020年，规划提升改造村组公路113.21公里，新建村组公路44.75公里。新建桥梁1座、危桥改造3座，建设招呼站16个，安保工程建设35公里。

产业公路。围绕黔东南州过境的“100公里产业旅游观光带”建设，着力打造三孔桥、将军石、甲娘冲、马道边、城江河等景点景观。根据兴仁镇蓝莓、茶叶、硒米、中药材、西瓜、红豆杉、樱花等产业发展的需要，着力实施王家村、排佐村、台辰村、烧茶村、摆泥村、兴仁村、岩英村、夭坝村旅游产业和甲脚村农业产业路建设。到2020年，新建产业公路46.9公里。

2. 加快水利设施建设

加强水库和水源地建设。加快水库工程建设，以保障城乡生产生活供水为目标，统筹开发利用地表水和地下水资源，重点推进乌猛水库（Ⅳ）、白水岩水库（Ⅴ）建设，着力推进摆泥村、甲脚村、王家村小型水库建设，加强农村水库水源保护和农村山塘建设。加快兴仁水库（摆泥河）供水、烧茶水库供水的引提水和调水工程建设进度，着力解决重点农业园区（基地）需求问题。2020年，新建小（1）型、小（2）型水库各1个，其他小型水库7个，水库水源保护地达150个，农村山塘234口，新建水库库容达

183 万立方米，全镇域灌溉面积达 3750 亩，人均供水保障能力显著提升。

加强实施农村人饮工程。大力推进农村人饮工程建设，重点推进摆泥片区、窑货片区、甲脚片区、城望片区等水源点的人饮工程的提升改造，配套建设供水管网及输配水工程，加快城江村、甲脚村的给水管网建设。到 2020 年，全面改造提升兴仁 120 个水源点及管网 145 公里的农村人饮工程，着力解决镇域的人畜饮水问题。

加强小型农田水利建设。大力实施小型农田水利工程，重点推进兴仁农业园区高效节水灌溉示范工程建设，加强对白头村、摆泥村等 16 个村农业灌溉沟渠的建设，同时，加快推进甲脚村甲脚灌溉河道改造。到 2020 年，新建灌溉沟渠 157 公里，灌溉面积达 5.083 万亩。

防汛抗旱减灾。加快城镇防洪和排涝工程建设，建立城镇防洪排涝监测预警系统，确保城镇重点区域、重点企业防洪保护区防洪和排涝能力逐步提升。加强城江涝区、白头涝区、岩英涝区的治理，大力推进护城河、摆泥河的河道治理及景观改造。到 2020 年，畅通排涝渠系 8.6 公里，河道治理及河堤建设 6 公里。

3. 城镇基础设施建设

城镇公园和农文旅综合体建设。按照“青香·兴仁”的新定位，应重点加强镇区道路绿化及主体公园的建设。着力建设街心公园，加快推进镇区沿街道路绿化及 3 个街心公园建设。着力建设山体公园，加快推进公园的康体步道、景观设施、广场、灯光、绿化设施建设。着力建设贝仙湖湿地公园，加快推进环湖景观康体步道、亲水平台、花海、草坪、景观林、生态停车场、星级酒店等设施建设。着力建设绿海蓝星现代山地高效农业示范园农文旅综合体，加快推进镇区游客接待中心、中药材大健康休闲养生区、生态休闲区、基础设施、民族商贸一条街建设。

地下综合管网设施。根据城镇发展需求，实施地下综合管网工程，重点在镇区建设 8 公里电力线、电信管道、给水管、污水管、雨水管地下综合管网。着力实施给水工程，大力推进吊洞水库水源地建设，满足镇区供水需要，2020 年供水普及率达 100%。着力实施排水工程，在做好雨水管渠管网的基础上，重点实施兴仁镇污水处理厂二期工程，在镇区黄泥塘改扩建一座日处理污水1600吨的污水处理厂。到2020年，城镇污水处理率达85%。

客运站和停车场建设。按照四级以上标准规划建设一个面积2000平方米的兴仁客运站。加大停车设施配建力度，合理规划生态停车场，加快建设4个100个停车位的停车场。优化镇区商业中心、公共服务场所等区域重点配套停车场建设，探索建立付费式充电桩配套设施。统筹镇域停车场的规划、建设和管理，进一步提高镇区居住、医院、学校及摆泥、甲脚、王家、岩英、城江等村停车泊位建设水平。

镇区其他基础设施建设。加强镇区建设，着力实施“六大靓丽工程”。实施棚户区改造工程，在兴仁炮站、场坝哑口、老政府后部、兴仁小学后部、老农推站后部、卫生院后部及安民小区后部六区段规划建设。实施生态移民建设工程，在兴仁大道两侧、S311小簸箕至利民服务中心路段两侧修建450套生态移民房。实施镇区道路绿化及休闲景观工程，加快镇区道路绿化设施改造升级，增加道路两侧休息座椅以及景观小品等设施。实施镇区人行道改造工程，加快人行道建设和部分车行道修补，人行道板铺装5000平方米。实施节能路灯工程，加快改造升级1、2号路所有路灯。实施集贸市场建设工程，加快推进镇区农贸市场、果品交易中心的建设。

4. 加强美丽乡村基础设施建设

紧紧围绕“小康路、小康水、小康电、小康讯、小康寨、小康产业”建设目标，以建设农业公园为主题，在城江、摆泥、甲脚、兴仁村加快实施50公里串联五个综合体主道、辅道、步道、水电管网、道路旁亮化绿化工程，整合各类项目，分批推进美丽乡村“六项行动计划”基础设施建设。

小康路。重点实施白头村的白头片区、新寨片区，摆泥村的摆泥片区、窑货片区等串户路硬化和寨内道路硬化，以及城江村的村内步道硬化。到2020年，串户路硬化152.98公里，寨内道路硬化96.1公里。

小康水。加快实施农村人畜饮水工程，推进145公里的人饮工程管网建设。全面推进以“改水、改厕、改厨”为主要内容的农村“三改”工程，着力推进16个行政村7421户的改水、改厕、改厨建设。

小康电。加快推进农村电网改造，加强城江村、甲脚村电力管线铺设，完成白头村、摆泥村等15个行政村7396户的户外线路改造，城江村村内供电线路升级改造，摆泥村、龙坡村等16个行政村4562户的户内线路改造。

小康讯。着重推进城江村电信管线铺设，以及该村电信、移动、联通信号升级改造。加快推进摆泥村、甲脚村等16个行政村的29个邮政网点和电信营业网点建设，在各自然村合理布置报刊亭、阅报窗。

小康寨。加快推进摆泥、夭坝、岩英等15个行政村6238户的庭院综合整治，以及城江村212栋民房的立面整治和拆除18栋不符风貌用房。着力建设16个行政村的139座公共厕所、63个候车亭、57个休闲观光长廊、50个寨门、228个凉亭，以及配置5390盏太阳能路灯等。以王家村传统村落保护项目为重点，着力推进传统民居的修缮和整治改造、历史环境要素（古井、古树）修复、文物和非物质文化遗产保护利用设施建设、防灾安全保障设施建设，以及村落给水排水等基础设施建设及环境改善。

小康产业。加强农村旅游基础设施建设，重点建设甲脚、兴仁、城江等村16个大寨8500平方米的旅游接待中心，着力打造甲脚村农业产业观景台、农业公园观光风雨桥、农业观光休闲长廊，城江村的沿河风雨桥、沿河观光凉亭、河砂堡民族风情广场、城江村旅游景观设施等旅游景观，以及设置旅游观光线路、景观步道和观光机动船等。着力推进高标准基本农田设施、机耕道路和稻田养鱼配套设施建设。

5. 加强电力通信设施建设

加强电力设施建设。实施天网工程，完善镇域电网，镇域电源考虑采用兴仁220kV变电站、110kV变电站、35kV变电站及卓佐35kV变电站引接。全镇采用10kV配电线路供电。根据负荷发展情况在各村设置10kV开闭所。10kV配电线路应沿主次干道采用埋地敷设。加快实施户内外线路改造工程，镇区新建和改造的道路设置路灯照明。到2020年，完成户内线路改造3300户，户外线路改造1500户。

加快通信设施建设。实施城镇信息化管理工程，加快综合信息服务平台、社区综合信息平台建设。逐步完善固定电话网建设，大力发展以IP技术和装备为主导的高速宽带互联网。在城镇拓展片区新建一个电信服务设施。在镇区各新建住宅小区及32个自然村增加电信营业网点数目，结合镇域镇区和各村商业网点规划设置一个邮电局（所），在镇区、排佐村、烧茶村设置电信所，在镇区和32个自然村合理布置报刊亭、阅报窗，以方便和丰富群众文化生活。在镇区新建的居住建筑按有关规定设置信报箱。到2020年，镇域电话普及率达30门/百人。

六　加强生态建设和环境保护，绿色生态扮靓公园兴仁

牢固树立绿色发展理念，按照多规合一的要求，围绕优化生态空间，以深入开展“生态乡镇”及“生态村”创建为目标，加强生态建设和环境保护，全面提升城乡环境质量。

（一）扎实推进生态建设

坚持保护优先、自然恢复为主的方针，加大生态建设力度，全面提升镇域自然生态系统稳定性和生态服务功能，筑牢“两江”上游重要生态安全屏障。

1. 加强生态林保护和建设

按照“造林与护林结合，建设与保护并举”的原则，抢抓继续实施天然林保护工程和新一轮退耕还林机遇，以提升森林生态景观、增加森林资源总量为重点优化森林资源，筑牢生态屏障。继续实施天然林资源保护工程，全面停止天然林商品性采伐，抓好林业生态治理，以森林防火、野生动植物保护、森林资源管理为重点，积极保护现有森林资源；重点加快推进摆泥河、清水江、岩英河等两岸，吊洞水库、红岩水库、兴仁水库，野鸭塘水库、长塘水库等周边，大于25度的坡耕地及其他宜林荒山荒地林间空地退耕还林、植树造林，增加森林面积；加快推进镇域内道路、沟、渠、水系、城镇和农村居民点的造林绿化，逐步建成山水相融的园林式小城镇和“村

在林中、院在树中、人在绿中”的美丽乡村；切实加强管护，不断跟进督查，进一步加强对镇域内的古大珍稀树木的保护。到2020年，全镇新增公益林20000亩、人工造林8000亩，全镇森林覆盖率达67%以上。

2. 水土流失综合整治

重点实施吊洞水库、兴仁水库、长塘水库、甲娘水库、干槽冲水库、城望水库、红岩水库、三孔桥水库等库区周边水土流失综合整治工程，摆泥河、岩英河和白头河中小流域治理工程。

（二）加强环境保护

加快实施农村环境综合治理工程，以提高环境质量为核心，重点加强水、土壤、固体废弃物污染防治。

1. 加强水污染防治

大力推进镇域内重点流域水污染防治，重点开展摆泥河、清水江水域水污染防治工作，确保镇域内中小河流的水质达标。加快镇域内重要湖库、湿地和城镇水环境建设，改善全镇水生态状况。实行最严格的饮用水源保护区管理制度，加快推进集中式饮用水源保护工程建设，确保饮水安全。加快推进兴仁镇污水处理设施建设，提升污水处理能力。大力实施农村生活污水治理和畜禽养殖污染治理工程建设。到2020年，水环境质量总体保持稳定并逐步提升，全镇重点河流水质目标达到或优于Ⅲ类标准，出境断面水质达标率100%；城镇污水处理率达到90%，农村生活污水处理行政村覆盖率达30%以上；集中饮用水源地达标率稳定在100%。

2. 加强垃圾无害化处理

加快实施垃圾无害化处理场工程和城乡生活垃圾收运工程建设，实现城镇生活垃圾处理设施全覆盖和稳定运行。积极引导和促进农村居民生活垃圾集中堆放、分类处置和源头减量。人口相对集中的农村地区，设置垃圾定点收集站，配备相应的收运设施；对居住分散、远离镇区的村庄，建立就地分拣、综合利用、就地处理垃圾治理模式，积极推动生活垃圾处置分类焚烧和卫生填埋相结合。鼓励和支持开展工业垃圾资源化利用，积极探索医疗废物集中无害化处置方式。

3. 加强土壤污染防治

实施土壤污染防治行动计划和耕地质量保护与提升行动计划，建立土壤环境质量监测网络和信息平台，重点加大对摆泥、兴仁、烧茶、甲脚、龙坡等中心村有机蓝莓种植基地土壤污染状况的监控力度，加大对卓佐村新华铅锌矿开采区历史遗留尾矿废渣污染整治和生态修复力度，积极开展卓佐村新华片区、烧茶村工业园区等地重金属污染超标的土壤和受污染的农田土壤综合治理。

4. 推进农业废弃物资源化利用

实施畜禽养殖场畜禽粪便综合利用工程，加快推进镇域内俊健、巨能、苗都等规模化畜禽养殖场沼气池、畜禽粪尿集中处理设施等建设，采取畜禽废渣还田、生产沼气、制造有机肥料、制造再生饲料等方法加强畜禽粪便综合利用；加快实施秸秆还田、贮饲料生产、食用菌培育等工程，探索秸秆资源产业化利用新途径。实现规模化养殖场粪污能源化、肥料化利用，畜禽养殖场排泄物综合利用率和农作物秸秆综合利用率达到85%以上。

（三）加强防灾减灾建设

持续推进农村村寨消防安全建设，加强山体滑坡、洪涝等自然灾害防治，加强抗灾能力和灾害应急处置能力建设，全面提升全镇灾害综合防治能力。

1. 农村村寨消防安全建设

全面推进落实消防安全责任制，重点加强王家村、排佐、岩英等传统村落和全镇48个木质结构房屋连片村寨农村消防设施建设和已建消防设施器材维护保养，加快完善村寨消防池及配套设施，配置消防车，开展农村消防检查和农村市场劣质电器产品专项整治，加大消防安全宣传培训力度，切实改善农村消防安全环境。

2. 洪涝和地质灾害防治

进一步加强摆泥河、镇区、高效农业示范区和烧茶工业园防洪基础设施建设和河流疏浚治理工程，切实提升全镇防洪能力。加强对 G321 线兴仁段台辰至卡朗公路 2 处垮塌地质灾害隐患的治理，对不宜治理的 14 处地质灾害隐患点片区实施及时搬迁避让工程，进一步加强对汛期地质灾害隐患点的监测，完善地质灾害防治预案和应急方案，最大限度地预防和减少地质灾害损失。

3. 大力提升防灾减灾能力

加强避难场所、校舍、医院等基础设施抗灾能力建设。开展防灾避险科普宣传，提高公众防灾减灾意识和参与程度，加强群测群防与专业防治结合的灾害应急处置能力建设。鼓励和引导农户参加政策性农村住房保险，有效提高受灾农户灾后恢复重建能力。

七 推进基本公共服务均等化，提高城乡居民生活水平

以打赢扶贫脱贫攻坚战为目标，从群众最关心最直接最现实的利益问题入手，加快推进教育、卫生、体育等基本公共服务均等化，着力保障和改善民生，切实提高城乡居民生活水平。

（一）加强社会事业发展

以精准扶贫精准脱贫、全面建成小康社会为主要目标，着力完善城镇及乡村基本公共设施建设，加快民生等社会事业发展。

1. 大力发展文化事业

关注群众文化生活需求，把兴仁打造为特色文化小镇，以文化扶贫为支撑，积极推进兴仁文化事业大发展。建设兴仁文化综合服务中心、民族文化一条街、兴仁镇中心广场，培育、扶持、打造一批具有本地特色的公共文化设施品牌。依托美丽乡村建设，完善镇区基础文化设施，在沿河、沿库区景点及农业观光园区等建设居民休闲景观凉亭、沿河风雨桥、休闲长廊，建设村级社区文化活动中心，在甲脚村、王家村、岩英村、兴仁村、摆泥村新建或扩建斗牛场，在王家村、岩英村、城江村、兴仁村、摆泥村每村建设 1 个

标准芦笙堂。加强文化宣传，提升乡村文化软实力，在4个精品村——兴仁、甲脚、摆泥、城江，拍摄文化专题宣传片，通过农村广播系统及LED系统滚动播放，将精品村文化宣传作为展示新农村、美丽乡村、扶贫脱贫攻坚建设等状况的重要窗口。

2. 大力发展教育事业

着力发展学前教育，巩固九年义务教育，加强教师队伍建设，不断加大农村教育基础设施建设投入力度。重点新建1所全托型的留守儿童幼儿园及托管园，改扩建镇及村级幼儿园，改扩建1所初中、1所小学。各行政村建设完善幼儿园、小学，满足适龄儿童入学需要。实施教师素质提升“3个80”计划，提升中学、小学、幼儿园教学和师资水平，改善教师住宿条件，实施教师周转宿舍建设项目工程。

3. 大力发展卫生事业

不断提高广大人民群众健康水平，抓好公共卫生服务管理。实施兴仁镇中心卫生院提档升级工程，建设完善住院综合楼、院前急救站、数字化预防接种门诊，提升中心卫生院医疗硬件设备水平；实施村卫生室新建及改扩建工程，对10个村卫生室进行改扩建（面积在120m^2以上），在6个村新建卫生室6个，配备医疗设施及设备；实施行政村医疗卫生服务全覆盖工程，按照100%村卫生室达到甲级标准要求，加强村级医疗卫生服务系统建设，实现村村医疗卫生服务全覆盖，对村级卫生服务提档升级，每村配备1名乡村医生，2000人以上的村原则上要配备两名乡村医生。全面实施“五个全覆盖”，即乡镇卫生院标准化建设全覆盖、县级以上公立医院远程医疗全覆盖、新农合大病保险全覆盖、乡村医生全覆盖。

4. 大力发展体育事业

按镇区、行政村配置体育设施，提升镇区及乡村的体育设施硬件水平。新建一个兴仁镇体育馆及标准体育场，满足镇区居民的体育活动需求。在兴仁、甲脚、摆泥、城江各建设一个精品村体育运动场，在其他行政村建设村级篮球场，对16个行政村配置村级健身器材及场地，为农村居民提供方便的体育锻炼设施及场所。

5. 大力发展科技事业

加强科技扶贫投入力度，大力支持乡镇科技企业发展，鼓励技术创新、知识产权保护和申报工作。积极开展群众性科普活动，每年举办一次农民科技活动节，吸引兴仁镇及周边群众参与。通过远程教育网络和图书室、阅览室、科普宣传栏等途径，传播推广普及科学技术，提高农民科技水平，每个行政村建设一个科普图书阅览室，开辟一批高标准的科普画廊，定期播放科技培训节目。

6. 加强公共管理

以行政效能及公共服务水平提升为目标，在兴仁镇建设城乡综合服务平台信息系统，在各村建设村级综合服务中心和寨管委活动室，建设行政村综合信息服务平台。建设行政村寨门、大屏幕 LED 系统、农村广播系统，通过多媒体形式加强美丽乡村的政策宣传、扶贫宣传、公益宣传、农民培训及对外宣传。协调有关社会服务组织，承担政府委托的社会事务等方面的管理和服务项目。

（二）促进就业创业和加强社会保障

1. 大力促进就业创业

千方百计促进就业，拓宽就业渠道，鼓励有志青年回乡创业。建立健全一整套劳动就业覆盖到村服务体系，落实就业扶持政策，实施创业带动和项目拉动就业。依托城乡综合服务平台信息系统，完成政府服务平台信息系统村级工作站建设，完善城乡就业服务平台。加大人才引进力度，实施人才引进双“10”计划，促进全镇就业创业发展。

2. 积极开发人力资源

以园区建设、新农村建设为契机，加强人才培训与引进，提高人力资源服务能力，至 2020 年，培训城乡各类劳动者 5000 人。实施乡土人才培训计划，加强人才培训，实现订单式培训、岗位培训、校企合作培训、下乡送培训，提升劳动者素质及就业适应能力，每年培训不少于 6 次。加强村级人力资源开发工作，在 16 个行政村实施农村示范村实用技术培训、党员教育培训、村基层组织建设技术培训、扶贫脱贫实用技能提升培训。

3. 完善农村社保低保体系

以养老、医疗为保障核心，以扶危、助残、救孤为重点，以社会福利、社会救助、社会互助为重要内容，建立健全可靠的社会保障体系，使农村最低生活保障和特困群体帮扶救助等社保工作实现制度化，构建与全镇经济发展水平相适应的社会保障体系。实施城乡基本养老保险全覆盖工程，建立符合城乡发展需要和群众需求的更加完善的社会保障体系，改造提升兴仁镇敬老院，实现城乡基本养老保险参保率100%，城乡基本医疗保险参保率100%。通过“一卡通”建设工程，方便城乡居民参加低保及看病治病，健全大病保障制度，配置相关软件硬件设施。

八　保障措施

（一）争取政策支持

认真落实国家和省扶贫贴息贷款政策，实施精准扶贫“特惠贷”。对带动兴仁镇贫困群众脱贫致富的企业和合作社，对其扶贫项目贷款给予贴息补助。按照土地管理有关法律法规和政策规定，新增建设用地指标以保障兴仁镇小城镇和产业聚集建设用地，优先满足易地扶贫搬迁建房需求，继续落实好退耕还林、天然林保护、生态公益林、地方公益林建设保护等补贴政策，加大生态补偿力度。

（二）加强人才保障

加强领导班子、干部及人才队伍建设。优化领导班子和干部队伍知识结构，大力培养选拔政治性强、懂专业、善治理、能改革、敢担当、作风正的领导干部。完善领导干部政绩考核体系和奖惩机制，切实把想干事、能干事、干成事、不出事的干部用起来。落实人才优先发展战略，突出需求导向，采取超常规措施，清除人才流动障碍，健全人才服务保障和评价激励机制，营造各类人才脱颖而出的良好环境。做好各类高层次人才和急需紧缺人才引进工作。积极争取国家和省、州帮扶单位、发达地区对口帮扶县（市、区）和帮扶企业，培养和引进一批紧缺急需人才。

（三）争取资金支持

坚持专项扶贫、行业扶贫、社会扶贫等多方力量、多种举措有机结合和互为支撑的"三位一体"大扶贫格局，广泛调动社会各界参与扶贫开发的积极性，鼓励建立多元化、多渠道、多层次的投入机制，扩大资金来源。加大中央和省级财政对兴仁镇的扶贫投入力度，坚持政府投入在扶贫开发中的主体和主导作用，增加金融资金对扶贫开发的投放，吸引社会资金参与扶贫开发。要积极开辟扶贫开发新的资金渠道，多渠道增加扶贫开发资金。丹寨县人民政府和相关责任部门要切实加大兴仁镇脱贫攻坚暨"多规合一"规划的投资力度，优先安排实施规划内项目，确保各级用于规划的投资同步到位。加强资金使用监管和加大督查力度，确保资金安全使用，提高使用效益。

（四）组织保障

1. 加强组织领导

强化扶贫开发工作领导责任制，按照"省负总责、市州协调、县抓落实"的管理体制和"工作到村、扶贫到户"的工作机制，建立帮扶兴仁镇联席会议制度。联席会议定期研究解决帮扶工作中存在的困难和问题。

2. 统筹部门协调

以城乡规划、土地利用规划和环境规划为支撑，建立健全各类部门定位清晰、功能互补、统一衔接的管理体系和统筹协调的规划实施推进工作机制，有效实施"多规合一"，确保各职能部门在总体要求、重大安排、空间配置、时序布局、重大项目和约束事项上方向一致、落实有力。切实加强各类规划之间的衔接，明确衔接程序，统筹进行规划论证审查。

参考文献

汪洋：《紧紧围绕精准扶贫精准脱贫　深入推进脱贫攻坚》，《行政管理改革》2016年第4期。

韩广富、赵佳佳：《习近平革命老区脱贫攻坚思想及其指导意义》，《理论学刊》2016年第5期。

王唯山、魏立军：《厦门市“多规合一”实践的探索与思考》，《规划师》2015年第2期。

苏涵、陈皓：《“多规合一”的本质及其编制要点探析》，《规划师》2015年第2期。

沈迟、许景权：《“多规合一”的目标体系与接口设计研究——从“三标脱节”到“三标衔接”的创新探索》，《规划师》2015年第2期。

陈雯、闫东升、孙伟：《市县“多规合一”与改革创新：问题、挑战与路径关键》，《规划师》2015年第2期。

王吉勇：《分权下的多规合一——深圳新区发展历程与规划思考》，《城市发展研究》2013年第1期。

刘彦随、王介勇：《转型发展期“多规合一”理论认知与技术方法》，《地理科学进展》2016年第5期。

黄勇、周世锋、王琳、罗成书、倪毅：《“多规合一”的基本理念与技术方法探索》，《规划师》2016年第3期。

贵州农村定点包干脱贫攻坚路径思考

吴 杰 王 前 王 彬 蔡 伟*

摘 要： 贵州仍是全面建成小康社会任务最艰巨最繁重的省份之一，全省容易脱贫的对象大多已经脱贫，剩下的都是最为难啃的“硬骨头”，极贫乡镇更是贫中之贫、困中之困，为确保极贫乡镇如期脱贫、与全省全国同步全面建成小康社会，省委省政府作出极贫乡镇定点包干脱贫攻坚的重大战略决策，省委书记、省长等20名省级领导挂帅成立20个脱贫攻坚指挥部，对20个极贫乡镇开展定点包干脱贫攻坚工作。本文以一个极贫乡镇为例，分析了极贫乡镇发展面临的问题，提出相关任务措施。

关键词： 极贫乡镇 定点包干 脱贫攻坚

前 言

“十三五”时期，贵州仍是全面建成小康社会任务最艰巨最繁重的省份之一，贫困人口多、贫困面大、贫困程度深的基本省情没有改变，全省容易脱贫的对象大多已经脱贫，剩下的都是最为难啃的“硬骨头”，极贫乡镇更是贫中之贫、困中之困，是全省脱贫攻坚进入啃硬骨头、攻坚拔寨冲刺阶段的最后一座有待攻下的堡垒。

为确保极贫乡镇如期脱贫、与全省全国同步全面建成小康社会，省委省

* 吴杰，贵州省社会科学院副研究员；王前，贵州省社会科学院助理研究员；王彬，贵州省社会科学院副研究员、云南财经大学经济学博士研究生；蔡伟，贵州省社会科学院助理研究员。

政府作出极贫乡镇定点包干脱贫攻坚的重大战略决策，省委书记、省长等20名省级领导挂帅成立20个脱贫攻坚指挥部，对20个极贫乡镇开展定点包干脱贫攻坚工作。

一　极贫乡镇的基本情况

贵州的极贫乡镇，多处于自然、生产、生活条件均较差的地方，很多属于典型"一方水土养不活一方人"的地方。以代化为例，地处麻山腹地，位于长顺县南部，距县城58公里，距省会贵阳市90公里，东与惠水县王佑镇相邻，南与长顺县敦操乡接壤，西与长顺县鼓扬镇及紫云县宗地乡相连，北与长顺县摆所镇交界，辖代化社区，朱场、打朝、斗省、睦化、麻响、纳傍、斗篷冲8个行政村（社区）161个村民组，土地面积173.73平方公里。耕地面积22402.94亩（水田9325亩、旱地13077.94亩），农田有效灌溉面积2798亩，林地面积87344.4亩。全镇海拔在990～1280米，属中亚热带季风湿润气候区，雨量充沛、气候温和、冬无严寒、夏无酷暑，年平均气温15.8℃，无霜期长达280天以上，年降雨量为1250～1450毫米。镇域地形地貌复杂，属典型喀斯特岩溶深山区、石山区与丘陵山地结合处，坝区与立陵、石山相交错，森林覆盖率33.5%，石山大多岩石裸露，石漠化现象极为严重。

同时，极贫乡镇的经济社会发展水平也比较低，如代化镇截至2015年底，全镇户籍人口共6153户26461人，其中：非农业人口730人，农业人口25731人；少数民族20472人，占全镇总人口的77.37%。年末常住人口24341人，镇区常住人口5404人，城镇化率为22.20%，比同期全省水平低19.81个百分点。全镇2015年财政收入1207.63万元，农村居民人均可支配收入5065元，粮食产量10711吨、生猪存栏1.2万头、肉牛存栏6000头、肉羊存栏5000只、家禽存栏6万羽。全镇有卫生院2所，医护人员37名，床位23张；敬老院1座，床位150张；中小学各两所，教师206人，在校学生2810人，留守儿童429人，留守儿童中在校学生371人、学龄前儿童

58人。

当然，即使贫困程度深，当地其实也存在可以开发利用的资源，如代化镇域内拥有格凸河、天生桥水库、石板组洞葬、格董关泥盆系地层剖面石炭纪、斗篷冲剿匪战斗遗址、皇帝坪景区、石祖敏英雄墓、高寨山“公议碑”、大屯营盘遗址、顾氏古墓群、当刀坡、毛青坡古墓群、灯笼坝古墓群等自然和人文旅游资源；拥有南川木菠萝等极危物种；民族民间文化浓郁，可深度挖掘发展布依族枫香染、蜡染等民族民间工艺品加工业和民族文化旅游业；气候资源具有一定优势，适宜水果、茶叶、蔬菜、中药材种植及黑毛猪、肉牛、绿壳蛋鸡、水产养殖。

极贫乡镇面临的最大现实问题就是贫困，2015年底，代化全镇贫困村6个，其中一类贫困村3个（斗省、斗篷冲、麻响）、二类贫困村1个（打朝）、三类贫困村2个（朱场、纳傍），7个行政村1个社区中仅有代化社区和睦化村为非贫困村；贫困人口2735户10581人，其中低保贫困户665户1679人，贫困发生率高达40%，比同期全省水平高25.6个百分点。村级集体经济基础薄弱，“空壳村”现象突出，合作社数量少，带动和吸纳贫困户脱贫致富能力有限。各村贫困发生率悬殊，最高的斗省村达到61.2%，比全镇平均水平高21.2个百分点，最低的代化社区为16.8%，比全镇平均水平低23.2个百分点，加之全镇贫困人口居住分散，脱贫攻坚工作难度较大。

二　极贫乡镇面临的主要问题

总的来说，除贫困外，极贫乡镇当前主要面临五大问题，一是自然条件较差。如代化全镇生态环境十分脆弱、土地贫瘠、耕作条件差、抵御自然灾害能力弱、地表水稀缺。25度以上坡耕地6730亩，占现有耕地面积的30.04%；石漠化面积77.6平方公里，占全镇土地面积的44.67%；人均耕地0.82亩，仅为全省人均耕地面积的42.3%；12个村民组生存条件较差，属于典型“一方水土养不活一方人”的地方，涉及2个行政村304

户1439人，其中贫困人口1223人。二是产业规模小、结构单一。代化的农业发展零星分布，产业化、规模化程度低，缺少市场认可的农业产品品牌，农产品竞争力不强、附加值不高，没有形成有主导作用的特色农业产业。第二、三产业发展严重滞后，仅镇区有少量微小加工企业，第三产业主要是商品零售、餐饮等，吸纳就业人数有限，导致农户在农闲季节通过就近务工增收的渠道不宽。三是基础设施建设滞后。代化全镇无高速公路和国道过境，最近的S50惠兴高速长顺东距镇区50公里，现有从镇内连接惠兴高速的公路等级标准低，且路面状况差；全镇161个村民组中仍有25个未通公路，群众出行比较困难，生产、生活物资运入和农产品输出成本高，部分自然村寨长期处于闭塞状态。已建成的通组水泥硬化路绝大多数建设标准较低，坡陡弯急，缺少一定的安全防护设施和防排水工程，抵御自然灾害能力较弱。镇区建筑密度较大且风貌不具特色，骨干路网道路等级较低，景观设施和居民公共休闲设施缺乏。镇域农村饮水、农田灌溉等水利基础设施建设仍不完善，工程性缺水问题突出，仍有9个村民组未通自来水，212户人畜饮用水主要靠“望天水”，给农户生产生活带来很大困难。村级信息化基础设施有待完善，村级宽带建设滞后，村级4G信号覆盖面小。四是公共服务配套不完善。代化的学校均无校车，学生上下学皆为徒步，安全隐患较大，学校标准化建设仍有缺口，学生住宿条件亟待改善。全镇卫生服务能力弱，尤其是医护人员缺乏，每千人卫生技术人员数1.4人，每千人卫生机构床位数0.83张，远低于全省5.3人和5.58张的平均水平；部分村卫生室已成危房，医疗设备老化，农民看病就医困难问题突出。镇政务服务中心、村级便民服务中心等建设滞后，配套设施严重不足；文体设施和镇垃圾中转站、污水处理设备等环保设施欠缺。五是自我发展能力弱。代化全镇贫困人口文化素质整体偏低，文盲及半文盲1833人，占全镇贫困人口的17%，因缺技能致贫的贫困人口4214人，占全镇贫困人口的40%。受教育程度低、缺乏专业技能，导致大多数贫困人口只能从事科技含量不高的农业生产和简单体力劳动，收入水平低。

三　极贫乡镇的发展思路

（一）脱贫是底线，致富是目标

作为极贫乡镇，在脱贫攻坚上，需要牢固树立科学治贫精准扶贫有效脱贫理念，紧扣“四个切实”“五个一批”“六个精准”，守住发展和生态两条底线，重点要按照“脱贫是底线，致富是目标”的要求，以突破基础设施瓶颈为关键，以完善公共服务为保障，以发展特色产业为抓手，以加快城镇建设与农村环境整治为重点，采取超常规办法与力度，统筹各方资源，打赢贫攻坚战，确保实现“全面脱贫、同步小康”。

（二）坚持四大基本原则

坚持全面统筹与突出重点相结合。分析代化镇贫困原因，坚持开发式扶贫方针，统筹城乡资源，以壮大产业为重点，以突破基础设施瓶颈和提高人的素质为核心，结合城镇建设、农村人居环境、产业扶贫、易地搬迁、基本公共服务等方面，系统谋划，综合施策，提出摆脱贫困、增强其自身发展能力的脱贫决战方案。

坚持整体扶贫与精准扶贫相结合。注重从各村寨的自然条件出发，选择适合各村组发展的优势产业，以点带面地推动村组、镇经济社会发展，为当地群众脱贫致富奠定产业基础。同时按照“六个精准”要求，大力实施“五个一批”扶贫攻坚计划，切实提高贫困户自我发展能力，使其摆脱贫困。

坚持加快发展与保护生态相结合。充分利用当地的气候资源、生物资源，大力发展生态和经济效益兼具性产业，将生态建设、保护和区域发展结合起来，不断改善生态环境，促进经济与生态良性互动发展。

坚持国家支持与自力更生相结合。合理利用极贫乡镇专项基金，广泛调动社会各界参与扶贫开发的积极性，多渠道增加扶贫开发资金，加快推动全镇社会经济发展；充分发挥干部群众推进发展和摆脱贫困的主体作用，发扬自强不息和艰苦奋斗的精神，加大资源开发力度，增强自我发展能力。

代化定点包干脱贫攻坚总体目标：到2018年，全镇交通、水利等基础设施更加完善，实现村村通油路、组组通硬化路，农村安全饮用水覆盖率100%，农田有效灌溉面积75%以上；医疗、教育等公共服务水平进一步提升，人居环境持续改善，生态建设取得突出成效，基本满足全面小康需要；特色优势产业得到较大发展，形成蔬菜、黑毛猪、绿壳蛋鸡等增收效益明显的特色农业产业，村级集体经济更加壮实，消灭“空壳村”；城镇面貌明显改观，镇区人口、服务、产业集聚能力进一步增强；实现贫困人口全部脱贫，贫困村全部出列，农民人均可支配收入达到8000元以上，贫困发生率控制在3%以内；到2020年建成一个经济快速发展、社会协调进步、民族文化繁荣、生态建设成就突出、人民幸福安康的“小康代化”。

表1　代化定点包干脱贫攻坚发展目标

年度	实现目标
2016	交通、水利、小城镇建设、产业发展、农村人居环境改善等各项工作全面启动，村组道路硬化率60%以上；改善农田灌溉面积1500亩以上；完成易地搬迁304户1439人，其中贫困农户265户1223人；完成代化、睦化两个中心学校改扩建；1007户4517个贫困人口脱贫，贫困村朱场出列
2017	代化至惠罗高速的快速通道打通，村组道路硬化率80%以上；新增农田灌溉面积4000亩以上；完成贫困农户228户919人易地搬迁；小城镇建设初具雏形，完成80%以上村组（50户自然寨）人居环境改造；代化第二幼儿园等8个村（社区）幼儿园建成，代化镇标准化中心卫生院、朱场村卫生室等6个村级卫生室建成；黑毛猪、绿壳蛋鸡、奶牛、肉牛等养殖基地80%以上建成并投入使用，蔬菜、精品水果等种植基地基本建成，完成土地整治1400公顷以上；脱贫700户2954人，贫困村纳傍、打朝出列
2018	代化至惠兴高速的快速通道打通，实现村村通油路、组组通硬化路，农村安全饮用水覆盖率100%，农田有效灌溉面积75%以上；小城镇建设主体工程完成，集聚人口8000人以上，100%村组（50户自然寨）人居环境改造完成；幼儿园、卫生室配套设施进一步改善；代化8个村级利民服务中心建设完成；780户3453人（670户2935个贫困人口）应搬尽搬；蔬菜、黑毛猪、绿壳蛋鸡等增收效益明显的特色农业产业形成，脱贫1028户3110人，斗省、麻响、斗篷冲出列

四　极贫乡镇脱贫攻坚主要任务

极贫乡镇的攻坚，重点需要围绕基础设施建设、易地扶贫搬迁、改善人居环境、社会公共服务、产业和就业扶贫等五大方面，改善生产生活设施，促进产业发展，增加贫困群众的就业，实现贫困人口增收致富。

（一）基础设施建设

需要加快推进以交通、水利为重点的基础设施建设，构建功能完善、城乡一体的基础设施体系，为极贫乡镇扶贫开发提供强有力的基础支撑。

在交通方面，以快速公路、通村油路、通组道路硬化为重点，实现向外有快速通道连接，镇内村村通油路、组组通公路，构建“外畅内通”道路交通网络新格局。如代化镇，乡级以上道路重点新建或改扩建罗甸县边阳—董网—白岩—长顺敦操—代化—鼓扬红岩—紫云县板当匝道、S311 惠水县雅羊至长顺县纳傍、长顺县纳傍至代化等便捷快速公路，积极改扩建 S210 代化至摆所公路（在建）、X980 马鞍山水库经睦化至红岩（代化段）、X999 新关至斗省村（摆让）、Y005 打朝至格凸河、Y006 代化经斗麻至敦操、Y019 三台经小米寨至牛角坝、Y002 茅山至林场等公路约 200 公里，打通代化到惠兴高速和惠罗高速的快速通道，实现村村通油路。通村公路围绕全镇建制村村村通沥青（水泥）路，重点实施麦翁经新屯至若亚通村公路改扩建工程。通组路则围绕破解群众出行难的“最后一公里”问题，投资 7100 万元，重点新建或改扩建睦化移民点至大桥等 41 条通组路，新建通组路 70 公里以上、改造通组路 28 公里以上，解决 4532 户农户、1769 户贫困户的出行难问题。

在水利方面，需要以保障居民安全饮水和农田有效灌溉面积为重点，全面加强水利设施建设。一是农村饮水安全巩固提升工程。如代化，围绕解决代化镇域内的人畜饮水问题，重点实施镇区供水管网更新改造工程和代化片区水源水质达标建设工程，加快推进睦化村片区、代化片区、打朝村老龙地、打朝村摆云等农村饮水安全巩固提升工程建设，解决全镇6153户26461人饮水安全问题，实现农村饮水安全100%全覆盖。二是农田水利工程。围绕提高水资源利用效率、提升农业综合生产能力，重点实施代化社区云顶山塘、睦化村长坡山塘、睦化村后寨山塘、纳傍村哨上山塘、斗篷村格崩山塘等5座农村山塘整治工程，新建纳傍村出水洞山塘、纳傍村拉朵坝山塘、麻响村老山塘等3座农村山塘。重点实施打渔桥水库、拉杆水库灌区节水改造工程，加快推进水库灌溉渠道改造和龙井水库配套管网灌溉工程建设。改善1500亩以上农田灌溉条件，新增农田灌溉面积4000亩以上，实现全镇农田有效灌溉率75%以上。三是河道治理及防洪减灾。围绕保护水资源、净化生态环境、打造沿河生态景观、增强防洪减灾能力，重点实施长安河睦化段生态治理工程，睦化河和大塘生态清洁小流域工程，以及代化镇农业产业小型水利水保工程，综合治理共计40公里以上。重点推进代化社区打傍、纳傍村新屯至者务、睦化打窝坝至麻响打锄坝、打朝村井边至金银坝等排洪渠工程建设，新建排洪渠12公里以上、畅通排涝渠4公里以上。

在农村电网和通信网络建设方面。一是围绕构建结构合理、技术先进、安全可靠的现代农村电网，推进新一轮农村电网改造升级。重点是加快推进摆角坝电网改造，实现农村电网改造全覆盖。二是通信网络。围绕提升镇域信息化水平，推进网络宽带向自然村延伸覆盖，全镇各行政村（社区）电信、移动、联通信号升级改造，代化镇易地扶贫搬迁安置点片区开展电信服务设施建设，实现“村村通宽带”。

（二）易地扶贫搬迁

要按照贵州省坚决打赢极贫乡镇定点包干脱贫攻坚战役中的“易地扶贫搬迁”硬仗要求，围绕“搬得出、稳得住、能就业、可致富”目标，对居住在边远山区、生存条件恶劣、自然资源贫乏、就地帮扶投入大、脱贫难的特困人口或小型自然村寨，实施易地扶贫搬迁。

一是要做到应搬尽搬。统筹规划，分步实施，坚持以自然村寨整体搬迁为重点，坚持贫困程度最深的村寨优先搬迁。例如，代化2016年搬迁304

户 1439 人（其中贫困农户 265 户 1223 人）到代化镇安置点，2017 年完成贫困农户 228 户 919 人易地搬迁，2018 年 780 户 3453 人应搬尽搬，其中 670 户 2935 个贫困人。

二是要完善移民点基础设施建设。扶贫移民搬迁安置点基本达到水、电、路、渠道、卫生室、村委会、社区服务中心、学校、文化站等配套要求。确保代化移民安置点水、电、路、排水入户，卫生室、村委会、社区服务中心、学校、文化站及污水处理站等配套设施完善，移民人均住房 20 平方米。

三是强化扶贫搬迁产业支撑。围绕代化社区蔬菜种植，黑毛猪、绿壳蛋鸡养殖，脱贫创业产业园区黑毛猪肉、绿壳鸡蛋、蔬菜、精品水果等农村产品冷藏、包装等，农贸市场摊点经营，使移民直接参与种植养殖生产、务工等，解决代化移民安置点贫困农户就业问题，确保安置点 304 户 1439 人（其中贫困农户 265 户 1223 人）户均 1 人就业，增加收入。

（三）改善人居环境

按照“小而精、小而美、小而特、小而富”的发展思路，强化规划引领，加强基础设施保障，增强产业支撑能力，加大环境治理力度，改善人居环境。例如，代化镇提出了建成贵州具有重要影响的“特色商贸小镇”的定位。因此，在小城镇和集镇建设方面，将围绕小城镇基础设施与公共服务建设“8 + X”工程，重点加快制定代化镇区小城镇建设控制性规划。加快“两纵两横”路网新建和改扩建，重点实施白改黑、人行道、雨污分流、排污管网、路灯安装、绿化等项目。实施主街道、主节点的商店、民居立面包装、特色改造。加快代化镇标准化中心卫生院建设，提升医疗服务水平。加快政务服务中心及配套设施、代化客运站、农贸市场、枫香染民俗文化体验馆、文化活动广场、停车场、厕所、保障性住房等建设，提高公共服务能力。新建代化镇代化社区污水处理厂，配齐垃圾处理相关设施设备和人员，提升垃圾和污水处理能力。新建消防站 1 所，配备相应消防设施。同时，将改扩建睦化小集镇，加快建设民族特色文化广场 1 个及配套设施，建设睦化片区污水处理厂和睦化片区后寨组污水处理站，有条件的居住区铺设排污管网，主要道路白改黑，道路沿线安装路灯，合理增设垃圾箱，修建1座公厕，建设1个停车场，增加集镇绿化面积。在改善农村人居环境方面，将实施“四在农家·美丽乡村”小康寨建设，引导和帮助农民建设美观、实用、建筑形式多样化、具有地方及民族特色的住房，提升居住质量。开发利用低丘缓坡，推行农村集中建房。加快串户路和人行步道建设。加强村庄垃圾和污水处理，增加垃圾收集场所，修建污水池，增设垃圾箱。继续实施“三改”及庭院硬化。修建乡村太阳能照明设施，实现行政村照明设施全覆盖。加强农村消防配套设施建设，加大重点村寨消防安全设施改造力度。加快农村公共服务体系建设。

（四）社会公共服务

社会公共服务重点要围绕保障和改善民生，从群众最关心最直接最现实的利益问题入手，进一步完善教育、医疗卫生、文化、社会保障等事业，着力提高人口素质，彻底改变公共服务落后的状况。例如，代化镇在教育上，需要加大学前教育投入，新改扩建一批覆盖镇、村的幼儿园，全面满足幼儿就近入园教育需求，实现学前三年毛入园率95%以上。加大义务教育学校建设投入，完善代化、睦化中心学校教学楼等设施，完善食堂、运动场等附属配套设施，配齐配足所需教育教学用品。改善教职工工作和生活条件，加大师资队伍建设投入，实现全体师生“四在学校·幸福校园”。在医疗卫生上，需要加快提升公共医疗卫生服务能力，基本消除农民家庭“因病致贫”“因病返贫”现象。重点新建代化镇标准化中心卫生院，配置相应医疗设备、附属设施，镇中心卫生院需完善住院综合楼、院前急救站、数字化预防接种门诊，提升中心医疗硬件设备水平；按照100%村卫生室达到甲级标准要求，新建与改扩建朱场村等6个卫生室并配备相应的医疗人员。积极实施基层卫生人才“强基工程”，盘活存量，优化增量，提升层次，加大人才引进力度，进一步扩大成熟人才的招聘范围，壮大基层医疗卫生人才队伍。加强村级医疗卫生服务系统建设，构建“15分钟健康服务圈”，实现村村医疗卫生服务全覆盖。在文化体育上，需要加大文体设施建设投入，提升文化服务能力。重点建设8个村（社区）集村支两委活动室（含电商服务点）、文体活动广场于一体的便民利民服务中心工程，并配备相关设施，实施村级一体化便民利民服务中心村村全覆盖。在农村人力资源开发上，需按照《贵州省创新职教培训扶贫“1户1人”三年行动计划（2015—2017年）》，整合人力资源和社会保障部门“春潮行动”农民工职业技能提升计划、扶贫部门“雨露计划”、农业部门“阳光工程”等培训资源，深入实施农村贫困学子助学行动、农村贫困妇女“雨露计划·‘三女’”培育行动、贫困村致富带头人“能人培养”行动、农村贫困劳动力转移培训行动、农业实用技术培训行动等五项行动，开展镇村干部、农村致富带头人培训4800人次，开展劳动力转移培训、农业实用技术培训、农村贫困妇女“雨露计划·‘三女’”培训20000人次以上，做到农村贫困学子资助应补尽补，确保实现全镇农村建档立卡贫困户“1户1人1技能”全覆盖。在农村社会保障体系建设上，需要以养老、医疗为保障核心，以扶危、助残、救孤为重点，以社会福利、社会救助、社会互助为重要内容，构建与全镇经济发展水平相应的社会保障体系。按照“应保尽保、按标施保”的原则，确保将缺乏劳动能力、缺乏经济来源、缺乏脱贫基础的农村困难群众全部纳入农村低保保障范围，实现“兜底保障脱贫一批”。

（五）产业和就业扶贫

对每一极贫乡镇都需要做到在基础设施建设、易地扶贫搬迁、改善人居环境、社会公共服务等方面体现扶贫普惠性，而产业发展则体现每一极贫乡镇的特色发展。例如，代化的产业重点是：按照“宜种则种、宜养则养、长短结合、以短养长”的长顺做法，推广抱团发展加快脱贫的长顺“藤缠树”新模式，重点发展以天生桥为核心的睦化至代化朱场的农旅一体化产业带，以蜂糖李、蔬菜种植和黑毛猪养殖为核心的打朝至代化立体农业产业带，以小米核桃种植和黑毛猪、绿壳蛋鸡、蜜蜂养殖为核心的代化至斗省特色种植养殖示范带，打造1个现代农业产业园、1条精品乡村旅游线路，创建1个代化脱贫攻坚示范区，实现产业项目对贫困农户贫困人口全覆盖，构建“3111”发展新格局。

一是以农业产业基地带动种养业发展。养殖业重点是在代化建设4800头标准化生猪能繁母猪养殖基地，满足全镇及周边区域猪仔需求。在代化、打朝、麻响、纳傍、斗省、朱场、斗篷冲、睦化8个村（社区）建立27500头标准化生猪养殖基地，带动1400户贫困农户参与养殖，实现每户年均增收1000元。在朱场村建设1000头奶牛养殖基地，带动211户贫困农户就业增收。在代化、朱场建设700头肉牛养殖基地，带动236户贫困农户参与肉牛养殖。在代化社区、麻响村各建设1个100万羽绿壳蛋鸡养殖基地，带动396户贫困农户参与绿壳蛋鸡养殖。养殖200箱蜜蜂，带动100户贫困农户参与。通过各类养殖基地及项目建设，覆盖贫困农户2300户9000人以上，实现贫困农户通过养殖业每户年均增收1000元以上。种植业则充分发挥代化镇气候、光照、土地等资源优势，重点在代化社区、麻响村、打朝村建设4200亩蔬菜种植基地，带动179户贫困户参与蔬菜种植或在基地打工就业。在打朝、纳傍、麻响建设4000亩蜂糖李、砂糖橘等精品水果基地，做好麻响1000亩核桃基地管护，带动350户以上农户参与精品水果（坚果）种植。在斗省建设1000亩金银花种植基地和2000亩茶树基地，带动900人以上贫困人口参与中药材、茶树种植或在基地打工。通过各类种植业项目，带动1500户5000人以上贫困人口，实现贫困农户通过种植业每户年均增收1000元以上。在发展模式上，以基地带动散户种植养殖，带动特色产业发展。将财政扶贫发展资金、村集体资产、农民承包土地经营权转化为村集体和农民股金，引进和培育一批龙头企业，培育扶持一批种植养殖专业合作社和大户，按照“公司＋合作社＋基地＋农户”“合作社＋基地＋农户”等扶贫产业发展模式，完善扶贫利益联结机制，带动村集体经济壮大和农民脱贫致富。结合土地整治项目，加强对产业发展基地以水、路为主的基础设施建设。

二是以脱贫创业产业园建设带动农产品加工业发展。以脱贫创业产业园为基地，重点围绕特色种植养殖业的产品冷藏、包装、销售等，大力发展农业加工业。引进一批龙头企业，采取优质农产品基地建设、科研开发、生产加工、营销服务一体化经营模式，带动农业及农产品加工业发展。鼓励和支持农民专业合作社发展农特产品加工和冷链物流，提高农产品附加值。鼓励和支持贫困农民、返乡农民工进入脱贫创业产业园创业，带动农民（特别是贫困农民）就业。

三是以乡村旅游为龙头带动农村服务业发展。依托格凸河、天生桥水库、山塘，以及泥盆系石炭系地质剖面、斗篷冲战斗遗址、皇帝坪等自然、文化资源，结合特色小城镇和村寨打造，大力发展以农业观光、农耕体验、休闲养生、民族风情为主题的乡村旅游业。重点围绕天生桥农旅一体化产业扶贫示范基地、斗篷冲红色文化、皇帝坪民族文化及户外生活体验区等建设项目，大力完善游客服务中心、观光步道、停车场、公厕公共服务设施，支持和鼓励农户为游客提供旅馆、餐馆、便利店等旅游服务，以乡村旅游带动农业和其他服务产业发展，带动睦化至代化朱场的农旅一体化产业带900户以上贫困农户从乡村旅游发展中受益。依托格凸河自然风光和水域条件，开展格网组水产养殖及休闲旅游项目，带动60户贫困农户参与。依托小城镇发展，大力发展住宿餐饮、批发零售等服务产业，带动贫困农民就业。通过服务业发展，带动贫困农户1500户3000人以上就业，实现贫困农户通过服务业每户年均增收1000元以上。

四是大力推动农村电商发展。围绕“一镇一站、一村一点”的目标，建设代化农村电子商务服务站，建设睦化、朱场、打朝、斗省、麻响、纳傍、斗篷农村电子商务服务点。采取“培训 + 孵化 + 联合”等模式，结合农村劳动力培训计划，开展针对大学生、农民、返乡农民工等人群的电子商务职业技能培训，培训100人次以上。利用淘宝、京东、天猫、贵州电子商务云、农业云、贵农网、农业信息网、农经网和黔邮乡情微信平台等公众平台，建设农村电子商务站（点），带动100人创业就业，为农村产业发展提供网络营销服务，为居民提供电子商务创业就业咨询服务和代办网络购物、代办上网售货等便民服务。

五是以产业发展和农村劳动力转移带动就业。加强农村劳动力培训，确保建档立卡贫困户“1户1人1技能”全覆盖。通过特色农业、农产品加工业、农村服务业发展，带动贫困人口就业，实现贫困农户产业就业全覆盖，每年户均增收3000元以上，人均每年增收800元以上。依托城镇建设，加强农村劳动力转移培训和信息服务，加快农村劳动力转移就业。围绕基础设施建设项目，带动2000人以上贫困农户劳动力临时就业，实现每年人均增收3000元以上，增加贫困农户收入。

此外，还需实施封山育林和退耕还林，加强生态建设。针对不稳定（滑坡）斜坡，实施地灾防治工程。扎实推进留守儿童、空巢老人关爱行动。利用好广州市对口帮扶黔南州、南沙区对口帮扶长顺县的对口帮扶关系，大力推动企业引进、交流学习。充分把握社会公众对极贫乡镇的关注，引入社会力量参与代化脱贫事业。

五　极贫乡镇脱贫攻坚的保障措施

（一）资金保障

脱贫攻坚，资金是关键，为此，贵州全省专门针对极贫乡镇设立子基金，保障贫困人口人均10万元的投入，同时，各极贫乡镇还需整合各部门资金，增加投入，确保项目实施。以代化为例，全镇将实施项目235项，总投资规模27.7896亿元，其中脱贫基金投资10.9247亿元，其他投资16.8649亿元。按项目类型划分，基础设施项目82项，投资规模15.5218亿元，占总投资规模的55.85%，其中脱贫基金投资3.2239亿元，占总基金投资的29.51%；易地扶贫搬迁项目3项，投资规模2.0438亿元，占总投资规模的7.35%，其中脱贫基金投资0元；改善人居环境项目82项，投资规模5.0938亿元，占总投资规模的18.33%，其中脱贫基金投资4.8558亿元，占总基金投资的44.45%；社会公共服务项目24项，投资规模0.7187亿元，占总投资规模的2.59%，其中脱贫基金投资0.6187亿元，占总基金投资的5.66%；产业扶贫项目44项，投资规模4.4065亿元，占总投资规模的 15. 86%，其中脱贫基金投资 2. 2236 亿元，占总基金投资的 20. 35%。

（二）加强组织领导

按照极贫乡（镇）脱贫攻坚工作要求，代化组建了以省委常委、贵阳市委书记陈刚同志为指挥长的代化镇定点包干脱贫攻坚指挥部，负责统筹协调、指挥调度代化镇脱贫攻坚各项工作。指挥部下设办公室（前线工作队），负责处理指挥部日常事务。同时，组建前线党支部，强化基层组织建设。

（三）强化政策支持

认真落实国家和省扶贫贴息贷款政策，继续实施精准扶贫“特惠贷”。对带动代化镇贫困群众脱贫致富的企业和合作社，给予其扶贫项目贷款贴息补助。按照土地管理有关法律法规和政策规定，新增建设用地指标保障小城镇和产业聚集建设用地。支持代化镇土地流转。继续落实好退耕还林、天然林保护、生态公益林、地方公益林建设保护等补贴政策，提高补贴标准，加大生态补偿力度。按照《关于进一步加强农村贫困学生资助推进教育精准扶贫的实施方案》，切实解决代化镇农村贫困学生上学期间费用负担问题。

（四）加大投入

整合专项扶贫、行业扶贫、社会扶贫等多方力量，形成有机结合、互为支撑的“三位一体”大扶贫格局，扩大资金来源，支持建立多元化、多渠道、多层次的扶贫投入机制。国家和省“十三五”普惠政策、资金除按规定投向代化镇外，还应适当予以倾斜。原有各部门投入资金要倾斜，对已纳入全省易地搬迁的农户，其搬迁建房补助、基础设施建设、拆房奖励等资金按原来渠道继续投入。州、县人民政府及相关责任部门要切实加大对代化镇脱贫攻坚工作的协调力度，确保各级用于代化镇脱贫攻坚资金同步到位。增加金融资金对扶贫开发的投放，广泛调动社会各界参与扶贫开发的积极性，吸引社会资金参与扶贫开发。

（五）严格监督考核

强化调度督查制度落实，指挥部办公室牵头做好项目下达、资金投入、督促检查等工作，州、县、镇做好组织动员、人力调配、项目落地、进度安排、资金使用、推进实施等工作。

强化审计监察制度落实，县审计、监察部门要开展事前、事中、事后全程业务指导监督，尤其要加强事前介入，确保资金安全运行；州审计部门每年对代化镇脱贫攻坚各类资金管理情况进行专项审计。对闲置、贪污、挤占、挪用、截留脱贫攻坚资金的单位和个人，从严从重处罚。

强化考核奖惩落实，对脱贫攻坚工作成效进行考核，脱贫攻坚指挥部制定相关人员的考核办法。对脱贫攻坚工作成效特别明显或对脱贫攻坚贡献突出的干部在评先选优中单列指标，按照有关规定给予表扬或提拔任用；对不作为、乱作为、慢作为、假作为、未完成目标任务，或其他严重影响“攻坚决战”成效的过失行为，按照《中国共产党问责条例》《贵州省脱贫攻坚暂行问责办法》等办法严肃追究责任。强化对信息报送工作的考核，主要针对报送信息时间和质量进行考核。

（六）注重宣传培训

通过电视、广播、手机等媒体手段，加大对代化镇脱贫攻坚实施方案的宣传力度，争取代化镇人民群众的支持，更加顺利推进代化镇脱贫攻坚方案的实施。大力引进各类专业技术人才，加强对本地人才的培养使用，打造一支用得上、留得住的人才队伍，作为代化镇扶贫开发和区域发展的带头人。

对兴义市树戛村精准扶贫工作的几点思考

蔡 伟 胡馨木*

摘 要： 虽然近年来贵州扶贫工作已经取得一定的成绩，但是截至2015年底，贵州尚有493万农村贫困人口，是全国贫困人口最多、贫困面积最大、贫困程度最深的一个省①，因此全力开展精准扶贫工作是打赢扶贫攻坚战、确保贵州2020年与全国同步建成全面小康社会的重要举措。本文以笔者到贵州省黔西南州兴义市威舍镇树戛村担任党支部"第一书记"工作实践为基础，就该村的贫困现状、贫困原因进行了调查分析，并在此基础上结合实际提出了具体的思考建议，以助力该村今后更好地开展精准扶贫工作。

关键词： 精准扶贫 树戛村 兴义市

贵州省按照中组部、中农办、国务院扶贫办联合印发的《关于做好选派机关优秀干部到村任第一书记工作的通知》（组通字〔2015〕24号）要求，迅速作出部署，全面开展"第一书记"选派工作。同年7月31日，笔者受组织安排到贵州省黔西南州兴义市威舍镇树戛村担任党支部"第一书

* 蔡伟，贵州省社会科学院区域经济研究所助理研究员，曾挂任贵州省黔西南州兴义市威舍镇树戛村"第一书记"，主要研究方向为区域经济、产业经济；胡馨木，贵州省有色金属与核工业地质勘查局经营处中级经济师。

① 《贵州副省长详解如何确保493万贫困人口脱贫》，http：//news. ifeng. com/a/20160112/47043807_ 0. shtml。

记”，与黔西南州保密局、兴义市林业局等帮扶单位、驻村干部及包村镇领导一起抓威舍镇树戛村的精准扶贫工作。通过几个月的驻村工作实践，笔者对该村的贫困现状、贫困原因有了深入的了解，现就该村今后如何更好地开展精准扶贫工作、使精准扶贫工作取得更大成效谈几点自己的思考和建议。

一　威舍镇树戛村基本情况及贫困现状

威舍镇树戛村地处贵州省黔西南州兴义市威舍镇北部，2008 年由原树戛村和新村村组合而成，与云南省曲靖市富源县黄泥河镇、盘县保田镇相接，全村土地面积 22.76 平方公里，下辖杨家冲、中寨、跑马厂、祭幺坡、大寨子、大云上、大白岩、丁家口子[①]、钱良地[②]等 9 个村民组，共有 1007 户 3876 人，共有耕地面积约 5860 亩，灌木林约 2730 亩，天然草地约 1476 亩，主要种植玉米、水稻、烤烟、生姜、小麦等农作物，2015 年农民人均纯收入约 5340 元。

威舍镇树戛村是全省新阶段扶贫开发的一类贫困村。截至 2015 年底，贫困户 271 户占总户数的 26.91%，贫困人口 780 人占总人口的 20.12%；低保户 214 户，低保人口 470 人；五保户 4 户，五保人口 4 人；全村低保户 + 五保户 218 户，占总贫困户的 80.44%，全村低保户 + 五保户总人口 474 人，占总贫困人口的 60.77%。[③]

二　威舍镇树戛村致贫主要原因分析

驻村后，笔者通过召开村支两委班子扩大会议详细听取村干部、村民

① 大白岩、丁家口子组已搬迁到镇政府驻地光辉社区，但光辉社区仅安排土地供这两个村民组修建集中居住点，未进行属地管理，其仍属树戛村户籍人口。

② 即将整村搬迁至镇政府驻地光辉社区，目前搬迁准备工作已经启动。

③ 全文数据由黔西南州兴义市威舍镇树戛村村委会主任李泽建提供。

小组长、党员代表、群众代表介绍和对本村个体老板、种养能手、老党员、困难户等走村入户走访，从初步掌握的情况看，发现造成该村贫困的主要因素有以下几点。

（一）基础设施欠账多

一是交通运输状况参差不齐。2016 年威舍至跑马场组的威跑公路将建成通车，建成通车后将彻底打破杨家冲、中寨、跑马厂、祭幺坡等四个村民组的交通瓶颈。威舍至大寨子、大云上村民组的通组路尚在建设之中，推进速度较慢，导致该两个组的行人和车辆仅能靠没有硬化的毛路和简易便道通行，出行困难，而且该通组路与威跑公路连接处受已规划但尚未开工的火电站项目建设影响，需待火电站项目建成后才能确定线路，因此若仍待火电站项目建成后才能确定线路修路，预计该两个组的出行困难问题将延续较长时间。二是水利建设水平参差不齐。目前树戛村大云上组和大寨子组的人畜饮水仍十分困难，预计要到州保密局帮助协调到的大云上组和大寨子组人畜饮水项目竣工后，才能有效解决这两个组村民的饮水问题。三是“四在农家·美丽乡村”升级创建覆盖面不广。主要表现为农村“亮化工程”全覆盖面不广，仍有跑马场、际腰坡、杨家冲三个组没有安装太阳能路灯，农村文化娱乐设施严重不足，九个村民组中仅有中寨组有农村文化广场且尚处于在建阶段，宽带网、用户接入网等公共信息网络基础设施建设严重滞后，尚未实现精准扶贫、全面小康确定的行政村通宽带目标，且农村危房改造、生态环境治理、农村村容村貌改善等仍欠账较多。

（二）产业发展难

一是国家环保政策日益严格，村里一批不符合产能、污染环境的煤炭洗选、炼焦窑全部被关停取缔，同时受煤炭、钢铁市场价格低迷影响，多数煤炭洗选和焦化企业处于歇业状态，如位于树戛村概算总投资 10 亿元、占地 400 余亩的兴义金光煤焦电冶一体化项目目前就处于停业状态。二是树戛村集体经济规模小、辐射带动力弱。截至 2015 年底树戛村集体经济组建的集体企业仅有兴义市联农果蔬种植农民专业合作社，而该合作社目前还没有正式营运，其小黄姜初加工项目尚在建设之中，仅吸纳了很少的贫困农户参与到小黄姜初加工项目的基础设施建设之中，与形成“农民合作社＋贫困户”的利益联结机制的目标还存在着大差距。三是财政扶贫资金管理过严过死。如树戛村作为2015年支持发展壮大村级集体经济试点村，获得了100万元的扶持资金，按照用途70万元用于种植生姜，30万元用于小黄姜初加工厂，但在实际操作过程中，用于种植生姜的70万元资金，因害怕农户无法偿还不敢借贷给农户，不得不闲置在账上，而30万元的小黄姜初加工厂建设资金又远不够建厂需要，不得不向银行借贷支付高额利息。四是农户尤其是贫困农户受教育程度普遍偏低，难以摸清市场规律，而近年来一些农产品、畜产品价格大起大落，导致很多农户墨守成规既不敢去也不愿去尝试发展产业。如2014年小黄姜价格很高被民间戏称为“姜你军”，而2015年却快速回落，给村里种植小黄姜的农户带来了灾难性的打击和损失。五是全村大部分农户经济基础都比较薄弱，一部分村民尤其是贫困农户想发展产业致富，但是苦于缺乏周转资金投入，而金融机构对贫困户的贷款授信率低，导致贫困户贷不着款或获得的贷款额很少、不足于满足产业发展需要。

（三）精准扶贫工作机制存在一些问题

一是以农民纯收入来进行贫困户精准识别难以操作。一方面随着经济体制的深刻变革，社会经济成分、就业方式和分配方式等发生了巨大的变化，尤其是近年来个体经济、私营经济、外资经济等非公有制经济发展，吸纳大量农村剩余劳动力，而大多数非公经济组织又不愿意提供其员工的收入情况，或因大多数职工是临时性的、流动性大而无法提供其员工的收入情况，或因外出农户就是从事个体经济等原因，使得准确调查核实外出农户收入十分困难。此外，外出打工城市、个人消费习惯等不同，使得生活支出更是一笔算不清的糊涂账，只能是外出人员说多少就是多少，所以很难掌握其真实收入情况。另一方面按照中国人民银行的规定，商业银行只能按照有关法律或法规的规定以及司法机关、行政机关、军事机关及行使行政职能的事业单位等有权机关的查询要求，才能查询他人存款信息，作为农村基层群众性自治组织，村委会无权查询他人存款信息，商业银行若向村委会提供他人存款信息则属于违法违规行为，因此从存款角度了解农户收入情况很难操作。还有外出打工人员多从事临时性的工作或计件工作，且人员素质、从事行业、工作地点等不同导致收入差距很大，的确存在部分人一年赚得 3 万 ~5 万元，有的一年仅能赚 1 万 ~2 万元，有的甚至可能是收不抵支的情况，再加上近年来农产品、畜产品价格大起大落，农业收入也相当不稳定，所以很难估算出农户真实收入水平。我们在走访调查中就发现，有部分农户尽管没有小轿车、面包车但是有挖掘机、载重货车，向其了解收入他却以花销大、未承包到工程、不得开工等理由表示自己没有赚到钱，按照规定由于其没有小汽车（面包车），也不得不让其继续带着“贫困帽”享受政策；有部分农户修建了三层楼的小洋房，向其了解情况时，其却反映是向银行贷了几十万元来修建的，希望保留其贫困资格，继续享受帮扶政策，其话真假难辨，也只能听之任之。二是当前贫困户指标配置的工作机制，使得精准识别贫困户在实践中难以操作。因为采取贫困户指标配置制，分配到村的贫困户指标与村实际贫困户数基本不可能完全一致，这往往导致了两种局面的出现，一种是因为得到的名额不够导致真正的贫困农户被排斥在精准识别之外，另一种是因为得到的名额过多导致部分非贫困户硬扣上“贫困户”的帽子。也正因为如此，常常出现两个条件差不多的村民一个是贫困户另一个是非贫困户现象，容易造成未被列入贫困户的村民心理失衡、引发矛盾。如：2015 年树戛村仅得到 170 人的脱贫名额，导致村里在贫困户评议过程中对部分已经达到脱贫标准的贫困户，却依然让其继续带着“贫困户”的帽子。三是贫困信息锁定与及时动态的问题。由于建档立卡后贫困信息即锁定，经过帮扶或自身努力致富了的贫困户，在一定周期内不能出列，而没有建档立卡被识别的农户因病、因灾、因残致贫返贫的，又不能及时进入贫困人口信息管理系统成为帮扶对象，造成了极大的不公平现象。四是部分农户其子女经济也很不错，也不是不尽赡养义务，但就是钻政策的“空子”，采取分家的方式，将家中的老人单独作为一户，因其年龄较大缺乏劳动力，必然就没有农业种植收入，唯一可知的收入只有每月 150 元（因个人缴费年限及金额情况略有差异）左右的养老金，如此一算，其收入就真的是在贫困线以下，成为贫困户甚至是低保户。

（四）思想认识不到位

一是有部分村民存在“搭便车”的思想。这在大寨子、大云上组通组路、串户路建设过程中表现尤为突出。在通组路修建过程中，由于该通组路属于财政“一事一议”项目，对项目建设征用土地无征地补偿，因此部分涉及被征占土地的农户就讲条件，如果不满足他的条件，他就要求更改线路，或直接阻碍施工建设，直接导致该项目建设进展缓慢。在串户路修建过程中，属于财政“一事一议”的该串户路建设需农户投工出钱，但部分农户就硬是既不出工也不出钱，而又无任何措施惩罚他的这一行为，也无法使其不享受这一公共产品，极大地损害了投工出钱农户的利益，严重打击了投工出钱农户的积极性。更有甚者，就连在解决大寨子、大云上组两组畜饮水项目建设过程中在其土地上铺设管道都要讲条件、提要求。二是村民的思想观念陈旧。部分村民尤其是大寨子、大云上组村民因村子所在位置偏僻，与外界交流少，思想观念较为落后，因循守旧，缺乏创新意识，形成了想致富、无门路、无项目的现状。三是有部分村民仍存在等靠要的思想，缺乏自力更生、艰苦奋斗精神，对向其动员发展的致富项目无动于衷，本能由自己办的事不办，总是靠着国家救助、社会救济和帮扶过日子。四是仍有部分村民缺乏艰苦创业精神，怕担风险、安于现状、得过且过。

此外，通过入户调查我们发现，少数贫困户、五保户和低保户因长期患病、身体残障、缺乏劳动力等导致无条件无能力脱贫致富；一部分贫困户，想致富，选不准致富项目，不懂致富技术，造成盲目蛮干，甚至是陷入传销陷阱；以及因灾、因病、因学及市场变化等突发性因素导致部分农户返贫致贫的现象也依然存在。

三　措施建议

为了使威舍镇树戛村打好扶贫开发攻坚战，在2020年与全国同步建成全面小康社会中走前列、做表率，笔者以调查走访了解的情况和驻村工作实践的感受为基础，围绕威舍镇党委政府对树戛村的发展目标及定位，在与村支两委干部、黔西南州保密局、兴义市林业局等帮扶单位驻村干部及包村领导充分讨论的基础上，提出如下几点建议。

（一）构建帮扶合力

一是建立定期会议制度。每月定期召开会议，由村党支部书记或村委会主任担任会议主持，召集各帮扶单位驻村干部、包村领导、村常务干部及村民组长参加，每次会议半天时间，主要汇报在建项目推进情况，了解各帮扶单位的帮扶打算，以及研究一阶段工作重点等，形成全局统筹、合力推进机制，避免出现各自为政的情况。二是通过建立QQ群、微信群等方式，方便驻村干部、包村领导、村常务干部之间日常联络，要将镇党委政府对村的工作部署和下发文件（非涉密）、村里项目建设推进情况、贫困人口信息、各帮扶单位帮扶打算等放入群中，以便于即时了解村里发展建设情况。

（二）完善基础设施

针对威舍镇树戛村基础设施欠账大这一突出问题，要着力加快推进基础设施建设，完善生产生活基础设施，夯实农村经济发展的基础，营造良好的外部条件，破除产业发展和农户生产生活瓶颈，增强农村经济发展后劲。具体讲：一是加快推进威跑公路、威舍至大寨子和大云上村民组的通组路及串户路、大寨子和大云上村民组人畜饮水等基础设施项目建设，尤其要扎实做好项目建设中征占土地农户的思想工作，为项目建设推进保驾护航。二是按照农业现代化、农村城镇化的目标要求，从农村长远发展的角度出发，以大多数群众受益为原则，对接兴义市、黔西南州“十三五”重点工程任务，积极谋划一批基础设施项目，争取该村发展融入兴义市、黔西南州战略之中。三是要积极向各级各部门协调争取加大对该村农村基础设施建设投资力度。四是加强农村基础设施管理，要通过明确责任单位和责任人、实行谁管理谁优先受益等办法，扎实做好基础设施日常管理与维护，确保这些基础设施发挥应有的长效作用。五是实行谁投资谁优先开发、优先受益等办法，调动农户的积极性，加快农村基础设施建设。

（三）着力培育产业

“授人以鱼不如授人以渔”，要从过去给钱给物“输血”为主扶贫方式向增强农村“造血”功能为主转变，推进“一村一品”，着力培育和壮大树戛村特色优势产业。一是要搞好规划。要认真调查研究，摸清该村产业发展优势及潜力，在科学研究论证的基础上，划定区域，明确特色优势产业，指导和引导本地及外来投资者规范有序发展，并围绕制定好产业发展规划和阶段性目标计划，周密部署，认真落实各项任务。二是加快推进在建产业项目建设。重点加快推进壮大村集体经济试点小黄姜种植及初加工项目和金光公司煤焦电一体化项目建设。要做大做强小黄姜初加工，着力建设其加工企业成为当地及周边的小黄姜加工的龙头企业，依靠龙头企业辐射带动农户尤其是贫困户参与到产业发展中。要以小黄姜初加工为平台，积极协调各级各部门争取立项和筹措资金修建冷冻储存库，解决生姜储存问题，延长小黄姜初加工产业链，提高农业产业化水平。要大力开展小黄姜品牌建设，积极争取获得无公害农产品、绿色食品、有机农产品、农产品地理标志等“三品一标”认证。三是加大招商引资力度，着力引进一批现代农业企业和工业企业，通过“资源变股权、资金变股金、农民变股民”方式，推动产业向标准化、规模化方向发展，促进贫困户脱贫致富。四是要引进和培育一批了解农民，熟悉农村市场的农村经纪人，为当地农产品买卖双方牵线搭桥，促进农产品销售。围绕构建“网货下乡、农货进城”便捷通道，在引进知名电商企业入驻发展的同时，着力培育一批本土电商企业，重点鼓励支持该村农民专业合作社、农村经济合作组织等在知名电子商务平台开店创业，鼓励支持该村贫困户通过电子商务销售自产产品、购买生产生活资料，加快农产品流通，促进贫困农户创业就业、增加收入。五是要搞好示范带动。由于大多数农户尤其是贫困户经济基础差、抗风险能力弱，再加上近年来市场变化快，大多数农户往往持观望、等待和从众的心态不敢冒险尝试发展产业，因此要有计划、有重点地选择效益好、投资少、见效快的项目，对有积极性的农户应优先帮扶其率先发展，以取得好的效益来带动和影响贫困农户。六是要围绕当地工业和农业产业化发展需要，大力引进和培育一批生产生活性服务业，为当地产业发展和农户生产生活做好配套服务。

（四）完善精准扶贫工作机制

一是取消贫困人口的名额配置制度，采取村民自主申报方式，组建由村干部、村民组长、驻村干部、包村领导、党员代表、村民代表、残疾人代表、低保户代表、贫困户代表组成的贫困户评议小组，由贫困户评议小组对农户是否属于贫困户进行甄别，因病、因灾、因残致贫返贫的及时纳入，对应已经达到脱贫标准的贫困户及时“摘帽”，真正实施动态管理，做到该进则进、该出则出。为保证精准识别、公平公正，对贫困户评议小组确定的精准扶贫对象进行张榜公布征求意见，期限为 15 天，经张榜公布征求意见无异议人员才能确定为精准扶贫对象，确保国家扶贫资金的有效利用，做到“真扶贫”。二是完善移民搬迁人口安置机制，要加快推进该村已搬迁到威舍镇光辉社区的大白岩、丁家口子村民组和即将搬迁到威舍镇光辉社区的钱良地村民组移民搬迁安置点基础设施和公共服务设施建设，做好搬迁农户尤其是贫困户子女入学、社会保障、户籍转移等方面的工作，采取属地管理，使其与威舍镇光辉社区居民享受同等居民待遇，实现具有搬迁条件和意愿的贫困户应搬尽搬、搬得出留得住。三是要根据贫困户能力和经验，分类指导。对有能力或愿意外出务工的贫困户，通过基本技能或职业技术培训后，鼓励支持其外出务工；支持有条件、懂养殖技术的贫困户发展种养殖业；鼓励支持有条件的贫困户发展运输业。四是向市财政和农扶局积极争取增加对该村财政专项扶贫资金投入，同时做好财政专项扶贫资金管理，既要充分发挥村里“能人”“致富带头人”在财政资金项目中的带动作用，又要防止财政资金使用被“能人”全部获取，产生“精英俘获”现象。

（五）做好宣传教育及培训

做好宣传教育及培训，切实扶起贫困户的“志”与“智”，激发威舍镇树戛村贫困户脱贫致富的决心和斗志，增强他们脱贫致富的能力。一是要加大实用技术培训力度，向人社局和中职、高职等职业技术学校争取，增加对该村培训名额，重点开展汽车驾驶、家政服务、电子商务、厨师、护理等方面的职业技能培训，增强贫困户脱贫致富的能力，使其少走弯路、快速致富。二是要加大党和国家惠民政策的宣传力度，教育引导贫困户充分应用各项优惠政策，因势利导、苦干实干、谋发展。三是要加大宣传教育扶智、励志力度。要对钻国家政策空子投机取巧者进行批评教育，甚至是给予严厉惩罚，以儆效尤，让大家都不敢去钻政策空子。要教育广大农户认识到贫困户不是荣誉，获得再多的照顾或补贴只能管一时，要想真正过上幸福的小康生活只能自己干出来，彻底改变部分贫困户等、靠、要的依赖思想。要加强正面引导，大力宣传脱贫致富典型事迹，激发贫困户敢于直面困难、勇于迎难而上的斗志，增强其凭借自己双手劳动一定能脱贫致富的信心，化被动脱贫为主动脱贫。

监 测 篇

Monitoring Reports

贵州连片特困地区发展监测报告（2015年）

王国丽*

一 贵州连片特困地区发展情况

贵州是全国贫困面最大、贫困程度最深的省份，是国家脱贫攻坚的主战场。贵州省委、省政府高度重视扶贫开发工作，“十二五”期间，全省农村贫困人口减少656万人，贫困发生率下降19.6个百分点。根据《中国农村扶贫开发纲要（2011－2020年）》精神，国务院扶贫办将全国划分为14个集中连片特困地区，贵州在三大连片特困地区武陵山、乌蒙山、滇桂黔石漠化地区之内，涉及65个县，占全省土地面积的80.3%。2014～2015年，贵州省三大连片特困地区贫困问题有所改善，共减少贫困人口115.83万人，

* 王国丽，贵州省社会科学院区域经济研究所助理研究员，主要研究方向为区域经济、产业经济、农村发展。

贫困发生率下降4.5个百分点。截至2015年，三大连片特困地区现有贫困人口450.48万人，贫困人口占全省贫困人口的91.4%，贫困发生率为17.5%。

（一）武陵山片区

1. 自然概况

武陵山片区涵盖了湖北省、湖南省、重庆市和贵州省四个省（市）71个县（市、区）。贵州境内武陵山片区位于东北部，涉及遵义市和铜仁市，包括遵义市正安县、道真仡佬族苗族自治县、务川仡佬族苗族自治县、凤冈县、湄潭县、余庆县，铜仁市碧江区、江口县、玉屏侗族自治县、石阡县、思南县、印江土家族苗族自治县、德江县、沿河土家族自治县、松桃苗族自治县、万山特区16个县（市、区）（见表1）。片区内土地面积3.143万平方公里，占整个武陵山片区总面积的18.3%，占全省面积的17.5%。该片区属于亚热带向暖温带过渡类型气候，主峰有梵净山，森林覆盖率为47.89%，主要河流有乌江、舞阳河、锦江等，水资源丰富，拥有良好的生态条件，是长江流域重要的水资源涵养区和生态屏障。

表1　贵州武陵山区扶贫贫困县名单

贵州省	遵义市	正安县、凤冈县、湄潭县、道真仡佬族苗族自治县、务川仡佬族苗族自治县、余庆县
	铜仁市	碧江区、江口县、石阡县、思南县、德江县、沿河土家族自治县、松桃苗族自治县、玉屏侗族自治县、印江土家族苗族自治县、万山特区

2. 社会经济发展及生产生活情况

2015年，贵州境内武陵山片区地区生产总值为1151.27亿元，占全省GDP的11%，“十二五”期间该片区地区生产总值增长了163.2%，占全省GDP的比重增加了1.5个百分点。人均地区生产总值23010元，与2010年相比增加了14215元，增长161.6%。农林牧副渔增加值316.5亿元，占全省的18.5%；规模以上工业增加值229.1亿元，“十二五”期间增长了3.3倍，占全省的6.5%。该片区在金融机构人民币存款中个人储蓄存款总额为828.98亿元，占全省个人储蓄存款总额的11.2%，比2014年增加26.63亿元。

3. 贫困情况

2015年，片区内有户籍总人口708.27万人，年末常住人口500.32万人。“十二五”期间，常住人口变动不大，比2010年仅增加2.53万人，有贫困村1905个；农村扶贫对象81.93万人，占全省贫困人口的16.6%，贫困发生率为16.4%，比全省高2.4个百分点。比全国高10.7个百分点。“十二五”期间减少贫困人口127.69万人，贫困发生率下降了25.6个百分点。扶贫开发工作在“十二五”期间取得明显效果。

片区内含正安县、道真仡佬族苗族自治县、务川仡佬族苗族自治县、江口县、石阡县、思南县、德江县、沿河土家族自治县、松桃苗族自治县、印江土家族苗族自治县等10个国家扶贫开发重点县，占整个武陵山区扶贫开发重点县的23.8%。

4. 文化教育情况

2015年，贵州境内武陵山片区有小学1402所，小学毕业人数98434人，在校小学生人数为50.96万人，小学毕业人数和在校学生人数60.8万人，占年末常住总人口的12.15%，专任教师3.079万人。有中学学校404所，初中毕业生和在校生43.7万人，高中毕业生和在校生22.5万人，分别占年末常住总人口的8.7%和4.5%。

（二）乌蒙山片区

1. 自然概况

本区涉及四川、云南、贵州三个省。贵州境内乌蒙山片区包括遵义市和毕节市的10个县（市、区）和六盘水钟山市的1个镇，分别是赤水市、习水县、桐梓县、七星关区、大方县、黔西县、织金县、纳雍县、赫章县、威宁彝族回族苗族自治县、六盘水市大湾镇。土地面积32443.77平方公里，占整个乌蒙山片区土地面积的30.3%，占全省土地面积的18.4%。该片区气候和自然环境恶劣多变，属于亚热带、暖温带高原季风气候，地理位置险要，水土流失严重、耕地资源不足，但水资源、矿产资源丰富，森林资源覆盖率为37.9%，是长江上游重要的生态保护区。

表2　贵州省境内的乌蒙山区县名单

贵州省	遵义市	赤水市、习水县、桐梓县
	毕节市	七星关区、大方县、黔西县、织金县、纳雍县、赫章县、威宁彝族回族苗族自治县
	六盘水市	大湾镇

2. 经济社会发展和生产生活情况

2015年，贵州境内乌蒙山片区地区生产总值为1608.4亿元，“十二五”期间该片区地区生产总值增长了153.4%，占全省GDP的比重增加了1.5个百分点。人均地区生产总值21951元，与2010年相比增加了13183元，增长150.4%，是全省人均GDP的73.3%。农林牧副渔增加值369.6亿元，占全省的21.6%；规模以上工业增加值405.9亿元，“十二五”期间增长了198%，占全省的11.5%；固定资产投资2143.8亿元，是全省固定资产投资的19.63%。片区内一般公共预算收入83.39亿元，仅占全省一般公共预算收入的7.62%，一般公共预算支出405.70亿元，占全省的10.3%，一般公共预算收入和支出分别比2014年下降9.5%，增长14.7%。农村常住居民人均可支配收入7412.71元，比2014年增加了11.3%。该片区在金融机构人民币存款中个人储蓄存款总额为777.45亿元，占全省个人储蓄存款总额的10.52%，比2014年增加55.94亿元，增长7.75%。

3. 贫困情况

2015年，片区内有户籍总人口1015.47万人，占全省人口总量的23.1%；年末常住人口732.67万人，占全省常住人口的20.76%，“十二五”期间，常住人口变动不大，比2010年仅增加5.98万人；有贫困村2193个，占全省贫困村总数的24.4%；农村扶贫对象125.13万人，占全省贫困人口的25.38%，贫困发生率为17.1%，比全省高3.1个百分点，比全国高 11.4 个百分点；“十二五”期间减少贫困人口 150.99 万人，贫困发生率下降了 20.8 个百分点。扶贫开发工作在“十二五”期间取得明显效果。

片区内含习水县、大方县、纳雍县、赫章县、织金县、威宁彝族回族苗族自治县等 6 个国家扶贫开发重点县，占整个乌蒙山片区国家级扶贫开发重点县总数的 14.3%。

4. 文化教育情况

2015 年，贵州境内乌蒙山片区有小学 2038 所，小学毕业人数 15.91 人，在校小学生人数为 80.41 万人，小学毕业人数和在校学生人数 96.32 万人，占年末常住总人口的 13.15%，专任教师 4.060 万人。有中学学校 521 所，初中毕业生和在校生 70.47 万人，高中毕业生和在校生 26.79 万人，分别占年末常住总人口的 9.62% 和 3.66%。

（三）滇桂黔石漠化片区

1. 地理位置和自然条件概况

本区涉及云南、广西、贵州三个省区。贵州滇桂黔石漠化连片特困地区总计涵盖 44 个县（市、区），总土地面积 8.67 万平方公里，占整个滇桂黔石漠化片区土地面积的 38%。包括六盘水市的钟山区（除大湾镇外）、水城县和六枝特区，安顺市的西秀区、平坝县、普定县、关岭布依族苗族自治县、镇宁布依族苗族自治县和紫云苗族布依族自治县，黔西南布依族苗族自治州的兴义市、兴仁县、普安县、晴隆县、安龙县、望谟县、贞丰县和册亨县，黔南布依族苗族自治州的都匀市、荔波县、贵定县、瓮安县、平塘县、罗甸县、长顺县、龙里县、惠水县、独山县和三都水族自治县，黔东南苗族侗族自治州的凯里市、黄平县、施秉县、三穗县、镇远县、岑巩县、天柱县、锦屏县、剑河县、台江县、黎平县、榕江县、从江县、雷山县、麻江县和丹寨县共 44 个县（区、市）。该片区占全省土地面积的 49%，涉及的面较广，是贵州省三个集中连片特殊困难地区中最大的片区。片区内贵州省境内的滇桂黔石漠化区县名单见表 3。本区地形大多为喀斯特地貌，且复杂多样，位于亚热带季风性湿润气候区和亚热带常绿阔叶林带，有“冬无严寒、夏无酷暑”的气候特征，储存着非常丰富和独特的自然资源和人文资源。具有丰富的矿产资源和水能资源。

表3　贵州省境内的滇桂黔石漠化区县名单

贵州省	六盘水市	钟山区（大湾镇除外，因其已纳入乌蒙山片区）、水城县和六枝特区
	安顺市	西秀区、平坝县、普定县、关岭布依族苗族自治县、镇宁布依族苗族自治县、紫云苗族布依族自治县
	黔西南州	兴义市、兴仁县、普安县、晴隆县、安龙县、望谟县、贞丰县、册亨县
	黔东南苗族侗族自治州	凯里市、黄平县、施秉县、三穗县、镇远县、岑巩县、天柱县、锦屏县、剑河县、台江县、黎平县、榕江县、从江县、雷山县、麻江县、丹寨县
	黔南布依族苗族自治州	都匀市、荔波县、贵定县、瓮安县、平塘县、罗甸县、长顺县、龙里县、惠水县、独山县、三都水族自治县

2. 经济社会发展和生产生活情况

2015年，贵州境内滇桂黔石漠化片区地区生产总值为3787.69亿元，占全省GDP的36.1%，“十二五”期间该片区地区生产总值增长了145.6%，占全省GDP比重增加了4.7个百分点。人均地区生产总值28238元，比全省的人均GDP少1609元，占比94.6%。农林牧副渔增加值659.1亿元，占全省38.5%；规模以上工业增加值1096.25亿元，占全省规模以上工业增加值的30.9%；一、二、三产业比为15∶32∶53，固定资产投资5371.4亿元，是全省固定资产投资的49.07%。片区内一般公共预算收入355.06亿元，占全省一般公共预算收入的23.62%，一般公共预算支出1118.29亿元，占全省的28.39%，一般公共预算收入和支出分别比2014年增长15.06%和16.49%。农村常住居民人均可支配收入7245.49元，比2014年增加了11.3%。该片区在金融机构人民币存款中个人储蓄存款总额为1750.41亿元，占全省个人储蓄存款总额的23.67%，比2014年减少61.49亿元，下降3.39%。

3. 贫困情况

2015 年，片区内有户籍总人口 1715.44 万人，占全省人口总量的 39.03%；年末常住人口 1341.34 万人，占全省常住人口的 38%；有贫困村 4209 个，占全省贫困村总数的 46.7%；农村扶贫对象 243.42 万人，占全省贫困人口的 49.28%，贫困发生率为 18.2%，比全省高 4.2 个百分点，比全国高 12.5 个百分点。片区内含水城县、六枝特区等 33 个国家扶贫开发重点区县，占整个滇桂黔石漠化连片特困地区国家扶贫开发重点区县总数的 49%。贵州滇桂黔石漠化连片特困地区国家扶贫开发重点区县名单见表 4。

表 4　贵州省境内的滇桂黔石漠化区县名单

所在市州	石漠化区县
六盘水市	水城县、六枝特区
安顺市	普定县、关岭布依族苗族自治县、镇宁布依族苗族自治县、紫云苗族布依族自治县
黔西南州	兴仁县、普安县、晴隆县、安龙县、望谟县、贞丰县、册亨县
黔东南苗族侗族自治州	黄平县、施秉县、三穗县、岑巩县、天柱县、锦屏县、剑河县、台江县、黎平县、榕江县、从江县、雷山县、麻江县、丹寨县
黔南布依族苗族自治州	荔波县、平塘县、罗甸县、长顺县、独山县、三都水族自治县

4. 文化教育情况

2015 年，片区内有小学 3359 所，小学毕业人数 24.13 万人，在校小学生人数为 134.58 万人，小学毕业人数和在校学生人数 158.71 万人，占年末常住总人口的 11.8%，专任教师 7.66 万人。有中学学校 998 所，初中毕业生和在校生 99.8 万人，高中毕业生和在校生 46.22 万人，分别占总人口的 7.44% 和 3.44%。

二　贵州贫困县发展情况

贵州现有扶贫开发重点县 50 个，分布于全省各地，其中六盘水市有 3

个，遵义市、安顺市各4个，毕节市有5个，黔南州6个，铜仁市、黔西南州各有7个，黔东南州14个。共有土地面积11.63万平方公里，占全省土地面积的66%。一直以来，贵州省委、省政府高度重视扶贫工作，将扶贫开发工作作为主要任务来抓，2011年至2015年间贵州扶贫开发重点县贫困人口从866.4万人减少至352.02万人，减少农村贫困人口514.38万人，农村贫困发生率从40.6%降至20.2%，下降了20.4个百分点。近几年来，贵州省扶贫开发重点县的社会经济和人民生活逐步好转，扶贫工作取得较好成效。

（一）贫困程度及经济情况

1. 贫困程度

2015年，贵州50个扶贫开发工作重点县仍有农村贫困人口352.02万人，占全省农村贫困人口总数的71.4%，贫困发生率20.2%，比全省贫困发生率高6.2个百分点。贫困人口较多的地区为毕节地区，有85.27万人；黔东南州，有76.26万人。这两个地区贫困发生率分别为20.36%、27.79%，远远高于全省14%的贫困水平。贫困发生率超过20%的地区还有黔南地区（27%）、安顺市（22.4%）。黔东南州贫困发生率为全省最高，比全省14%高13.79个百分点，贫困发生率最低的六盘水市为14.2%，仍比全省高0.2个百分点。2015年国家扶贫开发重点县贫困人数比2014年减少了134.12万人，贫困发生率下降5.1个百分点。

2. 经济发展

2015年，50个扶贫开发重点县地区生产总值4020.87亿元，较上年增加488.58亿元，增长13.8%，占全省地区生产总值的38.28%，与上年相比增加了0.18个百分点。人均地区生产总值为23070元，较上年增长16.37%，是全省人均地区生产总值的77.29%。第一产业增加值、第二产业增加值、第三产业增加值分别为942.58亿元、1314.06亿元、1764.18亿元，占全省比重分别为57.45%、31.68%、37.42%。农林牧副渔增加值659.08亿元，是全省农林牧副渔增加值总量的38.48%，比上年增长

15.19%；规模以上工业增加值1096.25亿元，占全省的30.9%，比上年增加0.4个百分点。固定资产投资5528.18亿元，比上年增长20.47%，占全省固定资产投资的50.5%。年末常住人口1781.22万人，占全省总人口的将近一半，达到49.7%。全省扶贫开发重点县一般公共预算收入302.26亿元，占全省一般公共预算收入的20.1%，分别比上年增长了7.25%，下降了0.5个百分点；一般公共预算支出1380.58亿元，占全省一般公共预算支出的35%，分别比上年增长了16.67%，增加了1.6个百分点。粮食产量716.85万吨，占全省比重超过一半，达到60.7%，社会消费品零售总额780.02亿元，占全省的24.1%。全省扶贫开发重点县主要经济指标见表5。

表5 贵州扶贫开发重点县主要经济指标

经济指标	2015年	2015年占全省比重(%)
地区生产总值(亿元)	4020.87	38.28
其中:第一产业(亿元)	942.58	57.45
第二产业(亿元)	1314.06	31.68
第三产业(亿元)	1764.18	37.42
人均地区生产总值(元)	23070	77.29
固定资产投资(亿元)	5528.18	50.5
农林牧副渔增加值(亿元)	659.08	38.48
规模以上工业增加值(亿元)	1096.25	30.9
一般公共预算收入(亿元)	302.26	20.1
一般公共预算支出(亿元)	1380.58	35
粮食产量(万吨)	716.85	60.7
社会消费品零售总额(亿元)	780.02	24.1

（二）生产生活情况

2015年，全省扶贫开发重点县农村居民人均可支配收入6929.92元，较上年6178.4元增加751.52元，增长了12.16%。全省个人储蓄2029.43亿元，仅占全省个人储蓄存款的27.4%。乡村从业人员1308.3万人，占总人口的75.1%，其中第一产业从业人员658.40万人，第二产业从业人员157.11万人，第三产业从业人员492.78万人，分别占从业人员总数的50.3%、12%和37.7%，第一产业从业人员较多，其次是第三产业。

（三）农村教育

2015年，扶贫开发重点县小学有5303所，小学在校学生1935869人，小学毕业生371071人，小学专任教师106348人；初中有1108所，初中毕业生388092人，在校生1117547人，初中专任教师65978人；高中毕业生132207人，在校学生483332人，高中专任教师26545人。

三　加快贵州连片特困地区发展的措施

尽管我省集中连片特困地区在扶贫开发工作方面取得了较好成效，但与全国其他地区相比还存在较大差距，贫困面依然较广，贫困程度依然较深，特别是贵州省提出要在2020年之前实现小康的任务，在扶贫开发方面面临着艰巨的任务。三大连片特困地区还存在着贫困人口数量众多、经济总量小、产业结构不优、农业产业发展水平低、基础设施薄弱、生产生活条件差等问题。为加快贵州连片特困地区发展，缩小其与周边连片特困地区的差距，针对贵州自然及经济社会发展实际，我们提出加快贵州连片特困地区发展的几条措施。

第一，完善基础设施建设。一是推进网络基础设施建设。深入推进“四在农家，美丽乡村”基础设施建设六项行动计划向乡村延伸，加快农村实现宽带、4G通信、广电等信息化设施“进村入户”，提高网络覆盖率，促进网络接入方式多样化，降低网络使用费率。沿高速公路、国道等道路的村镇，优先建设固定宽带网络，利用新一代移动通信技术，加大移动数据网络在偏远地区的普及；依托“智慧城市”的建设，加快实现无线数据网络在市内尤其是重要公共场所及旅游景区的覆盖。组织相关部门认真研究，制定规划和具体措施，加大金融资金的支持力度，优先支持贫困村宽带网络建设。二是推进交通基础设施建设。加大投入力度，加快推进片区内、片区之间以及片区与外界的铁路、高速公路建设项目的实施，推进二级公路、旅游公路、通乡通村公路建设。加大对贫困地区农村公路建设的支持力度，完善乡村公路网，提高贫困地区农村客运班车通达率，切实解决贫困地区农村商品运输和出行难的问题。三是保障农村电网覆盖率达到100%。提高电网覆盖率，实现对少数边远、居住分散的贫困农村和贫困户的全覆盖，全面解决贫困地区、行政村用电问题，实现自然村全部通电。

第二，科学实施产业扶贫。产业扶贫不同于以往的扶贫方式，属于造血式扶贫，是通过多种扶贫措施能够让贫困户有能力进行扩大再生产的方式。长期以来，我国扶贫开发注重的是开放式的“一刀切”式扶贫，没有对贫困地区和贫困户进行精准界定和管理。随着我国经济社会的发展，贫困人口大量减少，现阶段剩下的贫困人口都是扶贫开发工作中“最难啃的硬骨头”，精准扶贫的思想便应运而生。2015 年 11 月 27 日，习近平在中央扶贫开发工作会议上指出，精准扶贫要实施“五个一批”工程，其中“发展生产脱贫一批”和“发展教育脱贫一批”正是体现了我国精准扶贫要更加注重造血式扶贫方式。通过以上对贵州省集中连片特困地区的贫困现状、生产生活状况比较分析，我们认为，在贫困山区拥有丰富的自然资源、良好的生态环境，其特色产品具有较大的开发价值，可通过开发其地方特色产品，比如乌蒙山片区的核桃、优质肉羊及肉牛、马铃薯，武陵山片区的优质茶叶、烤烟，滇桂黔石漠化片区的优质中药材等，大力培育一批具有区域特色的优势产业，因地制宜地逐步形成“一乡一品、一县一业”特色突出的产业发展格局，同时应配套出台并加大关于土地、税收、信贷、财政扶持政策力度，加大招商引资力度。发展地方产业对于农民实现增收具有重要的意义。

第三，探索实施农村电商扶贫工程。随着时代的发展，互联网已经渗透到经济社会的方方面面，互联网具有分享、远程、高效的特点，其能够有效合理地配置资源。贵州省三大连片特困地区距离城市中心较远，交通不便，信息不畅，这使其具有绿色、无污染、营养价值高特点的农产品与市场隔离，通过发展农村电商，可以打开农产品销售途径，促进农民增收，从而实现脱贫致富。通过完善交通、网络、物流等基础设施建设，不断引进和培养电商人才、出台农村电商发展的优惠政策来激发农村电商的发展，使脱贫致富得以实现。

第四，实施医疗保障和健康扶贫政策。在贫困地区，大多数贫困户是因病、因灾致贫或返贫，因此，要实现贫困人口脱贫不再返贫，实施医疗健康保障制度是必不可少的手段。首先要建立向农村贫困人口倾斜的医疗保障制度，提高贫困地区的医疗保障水平，切实减轻农村贫困人口医疗费用负担。要加大对大病保险的支持力度，通过逐步降低大病保险起付线、提高大病保险报销比例等，实施更加精准的支付政策，提高贫困人口受益水平；还要加大医疗救助力度，将农村贫困人口全部纳入重特大疾病医疗救助范围，对突发重大疾病暂时无法获得家庭支持、基本生活陷入困境的患者，加大临时救助和慈善救助等帮扶力度。其次要探索实行县域内农村贫困人口住院先诊疗后付费的制度。贫困患者在县域内定点医疗机构住院实行先诊疗后付费，定点医疗机构设立综合服务窗口，实现基本医疗保险、大病保险、疾病应急救助、医疗救助“一站式”信息交换和即时结算，贫困患者只需在出院时支付自负医疗费用。同时，加强贫困地区妇幼健康工作，在贫困地区全面实施免费孕前优生健康检查、农村妇女增补叶酸预防神经管缺陷、农村妇女“两癌”（乳腺癌和宫颈癌）筛查、儿童营养改善、新生儿疾病筛查等项目，推进出生缺陷综合防治，做到及早发现、及早治疗。

贵州民族贫困地区发展监测报告（2014年）

朱　薇*

贵州省民族地区包含黔东南、黔南、黔西南3个民族自治州11个民族自治县和208个民族乡，贵州少数民族人口整体上呈“大杂居、小聚居”状态分布在88个县（市、区），有48个少数民族，少数民族个数仅次于新疆和云南，位列全国第三。其中包含17个世居少数民族，包括苗、布依、侗、土家、彝、仡佬、水、回、白、瑶、壮、毛南、蒙古、仫佬、满、羌等民族。根据第六次人口普查数据，2010年贵州省常住人口为3474.65万人，其中少数民族常住人口1254.79万人，占全省常住人口的36.11%，约占全国少数民族人口总数的11.3%。人口超过10万人的少数民族有布依族、苗族、侗族、彝族、土家族、仡佬族、回族、白族和水族等9个民族。贵州省实行民族区域自治的民族有苗、布依、侗、土家、彝、仡佬、水、回等8个民族，2014年民族自治地方土地面积97825平方公里，占全省总面积的55%。全省民族自治地方共有46个县，剔除民族自治地方中的凯里市、镇远县、都匀市、福泉市、贵定县、瓮安县、龙里县、惠水县、兴义市、玉屏县等10个非贫困县（市），属于国家级贫困县的有36个。其分布情况如表1所示。

一　经济总量

2014年，贵州少数民族地区经济指标平稳较快增长。全省10个自治县地区、3个自治州地区生产总值2855.13亿元，约占全省总量的30.9%，其

* 朱薇，贵州省社会科学院区域经济研究所副研究员、博士，研究方向为区域经济、产业经济。

中黔西南州、黔南州、黔东南州增速分别为14.6%、14.5%、14.4%，排全省第二、三、四位；固定资产投资3715.8亿元，约占全省的22.6%，其中黔南州、黔西南州固定资产投资增速分别为37.2%、31%，排全省第二、三位；地区工业增加值为698.09亿元，约占全省的17.9%，3个自治州的工业增加值增速均列全省前三位；黔西南州、黔东南州、黔南州的人均财政收入分别位列全省第三、四、五位；黔东南州农民人均纯收入增速为14.9%，位列全省第一，黔南州农村常住居民人均可支配收入、城镇常住居民人均可支配收入分别为7278元和21757元，均列全省第三位。全省综合指标测评，黔南州位列第三。全省31个经济强县中，有7个民族自治县，占22.6%。其中：地区生产总值增速有3个排位在前10；工业增加值增速有4个排位在前10；固定资产投资增速有4个排位在前10；农村常住居民人均可支配收入增速有3个排位在前10；城镇常住居民人均可支配收入增速有4个排位在前10；人均公共财政预算收入有3个排位在前10；综合测评有2个排位在前10。截至2014年底，有118个民族地区贫困乡镇完成了“减贫摘帽”。

但发展缓慢，经济总量小仍是民族地区近年的基本特点。改革开放以来，贵州少数民族地区生产总值由1995年的181.55亿元增加到2014年的2855.13亿元，年均名义增长14%（未扣除价格因素。下同）。2014年平均每县生产总值为62.07亿元，仅相当于全省县级平均水平的58.95%。2014年，贵州民族自治地方人均GDP为21059元。全省46个民族县人口合计占全省总人口的38.6%，土地面积占55.5%，但地区生产总值仅占30.8%。

表1　36个民族贫困县分布情况

地区	少数民族贫困县
遵义市	道真仡佬族苗族自治县、务川仡佬族苗族自治县
安顺市	镇宁布依族苗族自治县、关岭布依族苗族自治县、紫云苗族布依族自治县
毕节市	威宁彝族回族苗族自治县
铜仁市	印江土家族苗族自治县、沿河土家族县、松桃苗族自治县

续表

地区	少数民族贫困县
黔南布依族苗族自治州	荔波县、独山县、平塘县、罗甸县、长顺县、三都水族自治县
黔东南苗族侗族自治州	黄平县、施秉县、三穗县、岑巩县、天柱县、锦屏县、剑河县、台江县、黎平县、榕江县、从江县、雷山县、麻江县、丹寨县
黔西南布依族苗族自治州	兴仁县、普安县、晴隆县、贞丰县、望谟县、册亨县、安龙县

国家级重点扶持的36个民族贫困县占全部民族县的78.3%。2014年，这36个民族贫困县共实现地区生产总值1116.66亿元，仅占贵州省民族县的39.1%；其中，地区生产总值最小的雷山县仅20.98亿元，地区生产总值最大的威宁县为152.03亿元；每县平均生产总值为31.02亿元，仅为全省民族县平均水平的49.9%；人均GDP为11140.08元，仅为全省民族自治地方人均GDP的52.9%。总的来看，贵州民族贫困地区经济总量规模较小，发展较缓。

二　经济结构

2014年在国发2号文件，贵州省委、省政府《关于建设民族团结进步繁荣发展示范区的意见》部署和《“三州”等民族地区发展规划》的推动下，各级有关部门对贵州民族地区支持力度不断加大，贵州民族地区社会经济结构调整步伐加快。全省各级各部门积极推动工业化和城镇化良性互动、城镇化和农业现代化相互协调、信息化和工业化深度融合，不断促进城镇化、工业化、信息化、农业现代化同步发展。各级各部门大力推进新型工业化进程，加快培育新材料、新能源、电子信息、高端制造、节能环保、生物技术等战略性新兴产业成为重要支柱产业。着力加大招商引资力度，三个自治州全年招商引资项目到位资金达1951.74亿元。积极推动传统产业生态化、新兴产业高端化、特色产业规模化，大力发展烟、酒、茶、食品和药品等特色优势产业和服务业、现代旅游业。大力推进“五个一百工程”，建成了一批配套设施完善的省级重点工业园区、示范性小城镇、城市综合体和旅游景区。全省民族自治区已建成省级农业园区 101 个，引入和培育 967 家企业，其中 173 家省级以上龙头企业，1207 家专业合作社；民族自治地方已列入全省“100 个旅游景区”建设范围的优秀景区增加到 52 个。

虽然全省经济结构调整稳步发展，但解决二元结构矛盾仍然是贵州少数民族地区工业化和现代化进程的主线，也是贵州民族贫困地区新农村建设的重中之重。

二元结构是贵州民族地区普遍存在的典型社会经济现象，其总体特征是城乡二元经济结构和城乡二元社会结构，即一方面是发展中的工业，另一方面是传统的农业；一方面是朝着现代化方向发展的城市，另一方面是落后的农村，这是城乡二元结构的集中体现。在贵州民族贫困地区，城乡二元经济结构主要表现为传统农业部门比重过大、工业经济部门发展不足以及城乡差距十分明显的一种状态。城乡二元经济结构，伴随着城乡生产力发展差异而形成，因这种差异的扩大延伸而日益突出，并且集中体现在就业结构与三次产业结构的差异、工业化水平与城市化的差异等方面。

2014 年，贵州民族贫困地区第一产业增加值为 568.16 亿元，比重为 19.90%，比 2010 年下降了 3.49 个百分点，但仍较全省高 6 个百分点，第一产业占比过大，整体产业结构还处于比较低的层次，粗放经营，增加值有限；第二产业增加值为 940.52 亿元，比重为 32.94%，比 2010 年的 33.26% 下降了 0.32 个百分点，比全省水平低 8.69 个百分点，第二产业主要依赖优势资源路径，以资源主导型加工、采掘业为主体；第三产业增加值为 1346.45 亿元，比重为 47.16%，比 2010 年增加了 3.82 个百分点，比全省水平高 2.61 个百分点，虽然作为贵州民族地区最具活力的经济增长点，第三产业在民族地区由于经济规模总量太小，人均收入与消费水平过低，基础设施发展落后，其规模有限，后发效益也难以发挥。

2014 年全省的产业结构已经调整到 13.9∶41.5∶44.6，但贵州民族地区中的 36 个国家重点扶持的贫困县为 19.9∶32.9∶47.2（见图 1），虽然民族贫困地区近年来产业结构在逐步优化，但一产比重过大，二产比重很低，产业结构仍处于较低的水平，工业化水平同全省的工业相比有一定的差距。计

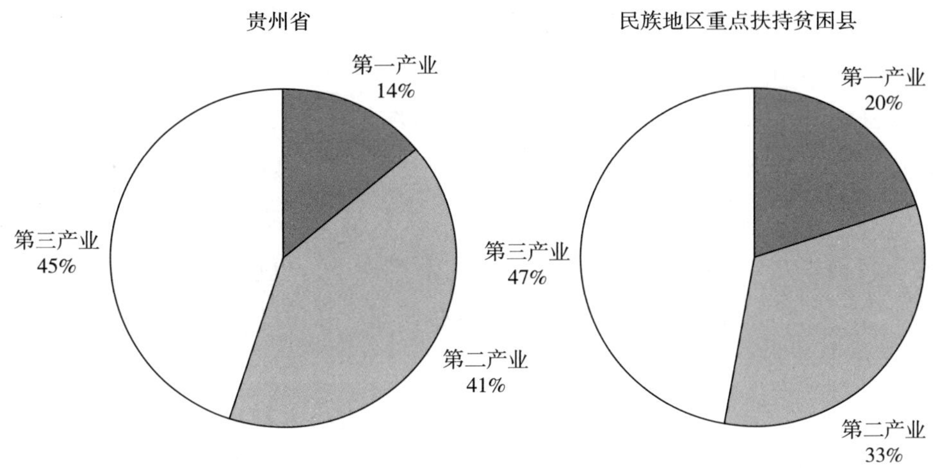

图1　2014 年贵州全省与民族地区重点扶持贫困县三大产业结构对比

划经济时期，在封闭运行的区域经济内，“大而全、小而全”的产业体系逐渐形成。虽然随着经济发展，在市场经济条件下，许多企业依然延续产品粗糙、技术落后、效益下滑、亏损严重的生产模式，却是维持着地方经济发展的支柱，对地方经济增长、财政增收、社会稳定起着不可替代的保护作用。从总体来看，民族地区产业结构不合理问题表现为发展中的工业与落后的种养业经济形成强烈反差，涵盖了大量乡村人口的农村自给自足或半自给自足的自然经济占主导地位；落后原始的生产工具、粗放的手工劳作方式和技术与较为先进的城市现代工业形成巨大反差；自然经济与城市文明共存，中心城市辐射能力弱，城乡差距远超全国平均水平。

贵州民族地区的城乡二元社会结构表现为农村社会结构严重滞后及社会结构滞后于经济结构等。社会结构反映了社会发展水平质的提高。尽管贵州民族地区经过了改革开放 40 年来的发展，但作为民族贫困地区，社会整合程度仍然很低，城乡经济发展存在较大差距，在公共服务、收入分配、社会事业等方面也存在不公平、不统一的体制和政策，进而凸显城乡居民收入的差距大、国民待遇上的不平等及城乡经济社会发展的不协调，其具体表现如下。

（1）城乡人口分布结构仍未得到根本的改变。根据全国第六次人口普查统计的2010年城镇人口占比数据，贵州民族贫困地区中城镇人口占比最高的施秉县为29.8%，最低的从江县仅为13.55%，均远低于2010年全国城镇人口比重（49.68%）和全省城镇人口比重（33.8%），城镇化水平很低。

（2）就业结构仍呈现数量型特征，从数量型至效益型的转化速度较慢。目前贵州农村二、三产业从业人员比重较小，也说明农村就业不充分（向二、三产业和城镇转移农业劳动力较困难）是农民收入增长缓慢的深层原因。

（3）农村社会阶层结构变迁缓慢。反映在农村内部社会分化进程缓慢，乡村企业主、农村专业户、农业技术人员等农村精英数量非常缺乏，农村社会阶层结构单一。

（4）社会发展布局结构中不同层次的社会发展极没有形成。由于城镇化水平较低，城镇的带动作用不明显，未能形成有影响力的发展极，从而未能带动社会事业的发展，尤其是“两山”（瑶山、麻山）地区及一些边远民族山区社会发育程度极低。

由此可见，社会结构方面的矛盾，一是城乡二元社会结构还没有根本改变，城乡社会分化、城乡差别在呈现扩大趋势，但从农村内部来讲，贵州农村社会发展非常滞后，贫困问题较突出。二是经济社会发展极不平衡，民族地区的社会结构调整严重滞后于经济结构调整，工业化已进入中期阶段，而城镇化还在初期阶段，乡村基础设施建设甚至还没有起步。城乡二元结构反映了贵州城乡之间的制度差异，是贵州民族地区不发达的标志，也是贵州民族地区从传统的农业社会走向现代化和工业化必经的过渡阶段的产物。推进城乡一体化发展、提高工业化和城市化水平是改变城乡二元结构的主要途径。

三　农业发展

贵州民族地区的二元结构非常突出，农业经济、农村发展更为落后，从而导致农民收入水平和生活水平更低。

农业问题主要表现为农业内部结构仍较传统，增长缓慢，农业生产风险较大，经济效益低下。从农林牧渔业结构来看，2014 年，贵州民族地区中的 36 个国家重点扶持的贫困县的农林牧渔业总产值为 698.20 亿元。在农林牧渔业结构中，仍是以种养业为主的传统农牧型结构。从主要农产品来看，贵州民族地区农业产业结构调整迈出新步伐，农村产业化经营取得新进展，农业基础设施建设、技术装备水平得到一定提升，农产品科技含量提高，形成了烟草、油料、粮食、生猪等几大支柱产业格局。其中，2014 年人均粮食产量为 331 公斤，比全省人均水平高 7%。

从贵州民族地区的农村发展来看，农村经济不发达，文化教育也很落后。首先是农村社会事业发展水平仍较落后。体现在：一是农村教育事业发展较快，但目前举步维艰。近年来农村“普九”力度加大，全省已全面实现“两基”目标，但民族地区农村教学条件仍需要较大程度的改进，适龄儿童辍学现象仍有波动，农村劳动力平均受教育年限仍然较低。二是农村科技培训、示范与推广力度不断加大，农业科技含量逐步提高，但由于农业产业的科技发展起点低，科技推广与服务的内在动力不足，科技发展对农村经济增长的边际报酬率仍不突出。三是农村文化事业虽有所发展，加快了“村村通”网络建设，但农民文化生活仍非常贫乏。四是卫生服务条件不断改善，但基层公共卫生、预防保健服务滞后，农村医疗保障制度不健全，农村生活方式和生产方式存在疾病流行的隐患，农民的健康状况仍不容乐观，农民因病致贫、因病返贫的问题在农村地区相当突出。总的来看，民族地区农村人口控制、教育、科技、医疗卫生、文化等社会事业发展还比较落后。其次，民族地区农民的生活质量不高。生活质量是农村社会发展的最终目标。总的来看，贵州农民的收入来源较为单一，消费结构转型较慢（用于满足生存需要的吃穿费用比重仍较高，满足享受和发展需要的教育、居住、文化娱乐、医疗保健、交通通信费用水平较低，消费结构尚未由生存型向发展型转变），城乡收入、消费、居住水平及社会公共资源享用水平的二元结构差异仍较显著。综上所述，贵州民族贫困地区农村社会发展总体特征可概括为：社会持续稳定向前发展，但社会事业发展水平仍较落后，农村社会结构转型滞后，社会整体效益较低，人口素质较为落后，生活质量不高，社会保障力度薄弱，小康实现程度还较低。

从农民问题来看，贵州民族地区农民问题最主要的是农民增收渠道少，收入低。民族地区农民的主要经济来源是种养业和外出打工所得，其中从事农业生产的劳动力高达60%以上，产业结构单一，生产条件落后，直接导致民族贫困地区农民试图通过家庭种养业经营从而提高收入水平的难度较大。此外，由于贫困地区大多二、三产业发展落后，当地就业机会较少，贫困地区农民一直以劳务收入为主要增收途径。受到农民自身素质的限制外出务工也缺少技能培训，又难以获得进入劳务市场的信息，就业渠道不畅，即使有机会外出打工，收入水平也非常低。再者，贵州民族地区的贫困问题依然严峻，扶贫任务艰巨。尽管近几年贵州少数民族地区精准扶贫取得巨大成效，但很多民族地区仍未脱离贫穷落后的局面。一方面，贵州民族地区贫困人口还较多，贫困面还很大。截至2014年底，全省农村贫困人口中没有解决温饱的，少数民族占60%，46个民族自治地方县中，有45个是滇桂黔、乌蒙山、武陵山三大连片特困区域的扶贫重点县，全省934个贫困乡镇中民族地区乡镇占719个，其中100个一类重点乡镇中民族地区乡镇占79个。另一方面，贵州民族贫困地区大多地理位置偏僻，基础设施薄弱，生产水平低下，自然环境恶劣，抗御自然灾害能力差，脱贫的难度较大、任务艰巨。此外，民族地区农民的社会保障力度薄弱。从农村养老保障来看，农村养老仍然以家庭养老为主。调查显示，家庭养老约占整个农村养老保障的90%，其形式体现为：老年人靠自己的劳动和以往收入的积累来自养、靠子女供养、靠配偶和其他直系或非直系属供养。而仍没有从体制和法律的角度得到根本解决的还有农村医疗保障、失业人员的再就业等一系列社会弱势群体的社会保障问题。在自然灾害救济、贫困户救济、五保户供养、优抚工作等社会救助工作方面也存在覆盖面低、资金不足等问题。总体来讲，农村人口的抗风险能力相当薄弱。

四　地方财政

从2010年到2014年，4年间36个民族贫困县的地方财政收入有了较快发展，年均增长20.7%，相比同期财政支出的年均增长速度15.8%增加了4.9个百分点，地方公共财政收入占财政支出的比重由2010年的18.7%上升到2014年的23.8%，尽管地方财政有了明显改善，但赤字总量仍占到80%以上，100%的民族贫困县都是财政赤字县，当前宏观经济形势下行压力仍然较大，贵州正处于提速发展期，民族贫困地区地方财政总量小、支出增长较快、收支矛盾尖锐的现象越来越严重。总之，一直以来，在现有社会分工及粗放经济增长方式下，贵州民族地区资本要素发展的总体特征可归纳为：投资、储蓄水平虽逐年增长，但总体水平偏低，金融约束与抑制现象较为严重。

由此可以看出，贵州民族贫困地区资本积累长期滞后的原因可概括如下。

（1）区域发展不平衡。贵州民族地区经济发展呈恶性循环的态势：y（居民收入）低→S（储蓄）低→I（投资）低→y（居民收入）低，即居民的收入水平限制了储蓄与投资的增长，储蓄与投资水平又反作用约束了收入的增长，从而恶性循环。贵州民族地区的经济要实现跨越式发展，就必须打破这种循环模式，实现经济增长方式的良性循环（y高→S高→I高→y高），从而资本多进而收入多，由此步入良性循环。

（2）内生资金能力差。贵州民族地区资金运行处于低投入—低效益—低积累—低产出的“四低”水平循环，资本生成与积累能力弱，资本形成能力严重不足，致使实际投资资本与东部地区相比存在明显差异，且这种差异呈扩大趋势。民族地区不仅政府穷，百姓也穷。就2014年底，贵州民族地区人均城乡居民储蓄存款余额仅为14076元，是全国平均水平的26%。从政府到老百姓都缺乏资金投入生产，从而制约了再生产的发展，进而又影响经济的进一步发展，长此以往地区经济陷入一种恶性循环。

五　基础设施建设

近年来国家加大了对民族地区基础设施的投资，贵州民族地区固定资产投资得到较快增长，从 2010 年的 742.24 亿元增长到 2014 年的 2705.33 亿元，年均增长超过 50%（名义增长率）。随着固定资产投资力度的加大，贵州民族地区的基础设施状况得到了进一步改善。

2014 年底，横贯黔南州、黔东南州的贵广高铁建成通车；贵州省内已有 41 个民族地区县通高速公路，民族自治地方高速公路里程达 1978 公里，少数民族地区国省干线实施改造 1837 公里，县乡道项目改造 944.8 公里，通村油路建设 6749 公里，开工建设了 13 个便民码头和 101 个乡镇渡口，已率先开工建设环贵州高速公路南部“三州”段；威宁、罗甸机场前期项目工作正加紧进行；新开工建设了 14 个中型水库和 18 个骨干水源工程，从而解决了民族地区 128.11 万农村居民饮水问题。以农田水利、交通、通信、城镇为重点的基础设施建设得到加强；安排生态扶贫移民 10.49 万人，项目补助资金 10.04 亿元；投入民族自治县财政专项扶贫发展资金 20.23 亿元，占全省的 56.5%；民族地区矿产资源及深加工产业、能源产业、特色轻工业、民族制药业、非金属精细化工等加快发展。各自治州、县有序推进体制机制、重点领域改革，推动简政放权，着力制定、实施了一批行政权力清单、责任清单、负面清单，合并、下放、取消了一批行政审批事项。启动实施了为期三年的国企产权制度改革行动计划，加强市场主体培育，加快推进工商登记制度改革，进一步实现市场配置资源向纵深推进。面对宏观经济下行的压力，着力细化目标，加强督促，加强经济工作运行调度，明确责任，从而有效地推动了经济发展。

尽管民族地区的交通、通信等基础设施有了较大的改善，但与全省人均固定资产投资力度相比，贵州民族贫困地区固定投资的发展水平还远远落后于全省水平。2014 年，36 个少数民族贫困县的固定投资为 2179.85 亿元，仅占全省固定投资的 24.15%。基础设施薄弱严重制约了贵州民族地区的发展，鉴于民族地区自身条件本来就不足，因此各级政府加大对这些方面的投入是必须的。交通、水利、能源等项目应成为投资建设的重点，这些项目不仅能为这些地区以后的发展提供优质的平台，也会带动其他相关产业的发展，凸显“乘数效应”。另外，农村地区的通电、饮水、医疗卫生等基础设施建设也应该作为一个解决重点。

大 事 记

Memorabilia

2016年贵州农村扶贫开发大事记

王　曼*

一月

1月9日　省工商联大健康产业精准脱贫民企助推贵州经济发展论坛在普定县龙场乡秀水村举行，论坛发布了《贵州省民营企业“千企帮千村”精准扶贫行动实施方案》和《贵州省民营企业参与精准扶贫行动倡议书》。

1月10日　贵阳市召开全市实施大扶贫战略行动工作推进大会，出台《关于深入推进大扶贫战略行动计划的实施意见》。

1月12日　省直单位定点扶贫工作会议在贵阳举行。

全国网络媒体“脱贫攻坚看贵州”主题采访活动在贵阳正式启动。

1月14日　全省易地扶贫搬迁工作会议在贵阳召开。

1月15日　安顺农村金融信用市授牌仪式暨全省农村信用工程精准扶

* 王曼，贵州省博物馆。

贫推进大会召开，安顺市获得了“贵州省农村金融信用市”称号，这是贵州省第一个农村金融信用市，也是全国第一个。

1 月 18 日　中央扶贫开发工作会议精神宣讲会在贵阳召开。

二月

2 月 21 日　贵州银行成立三年来，累计向全省扶贫开发重点县和集中连片特困地区提供融资支持 372 亿元。

2 月 23 日　省扶贫开发领导小组召开会议，研究部署今年脱贫攻坚工作。

2 月 26 日　省委书记、省人大常委会主任陈敏尔，省委副书记、省长孙志刚，省政协主席王富玉在毕节市会见全国政协常委、恒大集团董事局主席许家印一行，并出席恒大集团结对帮扶毕节市大方县引进 20 家农牧业龙头企业合作扶贫签约仪式。

2 月 27 日　恒大集团结对帮扶大方县首批 40 项重点援建工程和 200 个农牧业产业化基地项目开工。

三月

3 月 2 日　《贵州省教育精准脱贫规划方案（2016－2020 年）》正式出台。

3 月 7 日　由省扶贫办、多彩贵州网有限责任公司、西部开发报传媒有限责任公司共同主办的《贵州手机报·脱贫攻坚战报》今日试运行。

3 月 22 日　中国农业发展银行贵州省分行与贵州省扶贫开发投资公司签署金融合作协议，“十三五”期间将向贵州省易地扶贫搬迁工程提供不低于 600 亿元贷款。

3 月 23 日　统一战线聚力脱贫攻坚暨多党合作参与毕节试验区建设座谈会在毕节市召开。

四月

4 月 7 日　2016 年全省第一次项目建设现场观摩会启动，对全省实施大扶贫战略行动进行“大阅兵”。

4 月 9 日 2016 年全省第一次项目建设现场观摩会“收官”。

4 月 11 日 2016 年贵州省高考继续实施专项计划招收农村和贫困地区学生工作，今年招收农村和贫困地区学生专项计划分为三类：国家专项计划、地方专项计划、高校专项计划，报考三类专项计划均须办理资格确认手续。

4 月 25 日 贵州省自 2015 年秋季学期启动实施教育精准扶贫学生资助工作以来，已确定了 2015～2016 学年首批资助对象 16.17 万人，首批资助资金预算 4.99 亿元已下达，各地各校将在 2016 年 4 月底前将资助资金发放给农村贫困学生。

五月

5 月 7 日至 8 日 中共山东省委常委、青岛市委书记李群，青岛市委副书记、市长张新起同志率领的青岛市党政代表团一行赴贵州省考察访问。省委书记陈敏尔、省长孙志刚会见代表团一行，共商进一步深化对口帮扶工作。黄家培副省长参加会见并陪同代表团一行赴安顺市考察工作，并在安顺市召开了“青岛·安顺对口帮扶座谈会”。

5 月 9 日 安顺市西秀区杨武布依族苗族乡卫生院通过集群授信，从贵州银行安顺分行成功获得 300 万元“大健康”流动资金支持。这是贵州银行安顺分行加大金融扶贫投入力度，在安顺乡镇基层医疗卫生系统投放的首笔“大健康”授信项目。

5 月 11 日至 12 日 省人大常委会调研组调研务川产业发展及精准脱贫工作。

5 月 11 日至 13 日 上海市委副书记应勇、市政府副市长时光辉率领的上海市代表团赴贵州省遵义市开展对口帮扶工作。省委书记陈敏尔、省长孙志刚在遵义会见了上海市代表团一行，省委副书记、省委政法委书记谌贻琴，省委常委、遵义市委书记王晓光，副省长刘远坤陪同调研。两省市召开了上海·遵义对口帮扶工作座谈会暨第四次联席会议，谌贻琴出席并讲话，王晓光主持，刘远坤出席。

5 月 22 日　贵州脱贫攻坚投资基金获国家发展改革委批筹。基金计划募集规模 3000 亿元左右。

5 月 27 日　全省“社会组织帮百村”精准扶贫行动在长顺县启动。

5 月 28 日　贵州省扶贫办组织召开全省扶贫开发工作会议，贯彻落实中央和省委、省政府重要指示精神，全面分析当前推进大扶贫战略行动中存在的突出问题。

5 月 31 日　2016 年 1 月至 5 月，遵义市投入财政专项扶贫资金 4. 56 亿元，实施财政扶贫项目 317 个；全市预计减少农村贫困人口 8. 5 万人，占年度目标任务的 41. 9%，占 1 ~5 月计划任务的 102. 5%。遵义市荣获全省 2015 年度扶贫开发目标任务完成情况及财政专项扶贫资金管理使用情况综合考核特等奖。

六月

6 月 11 日　近日，国开行贵州省分行与安顺市在贵阳签署“十三五”新型城镇化建设暨脱贫攻坚《开发性金融合作备忘录》，并签订旧州景区旅游设施配套项目 PPP 借款合同，创新融资试点推动贵州省全域化旅游扶贫开发。截至 2016 年 3 月末，国开行贵州省分行已累计为安顺市提供融资总量 201. 2 亿元，重点支持交通、水利、城乡基础设施、棚户区改造、旅游扶贫等经济社会重点领域发展。

6 月 13 日　总投资 15 亿元的长江古村落旅游扶贫开发项目在播州区尚稽镇开工建设。该项目总面积 3. 9 平方公里，由中景（北京）旅游股份公司、乌镇旅游股份有限公司援建，三年后将建成集特色餐饮、特色商品、特色酒吧于一体的民族古村落。

近日，国家开发银行贵州分行与黔西南州政府在贵阳签署《开发性金融支持黔西南州“十三五”脱贫攻坚合作备忘录》。截至 4 月末，该行向黔西南州累计提供融资总量 344. 6 亿元（含黔西南州境内高速公路、电力等重大基础设施项目融资总量 175 亿元）。

近日，国开行贵州省分行与省交通厅三大公路建设融资平台——省公路局、贵州高速集团、贵州交建集团分别签署《开发性金融合作协议》。

6月14日　省委统战部、省民宗委在贵阳举行全省宗教界参与大扶贫战略行动启动仪式。

6月16日　由国务院扶贫办和贵州省委、省政府联合主办的深入学习贯彻习近平总书记关于扶贫开发重要讲话精神座谈会在贵阳召开；召开全省第二次大扶贫战略行动推进大会。

6月20日　近日，从中国农业发展银行贵州省分行召开的脱贫攻坚工作会议上获悉，该行争取五年内在全省66个贫困县的扶贫贷款余额新增1500亿元以上。今年1月至5月，全行累计投放各项贷款217亿元，同比多投放52亿元；截至5月末，全行各项贷款余额1057亿元，比年初净增105亿元。

6月24日　位列2015年全国工商联民营企业500强14位的恒大集团，出资30亿元，整体帮扶贵州省毕节市大方县脱贫攻坚。

6月26日　全省脱贫攻坚农业产业化项目银企对接会在贵阳举办。这次会议收集915个项目，有明确签约意向项目达838个，涉及金额345.13亿元。

6月27日　全省中药材产业发展推进会在兴义召开。

6月30日　中国外文局总编室副主任张娟率中国外文局采访团、香港驻黔媒体记者、省主要新闻单位记者一行赴安顺市，就生态文明建设与扶贫开发进行拍摄、采访。

七月

7月1日　中共贵州省委做出开展向姜仕坤同志学习活动的决定。号召全省党员干部要以姜仕坤同志为榜样，以舍我其谁、造福于民的责任担当，以敢作敢为、善作善成的工作态度，把坚决打赢脱贫攻坚战作为党员干部责无旁贷的历史使命，拿出“敢教日月换新天”的气概，鼓起“不破楼兰终不还”的劲头，不等不靠、迎难而上，立志改变贫困面貌，真正在脱贫攻坚中体现人生价值。

7 月 9 日 生态文明贵阳国际论坛 2016 年年会生态文明与反贫困主题论坛在贵阳国际生态会议中心举行。

7 月 10 日 近日，贵州省第一个农光互补光伏发电站——威宁幺站农业光伏发电站正式并网发电。

7 月 11 日 中国保监会、贵州省人民政府印发《关于在贵州建设“保险助推脱贫攻坚”示范区的实施方案》（保监发〔2016〕59 号），在贵州省建设全国首个保险脱贫攻坚示范区。

7 月 15 日 2016（中国·贵州）海内外商会精准扶贫论坛暨项目对接会在凯里市举行。

7 月 25 日 近日，贵州省印发《贵州省支持贫困县开展统筹整合使用财政涉农资金试点工作方案》。此项试点今年将在全省 50 个国家扶贫开发重点县全面开展。

八月

8 月 3 日 我国已从世界银行获得了 10000 万美元贷款用于世界银行贷款贵州农村发展项目，并计划将其中的部分资金用于项目合作社管理培训的支付。

8 月 5 日 国务院以国函〔2016〕142 号文件复函贵州省人民政府、国家发展改革委，批复同意设立贵州内陆开放型经济试验区。

8 月 15 日 近日，贵州省政府出台《关于深入推进新时期易地扶贫搬迁工作的意见》。

8 月 22 日 全国易地扶贫搬迁现场会在贵州省召开。

8 月 25 日 贵州省“脱贫攻坚·党员先锋”先进事迹巡回报告团走进贵阳市。

8 月 29 日 国家发改委正式印发并公布《贵州内陆开放型经济试验区建设实施方案》，提出通过实施 3 项任务、21 条措施提升贵州对外开放水平。其中扶贫方面重点建设内陆开放式扶贫试验区。

8 月 30 日 截至当日，国开行贵州省分行以投贷结合的方式，向贵州省2016年易地扶贫搬迁第一批项目提供资金支持88.4亿元，已到位资金36.71亿元。

九月

9月6日 贵州省召开全国地理信息精准扶贫应用现场会，贵州省利用大数据开发的精准扶贫作战图管理系统得到国家有关部门肯定，各省市区国土资源及扶贫部门代表来黔现场观摩。

9月8日 全省极贫乡镇定点包干脱贫攻坚启动部署会在贵阳召开。

9月22日 近日，贵州省检察院出台《关于充分发挥检察职能服务保障大扶贫大数据大旅游的实施意见》。

9月28日 国开行贵州省分行与六盘水市政府在贵阳举行银政合作座谈会，并签署《开发性金融支持六盘水市"十三五"发展合作备忘录》。

十月

10月9日 东西部扶贫协作和对口帮扶贵州工作联席会议在贵阳召开。

10月17日 在第三个国家"扶贫日"，省委、省政府在贵阳市筑城广场举行2016年全省"扶贫日"现场捐募活动。此次现场捐募共募集善款66.3万元，将用于全省贫困地区学龄前儿童营养餐补助，20家单位、企业和社会组织共捐出32亿元，将用于扶贫政策、项目尚未覆盖又特别需要帮助的贫困地区贫困群众，进一步改善他们的生产生活生态条件。

10月24日 国务院扶贫开发领导小组第16督查组来黔督查脱贫攻坚工作汇报会在贵阳召开。

10月30日 借力金融扶持，贵州脱贫攻坚投资基金有限公司正式揭牌成立，启动总规模达3000亿元的脱贫攻坚投资基金，这是国家批复的全国首只省级脱贫攻坚投资基金。

十一月

11月1日 《贵州省大扶贫条例》《贵州省乡镇人民代表大会工作条

例》今日起正式开始施行。

11 月 4 日 贵州旅游精准扶贫云系统是贵州省旅发委依托“国家乡村旅游扶贫工程基础情况在线填报系统”和省“扶贫云”系统，开发的旅游精准扶贫信息综合管理平台。为抓好相关数据录入基础工作，突出精准要求，提高数据录入质量，近期，贵州省旅发委联合省扶贫办，组织贵州新华紫光智能科技有限公司技术力量，开展了贵州省旅游精准扶贫云系统操作培训。

11 月 7 日 近日，国家旅游局、国家发改委、国土资源部等十二部委联合发布了全国乡村旅游扶贫重点村名单，其中，册亨县有 52 个行政村入选。

11 月 11 日 人力资源和社会保障部、国务院扶贫办召开全国电视电话会议，追授姜仕坤同志“全国脱贫攻坚模范”荣誉称号，并举行姜仕坤同志先进事迹报告会。

11 月 16 日 近日，贵州省教育厅、省财政厅、省扶贫开发办公室、省人力资源和社会保障厅印发《贵州省进一步加强农村贫困学生资助 推进教育精准扶贫实施办法（试行）》。

11 月 23 日 2016 年全省第三次项目建设暨易地扶贫搬迁现场观摩督查会启动。

十二月

12 月 13 日 贵州省人民政府办公厅印发了《关于印发〈贵州省扶持人口数量较少民族贫困村整体脱贫实施方案〉的通知》（黔府办函〔2016〕252 号）。

12 月 14 日 全省保险工作暨“保险助推脱贫攻坚”示范区建设推进大会在贵阳召开。

12 月 15 日 全省县乡村脱贫攻坚大轮训启动仪式在贵阳举行，同时开办扶贫开发工作专题研讨班，来自全省 66 个贫困县的 150 多名县乡村干部将在省委组织部组织人事干部学院和贵阳市委党校接受集体“充电”。

12 月 28 日 新形势下新一轮全省农村改革试验试点工作启动大会在贵阳召开。会议总结了贵州省第五轮农村改革试验试点成果，启动新形势下新一轮改革试验试点工作。

图书在版编目（CIP）数据

贵州农村扶贫开发报告．2016－2017／王朝新，宋明主编．－－北京：社会科学文献出版社，2021．1

ISBN 978－7－5201－2124－8

Ⅰ．①贵…　Ⅱ．①王…　②宋…　Ⅲ．①农村－扶贫－研究报告－贵州－2016－2017　Ⅳ．①F323．8

中国版本图书馆 CIP 数据核字（2017）第 328123 号

贵州农村扶贫开发报告（2016~2017）

主　　编／王朝新　宋　明
副 主 编／黄　勇　吴　杰　陈康海

出 版 人／王利民
责任编辑／桂　芳

出　　版／社会科学文献出版社·皮书出版分社（010）59367127
地址：北京市北三环中路甲 29 号院华龙大厦　邮编：100029
网址：www．ssap．com．cn
发　　行／市场营销中心（010）59367081　59367083
印　　装／天津千鹤文化传播有限公司

规　　格／开　本：787mm × 1092mm　1/16
印　张：16．5　字　数：251 千字
版　　次／2021 年 1 月第 1 版　2021 年 1 月第 1 次印刷
书　　号／ISBN 978－7－5201－2124－8
定　　价／128．00 元